◎ 建築工学 ◎
EKA-14

新しい建築・都市環境・設備学としての
ビルマネジメントシステム入門

近未来を見据えて

田中毅弘

数理工学社

ライブラリ「建築工学」について

建築物は，それが建っている場所に固定されるといってよい．地球上の場所は，場所ごとに異なる特性をもっている．部材や部品は工場で大量に生産されたとしても，建築物を，それが支えられている地盤も含めて，全体としてとらえれば，建築物は現地で単品生産されるといえる．

個人の住宅，会社の社屋，公共施設，等，いずれにしても建築物は建主にとってかなり高価である．それは，建築物に多量の資源とエネルギーを使用していることを意味する．それゆえ，建築物は，長期間利用せざるを得ない．性能評価も長期間を対象としなければならない．

数十年あるいは数百年に一回といった自然現象，すなわち，大地震，強風，豪雨，等，に対する性能は，当然のことながら，その現象を被る機会が少ない分，検証しにくく，評価がむずかしい．竣工時から自然災害を被るまでの時間が長いため，責任の所在も曖昧になりがちである．地震で建築物が大きな被害を受けたとき，設計事務所も建設会社もすでに存在していない可能性もある．

建築物を取り扱う学問である建築学は，相当に幅広い範囲を包含しなければならない．比較的小さな領域を分野と考え，具体的に分野を列挙してみれば，計画，歴史，意匠，構造，材料，設備，環境，等となる．建築物に関しては，法令による規制も多々あり，法に関する知識も不可欠である．

これまで述べてきたような特質を有しているので，建築に係わる専門家には，建築物を生産，管理，利用し，最終的に取り壊すまでの過程を総合的に把握することが要求される．建築学を体系的に理解することが肝要となる．

物事を体系的にとらえる能力は，失われつつあるような気がする．情報処理と通信の技術が発達し，極めて大量の細切れの情報を容易に入手し得る，便利な社会になった結果であると考えている．

失いつつあるものに歯止めをかける方法の一つは，その原因となる状況が生ずる前の仕組みで教育することであろう．いうまでもないことであるが，大学の教員にとっては，関連する分野を体系的にまとめておくことが必須である．そこに，個人であれ，数人の仲間であれ，学者あるいは学派としての独自の資料と解釈が芯となっていることが重要である．

このように考えていたので，数理工学社による教科書ライブラリ「建築工学」の企画を伺ったとき，即座に賛同した．建築の各分野で，大学学部の講義に使用することを想定したコア書目と，大学院生，技術者を対象としたアドバンスト書目が配されている．ライブラリ「建築工学」が大いに活用されることを望んでいる．

2004 年 2 月　　　　　　　　　　　　　　　　　　（文責：瀧口　克己）

編者　瀧口　克己・田中　享二・梅干野　晁・大佛　俊泰

ライブラリ「建築工学」書目一覧	
コア書目	アドバンスト書目
1　新・建築材料 I〈第 2 版〉 ［構造材料編］	A－1　建築エンベロープの性能と材料
2　新・建築材料 II〈第 2 版〉 ［部位構成材料・機能材料編］	A－2　自然災害の防災システム
3　建築構造工学	A－3　地震防災システム
4　建築構造力学入門	A－4　建物の動特性
5　建築構造工学演習	A－5　建築デザインの科学
6　西洋建築史	A－6　都市空間データ分析
7　建築計画学入門 ―建築空間と人間の科学―	A－7　環境設計 ―そのプロセスと実例―
8　建築・都市環境工学の基礎	別巻 1　非線形構造力学 ―構造物の多軸挙動と塑性論―
9　視環境設計入門 ―見え方から設計する光と色―	別巻 2　基本建築構造力学 ―片持ち線材の挙動―
10　都市・建築の環境設計 ―熱環境を中心として―	別巻 3　線材力学の基礎 ―ひずみと応力の解析からの展開―
11　水環境から給排水設備	
12　音と振動	
13　空気清浄設備	
14　新しい建築・都市環境・設備学としてのビルマネジメントシステム入門 ―近未来を見据えて―	(A: Advanced)

まえがき

わが国において，ビルマネジメントという分野は，建築・都市環境・設備学の分野では，まだ体系化されていない分野といえる．

「物の全《まった》きを保つ」，つまり，建築・環境・設備をいつまでも，最高で快適な状態でビルをマネジメントするのが任務(ミッション)といえる．華やかなる新築の企画・設計と比較して，地味なイメージを抱かせるが，いつの世にも，建築・環境・設備がある限り，なくてはならない地味な生業《なりわい》といえる．

本書では，前述したように，体系化されていない分野であるビルマネジメントを，ビルメンテナンスの分野も含めて，紙面の限られた中で，1冊の書籍として，しかも格調高いライブラリ建築工学のコア書目に加えていただいて，大変，光栄に思う次第である．

私事で恐縮であるが，小職は，某都立高校で多感な時代を過ごし，大学は，文系，理系どちらに進学するか大いに悩んだ時期があった．そして，多くのジャンルの書籍，特に小説に触れた中で，小説家の梶山季之先生の書籍に出会い，大学進学後までかけて，片っ端から，120冊以上あるすべての小説を読破した．梶山季之先生は，1930年1月2日に生まれ，1975年5月11日に取材先の香港で45歳の若さで客死した小説家・ジャーナリストである．梶山季之先生は，産業スパイ小説，経済小説でベストセラー作家となり，推理小説，時代小説，風俗小説など幅広い分野を手掛け，週刊誌創刊ブーム期にトップ屋としても活躍したサービス精神の旺盛な作家と評されている．あるとき，梶山季之先生は，多くの小説を上梓しているなか，芥川賞，直木賞の審査委員の小説家に，「なぜ，私は賞が取れないのですか」と，一献傾けながら聞いたところ，「今更，賞をもらう年齢でもないでしょう．賞よりも，ひとりでも多くの読者を楽しませる小説を一冊でも多く上梓しなさい」と一笑されたという逸話がある．閑話休題．

小職は，結局，大学は理系に進学し，大学教員の道を選択した．日常，大学では講義・演習，会議などの学務の他に，学協会，官公庁の各種委員会，難事件・珍事件を解明する裁判所技術鑑定人の役目をこなす．

一方で，小職は，梶山季之先生の小説の執筆に対するスタンスの影響を強く受け，学術論文，著書等の執筆への精力的な取り組み方に，そのスタンスは活かされている．まず，研究の成果である学術論文は，分野によって千差万別ではあるが，理工学，医学，薬学系では，一般的に，その学者の年齢とほぼ等しい編数があれば，十二分といわれている．小職は，教育・研究者のひとりとして，論文内容に独創性，新規性などがあり，科学技術の発展に寄与できると判断すれば，共著者と相談して，国内外の学協会論文集，ジャーナルに投稿し，査読を受け，掲載される．2022 年 8 月現在まで掲載された編数は，共著を含めて，小職の年齢の約 2.5 倍にまでなった．また，サービス精神が旺盛な作家であった梶山季之先生のごとく，多くの出版社様，雑誌社様から頼まれると，純粋な専門書はもとより，読み捨てられる雑誌のように，俗っぽいと言われがちな受験対策書をはじめ，雑誌の中長期連載，コラムなどを，週末，休祭日や深夜などを費やし，書かせていただいて，現在に至っている．小職が，もっと若く，時間と費用に余裕があれば潰えぬ夢かもしれないが，3 つ目の博士を文学で取得すべく勉学したいぐらいである．

本書は，小職にとって共著を含めて，完本すると，163 冊目となり，純粋な専門書として，ビルマネジメントを学ぶ初学の学生諸氏をはじめ，ビルマネジメントの関連実務に携わる技術者，経営者など幅広い読者に対応できるようにした．つまり，活用方法は，親愛なる読者に任せる．

ぜひ本書に触れ，つきあっていただき，体系化されていない分野であるビルマネジメントへの興味と理解を，ひとりでも多くの方が体得されることを切に希望する．

最後に，本書の企画から始まり，草稿で多くのご意見，ご指摘と叱咤激励していただいた梅干野 晁先生，数理工学社の矢沢和俊代表取締役社長，田島伸彦編集部長，鈴木綾子氏，西川遣治氏には，本書の編集から出版に至るまでの長い過程を，辛抱強く見守っていただき，深く感謝の意を申し上げます．

ウィズ・アフターコロナ時代を担い，平和な世界を実現できることをめざすビルマネジメントのさらなる発展への期待を託して．

2022 年軽暑

田中　毅弘

目　　次

第Ⅰ部　ビルマネジメントシステム

第１章

ビルマネジメントの概要

第２章

ビルのリスクマネジメント

第3章

諸外国のビルマネジメント　42

第4章

PFI ／ PPP　61

第Ⅱ部　ビルメンテナンスマネジメントシステムとそれを支える技術

第5章

ビルメンテナンスマネジメントの計画と留意点　84

第６章

第７章

第８章

第9章

第10章

第Ⅲ部　これからのビルマネジメントシステム

第11章

・建築基準法では，建物，施設，ビルという用語は存在せず，原則，「建築物」を用いています．また，部屋という用語は存在せず，「室」です．さらに通称，マンションという和製英語はなく，建築基準法では「集合住宅」，消防法では「共同住宅」が法規上の用語です．本書では，できる限り，各種法令上の表現にしました．

・本書において，建築基準法始め，法令に関する数値などは2022年4月1日施行の法令に基づき記載していますが，念のため，実務等で，活用する場合には，最新の数値は各自ご確認ください．

サイエンス社・数理工学社のホームページのご案内

https://www.saiensu.co.jp

ご意見・ご要望は　suuri@saiensu.co.jp　まで．

第Ⅰ部

ビルマネジメントシステム

第1章

ビルマネジメントの概要

本章では，ビルをマネジメントするのに不可欠な知識として，ビルマネジメントのしくみ，ファシリティマネジメント，不動産，資産のマネジメントに関する用語，ビルマネジメントの用語の結びつきと体系化，LCC，LCM について解説する．

1.1　ビルマネジメントのしくみ

ビルマネジメントのしくみを理解するうえで，またビルメンテナンスをシステマティックに捉えるためには「空間マネジメント」という捉え方をするとわかりやすい．

空間マネジメントとは，**表 1.1** に示すように，プロパティマネジメント，ファシリティマネジメント，ビルメンテナンスといった空間に関わるマネジメントの総体ということができる．なお，ここでいうビルマネジメントとは，狭義の施設管理のことである（ファシリティマネジメント，プロパティマネジメント等の用語の詳細については，1.2 節，1.3 節参照）．

一方，欧米では，オペレーション（運転・制御，清掃，警備，収支管理など）から付加価値サービス（テナント管理，施設戦略策定，キャッシュフロー管理など）までの業務を幅広く遂行する場合が多い．さらには，物件評価，不動産リサーチなどの戦略的パートナーとしての先進的サービスなども視野に入れた形で，幅広く空間マネジメントという概念が実践されている事例も多い．

1.2　ファシリティマネジメント

ファシリティマネジメント（Facility Management，以下，**FM** という）とは，企業・団体などが組織活動のために施設とその環境を総合的に企画・管理・活用する経営活動をいい，一般にいう「施設管理」とは区別して用いる．また，**ファシリティ**とは，企業・団体などが自ら使用する全施設（土地，建築物，設備）および利用する

表 1.1　空間マネジメントの業務範囲

機　能	要　素	運用業務内容（例）
空間（スペース）	土地・建築物 構造・材料 空間構成 インテリア 改修・更新 ビル・オフィス環境	ビル・オフィス空間のデザイン・演出 快適で対応性に優れた環境条件 地震の対策と事後対応 ビル空間・外周環境の維持保全 ビル内外の清潔管理 リノベーションの対応
設備機器・装置	監視・巡回・制御 運転・点検・整備 供給・処理 セービング セキュリティ 防火・防災	ビルディングオートメーション システムの最適化オペレーション 省力化・省エネルギー・省資源システム リノベーションの対応 人命・財産・機密の保全 予防・予知保全
通信・情報 （コミュニケーション，オフィスオートメーション）	マルチメディア ビル基幹設備 ビル共同設備 情報ネットワーク 情報端末機器	確実で効率的な外部通信受入れ ハイグレードの基幹設備の装備 システムサポートとオペレーション システム・機器のメンテナンス 経済的に使用できる共用設備
業務支援 （オフィスサポート）	接遇・会議 文書・印刷物 輸送・配布 什器・備品 植栽・アート	会議室・応接室などの運用 什器・備品の貸出し・販売 迅速・適切な情報サービス 省力・省人化となる作業代行 グリーンアートの保守・調達
生活支援 （リビングサポート）	宿泊・休息 託児・保育 ケータリング 物品販売 保健衛生	ビルにおける生活行為のサポート 健康・便利・快適な生活行動 リフレッシュ・栄養・休養・スポーツ コンビニなど手軽に利用できる施設 生活用品などの調達・販売
マネジメント	ファシリティマネジメント ビルマネジメント トータルメンテナンス	一元化したマネジメント ライフサイクルマネジメント 経営管理・企画管理 計画管理・運営管理

人々の環境（執務空間，居住空間）を包含していう．一般にいう「施設」とは区別して用いる．

つまり，FM の対象としてのファシリティの主な構成要素は**図 1.1** に示すように，企業・団体などの組織体が事業活動を展開するために，土地，建築物，設備などの施設と，執務空間，居住空間など利用する人の環境を合わせた概念であるといえる．また，FM の目的は，企業・団体内で考えると，最小のコストで最大の効果を得るべくファシリティを活用し，経営に寄与することであり，さらに地域社会，地球の環境保全に貢献することである．なお，**図 1.2** に FM の目的，目標を示す．

FM の業務は，きわめて幅広い領域であり，**図 1.3** に示すように，戦略・計画，プロジェクト管理，運営維持，評価の 4 大機能をサイクルとしたプロセスが設定されている．そのうち，ビルメンテナンスは，維持管理，運用管理，サービスの 3 業種に，ほぼ該当する．

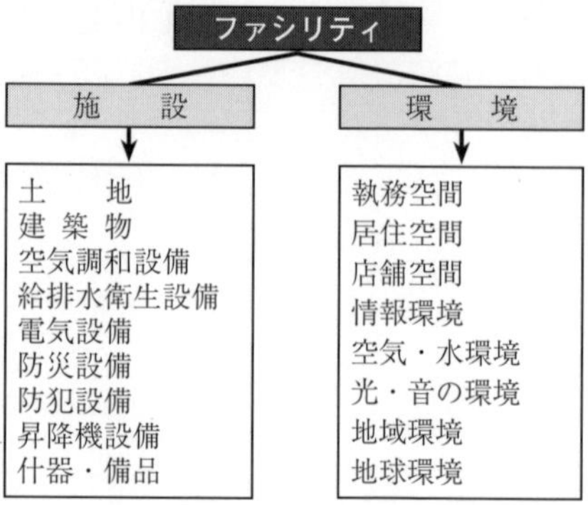

図 1.1　FM の対象としてのファシリティの主な構成要素

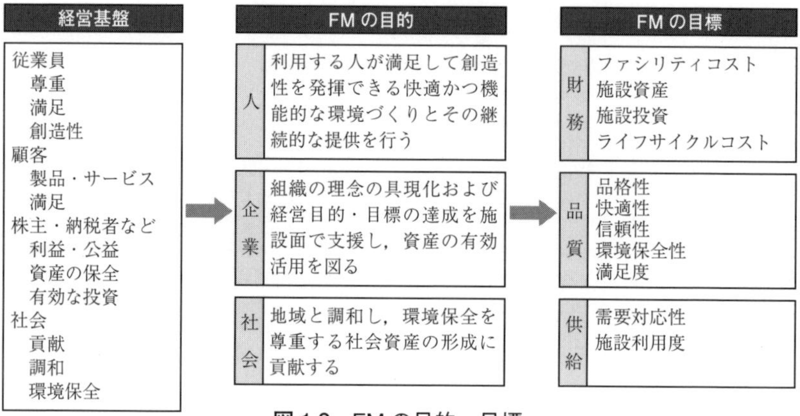

図 1.2　FM の目的，目標

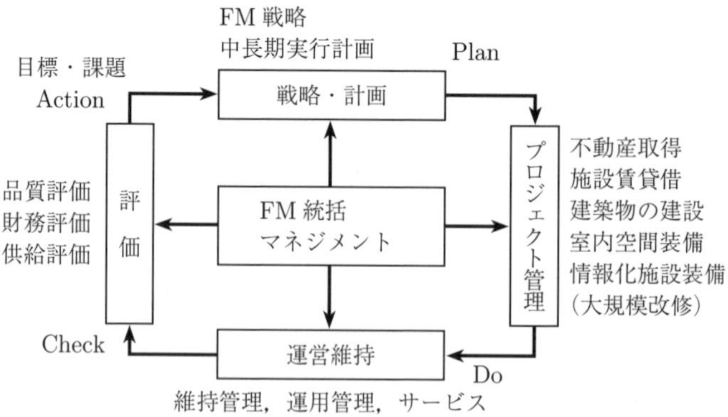

図 1.3　FM の業務

1.3　不動産，資産のマネジメントに関する用語

前述したFMは，施設利用側の論理によるマネジメント手法である．一方，施設提供側の論理による不動産，資産のマネジメントとして，不動産証券化など欧米流の不動産施設マネジメント手法が，プロパティマネジメントとアセットマネジメントである．

(1) プロパティマネジメント

プロパティマネジメント（Property Management，以下，**PM**という）は，そのPropertyが，資産，財産と訳すことから，資産・財産管理，管財という意味合いをもっている．

PMは，建築物の日常管理（設備制御，保守・点検，清掃，保全，賃料管理業務など）からクレーム処理まで，テナントにサービスを提供する現場業務である．安全で快適な空間とサービスを提供することによってテナントを確保し，ビルの収益力と資産価値を維持し，高めるマネジメントである．米国では経営と所有（投資家）が分離しているケースが多く，資産価値を高く維持できる優秀なプロパティマネージャーのハンティング合戦が繰り広げられている．

(2) アセットマネジメント

アセットマネジメント（Asset Management，以下，**AM**という）とは，広義には株式，債券，不動産などのポートフォリオに分散した資産運用を指すが，不動産という狭義の分野のAMは，投資家から不動産資産の運用を委託され，そのビル経営を代行するビジネスの名称である．一般にアセットマネジャーが業務を行い，その業務範囲は，資産売却，購入までの権限まで含む場合や投資顧問的な範囲に限定する場合など，契約内容次第で多岐にわたる．賃貸ビルのケースでは，リーシングと呼ばれるテナント募集業務をアセットマネジャーが行うケースもある．なお，**図1.4**に典型的なAMの業務範囲を示す．

(3) リーシングマネジメント

リーシングマネジメント（Leasing Management，以下，**LM**という）のLeasingという言葉は，不動産を賃貸（借）することであり，不動産業界ではテナント誘致営業のことをいう．リーシングは，ただ単純に「高い賃料で貸せばよい」というものではなく，対象物件や不動産市場の動きをきちんと把握した上で的確な営業戦略を立て，テナントのニーズに合わせてさまざまな提案を行えるようなマネジメント能力が要求される．また，施設供給側の視点に立つと，個別のテナントだ

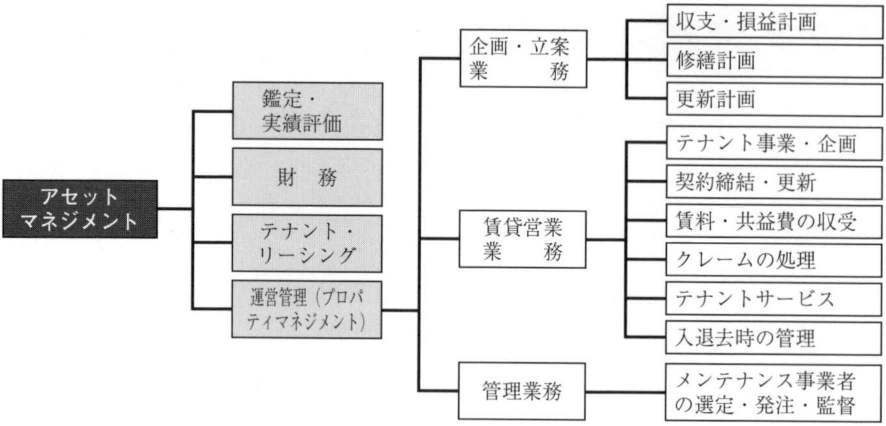

図 1.4　典型的な AM の業務範囲

けを考えるだけではなく，ビル全体のイメージや与信についても考慮する必要がある．なお，ここで与信とは，取引の相手方に金銭の貸し付けや，融資や融資枠を与えることである．

(4) コンストラクションマネジメント

コンストラクションマネジメント(Construction Management, 以下, **CM** という)は, 米国が発祥で, その定義は「近代的なマネジメント技術を駆使し, 建設プロジェクトの計画, 設計, 工事の各段階において, スケジュール, コスト, 品質をコントロールしてプロジェクトを円滑に推進する業務」とされている．そして，CM は，そもそも建築用語というよりも，土木工事を含む建設用語であった．そして，わが国における CM とは,「依頼主から全権を委任されて, 設計図面の見直し, 見積書の査定, 下請け業者への発注の代行などを行う業務である」という説明が定着している．つまり，設計図を見直すことでより合理的なものづくりを追求し，いわゆる **VE 活動**(Value Engineering，**設計改善活動**）を実施・遂行するものである．

そして，CM のノウハウによって，各専門工事の価額を，より細密に評価・査定するなどのマネジメントを行い，土木・建築といった建設プロジェクト業務を推進していくことといえる．

1.4　ビルマネジメントの用語の結びつきと体系化

前述したビルに関するマネジメントの用語を，ビルの所有–経営–管理の関係から示したものが**図 1.5** である[1]．この図のように，AM はビルオーナーとほぼ同等の位置にあり，PM はその下位に位置づけられる．この PM とほぼ同列に LM と CM とが位置している．そして，それらの下位に各種の現場業務を担当する専門業者等が位置づけられている．また，この図では，賃貸ビル経営代行サービスという観点に立って抽出されたものなので，テナントビルや賃貸マンションのオーナー代行業務であるといってよい．したがって，FM の概念はこの図の中にはない．なお，各業務の具体的な内容に関する業務一覧を**表 1.2** に示す[1]．

これらの体系化によって，マネジメントのいろいろな言葉を実際の業務と照らし合わせてまとめ直してみると，AM は，建築物･設備といったハード面のみならず，すべての資産のポートフォリオをオーナーに代わって運営管理し，最も効果的に資産を運用し，投資効果を上げ，オーナーのために最大限のキャッシュ・フローを生み出すことが主目的といえる．したがって，AM は，不動産のみならず，金融等に関する高度なノウハウを要求され，最もオーナーに近い立場で，建築物の運営管理全般を統括する業務である．

一方，PM は，物件管理に限定し，土地・建築物といった不動産の効率的運用業務に専念する．管理対象は流動資産ではなく固定資産に限定される．

また LM は，不動産の賃貸に関連する業務であり，そして，CM は，長期的な資産保全関連業務で改修・修繕など工事を伴う統括業務といえる．

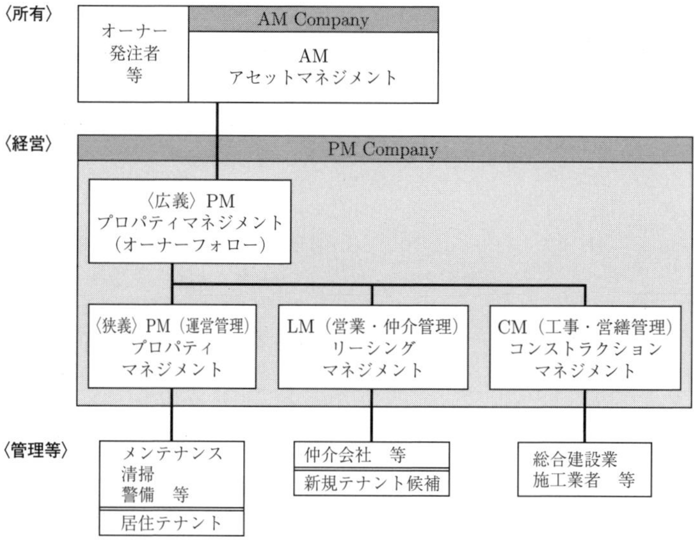

図 1.5　ビルマネジメントの用語の結びつきと体系化

表 1.2　ビルマネジメント代行業務において発生する業務一覧

Ⅰ．プロパティマネジメント（PM）業務

(1)　管理業務の統括	①運営管理業務の評価	A. 運営管理業務の実施内容とコストの評価および運営管理業務の作業品質評価
(2)　運営業務（ソフト的分野）	①管理企画業務	A. 管理計画（年間，月間，日常）の立案 A′. 管理計画（年間，月間，日常）の監理 B. 設備維持改善計画の立案 B′. 設備維持改善計画の監理 C. 委託先（現業会社）の選定
	②渉外業務	A. テナントクレーム対応 B. 官庁対応，諸届け C. 渉外記録の作成，保存
	③利用者管理業務	A. 管理細則の策定・監理・是正指導 B. 有害行為，状況の改善 C. 広告関係等の利用・監督
	④事務業務	A. 管理解約・外部委託契約の管理 B. 管理報告の作成 C. 業務上の履歴の管理
	⑤出納業務	A. 賃貸関連請求業務 B. 未収金管理，回収
(3)　管理業務（ハード的分野）	①清掃衛生業務	A. 共用部清掃 B. 衛生管理 C. 害虫駆除，殺鼠・殺虫 D. 廃棄物処理，ゴミ処理
	②設備管理業務	A. 運転保守（オペレーション） B. 定期点検 C. 検針業務 D. 緊急時対応 E. 法定点検
	③保安警備業務	A. 防災・防火 B. 防犯・出入館管理 C. 搬出入管理 D. 訓練の実施，緊急時対応
	④保全管理業務	A. 建築物調査 B. 日常修繕の実施 C. 営繕業務
	⑤コスト削減業務	A. 外部委託業務におけるコストの削減

Ⅱ．リーシングマネジメント（LM）業務

(1)　賃貸関連業務	①賃貸企画業務	A．賃貸条件の立案・策定
	②テナント誘致業務	A．誘致計画の立案・実施 B．営業活動 C．テナント審査・決定
	③契約管理業務	A．入居申込書受領，予約契約 B．本契約締結 C．契約面積拡張 D．重要事項説明，管理規約説明 E．契約更新，解約手続き
	④テナント交渉業務	A．賃料改定業務 B．契約条項違反是正，テナント立ち退き・追い出し
	⑤入退室関連業務	A．入居時取扱説明 B．引越し調整・立ち会い C．入居工事調整・立ち会い D．原状復旧工事

Ⅲ．コンストラクションマネジメント（CM）業務

(1)　資産保全関連業務	①改修・修繕の必要性検討	A．建築・設備のライフサイクルの把握 B．建築・設備の機能レベルの把握
	②大・中規模改修，修繕計画	A．大・中規模修繕計画の立案 B．施工業者の選定・工事管理
	③大・中規模改修，修繕実施計画	A．大･中規模修繕計画の投資効果の検討 B．収支計画の策定 B′．収支計画の検証
	④渉外業務	A．テナントとの折衝，近隣対応 B．官庁対応，諸届 C．（資金手当のための交渉）

Ⅳ．オーナーフォロー業務

(1)　オーナーサポート業務	①法務・税務・会計および渉外業務	A．法務・税務・会計に関する相談対応，アドバイス B．税務関係資料の作成 C．ビル経営に関する会計（決算）関係資料の作成 D．弁護士・会計士・税理士等との折衝 E．金融機関との交渉（事業全般，借款等） F．最適保険契約締結へのアドバイス G．テナントに対するビル機能等満足度調査
(2)　業務報告	①レポート監修，報告	A．バジェット（年間計画／予算） B．マンスリーレポート（月次） C．アニュアルレポート（年次決算）

1.5　LCC, LCM

(1) LCC の概要

LCC とは，**ライフサイクルコスト**（Life Cycle Cost，以下，LCC という）のことで，企画・設計費，建設費，運用管理費および解体再利用費にわたる建築物の生涯に必要なすべてのコストを指す．このうち，保全費，修繕費，改善費，運用費（光熱水費等）を含む運用管理費は，一般に考えられている以上にコストが大きい．建築物のコストは，その建設費のみを対象として評価しがちであるが，建設費は全コストから考えれば氷山の一角にあたる．水面下に隠れている保全費，修繕費，改善費，運用費（光熱水費），一般管理費等のコストを同時に含めて考えていかなければ，実際の建築・設備のコストを検討できない．

そもそも LCC の手法は，米国で開発されたもので，**VE**（**バリューエンジニアリング**，Value Engineering）**手法**から発展したものである．1960 年にライフサイクルコスティングという言葉が初めて使われ，1964 年に国防総省で LCC 契約が航空機のタイヤ調達に試行された．そして，1970 年に国防総省から LCC ガイドブックが発行され，1973 年には連邦調達庁公共供給局で LCC が導入された．

米国では，同一機能の最低価格の原則で設計の見直しなどが広く行われているなかで，国防総省が LCC 手法に先鞭をつけ，その後，連邦政府の各省庁，各州の政府が LCC 手法を建築物の領域にまで拡大してきた．

(2) LCC の分析と評価

LCC の分析において，代表的なものに**費用効用分析**（**コストエフェクティブネス**，Cost Effectiveness，以下，**CE** という）がある．CE は，使用年数の効用（E）の数値化されたものを使用年数期間の総コストで除したものといえる．ライフサイクルに関わるコストは，企画・設計の段階において，決定のウエイトが高いことから，企画・設計段階でのライフサイクル計画がきわめて重要といえる．**図 1.6** に企画・設計段階におけるライフサイクル計画の概念を示す．

(3) LCM の概要

LCM とは，**ライフサイクルマネジメント**（Life Cycle Management，以下，LCM という）のことである．LCM は，LCC の要素とともに，地球環境問題となる全体の二酸化炭素等の排出量，エネルギー使用量，資源使用量などを含んだ管理手法といえる．

LCM の要素としては，**ライフサイクル二酸化炭素等排出量**（**$LCCO_2$**），**ライフサイクルエネルギー使用量**（**LCE**），**生涯資源使用量**（**LCR**）や**生涯労働力**（**LCL**），環境負荷を定量的に評価する手法である**ライフサイクルアセスメント**（**LCA**）などがある．

LCM は，建築物の LCC にわたって，総合的に建築物の効用の増大（創出，維持，向上）ならびに生涯費用（LCCO$_2$, LCE, LCR, LCA 等を含む）の削減の面から検討し，最適な代替案を選択することが肝要である．LCM の分析において留意すべき点を**表 1.3** にまとめる．

表 1.3　LCM の分析における留意点

効　用	要　素	項　目
(1) 基本的効用	①全ライフサイクルにわたる機能性の高いこと ②全ライフサイクルにわたる利便性の高いこと ③全ライフサイクルにわたる耐久性の高いこと ④全ライフサイクルにわたる災害の予防と安全性が高いこと	・耐震性が高いこと ・防火性が高いこと ・防風水害性が高いこと ・耐電・磁気障害性が高いこと ・防犯性が高いこと ・その他の災害予防と安全性が高いこと
(2) 経営的見地からの効用	①全ライフサイクルにわたる快適性の高いこと	・室内空気清浄性が高いこと ・光の快適性が高いこと ・音の快適性が高いこと ・人間工学的な快適性が高いこと ・その他の快適性が高いこと
	②意匠性（デザインの良さ）の高いこと ③フレキシビリティの高いこと	
	④メンテナビリティの高いこと	・運転・日常点検のしやすさ ・清掃のしやすさ ・定期点検のしやすさ ・経常的修繕のしやすさ
(3) 環境的見地からの効用	①全ライフサイクルにわたる資源の総使用量の低いこと (LCR または LCC で算定評価できる)	・リサイクル資源の活用 1) 木材　2) 石材　3) 土材 4) 紙材　5) 鉄材　6) アルミニウム材 7) ガラス等の資材 ・非リサイクル資源の使用量の削減 1) 石油資源　2) 稀少金属
	②全ライフサイクルにわたるエネルギーの総使用量の少ないこと (LCE または LCC で算定評価できる)	・リサイクルエネルギーの活用 1) 太陽熱　2) 太陽光　3) 水力 4) 風力　5) 潮力　6) 温度差発電 7) 燃料電池等　8) その他のエネルギー ・非リサイクルエネルギーの使用量の削減 1) 石油燃焼　2) 石炭燃焼　3) 原子力等
	③全ライフサイクルにわたる地球環境負荷の少ないこと (LCCO$_2$ で換算してまたは LCC で算定評価できる)	・二酸化炭素等排出の削減 ・窒素酸化物排出の削減 ・硫黄酸化物排出の削減 ・水汚染物質排出の削減 ・汚染土壌排出の削減 ・産業廃棄物排出の削減 ・その他，危険廃棄物排出の削減
	④全ライフサイクルにわたる労働力使用量の少ないこと (LCL または LCC で換算してまたは LCC で算定評価できる)	・各工程における生涯労働力の削減 1) 原料調達　2) 調査・企画，設計 3) 生産・製造・建設・施工 4) 流通・輸送　5) 運用・維持管理 6) リサイクル　7) 廃棄物処理
(4) 社会的見地からの効用	①建築物単体の文化的遺産の保全 ②建築物単体の歴史的遺産の保全 ③建築物群空間の保全と向上 ④建築物，都市空間の保全と向上	

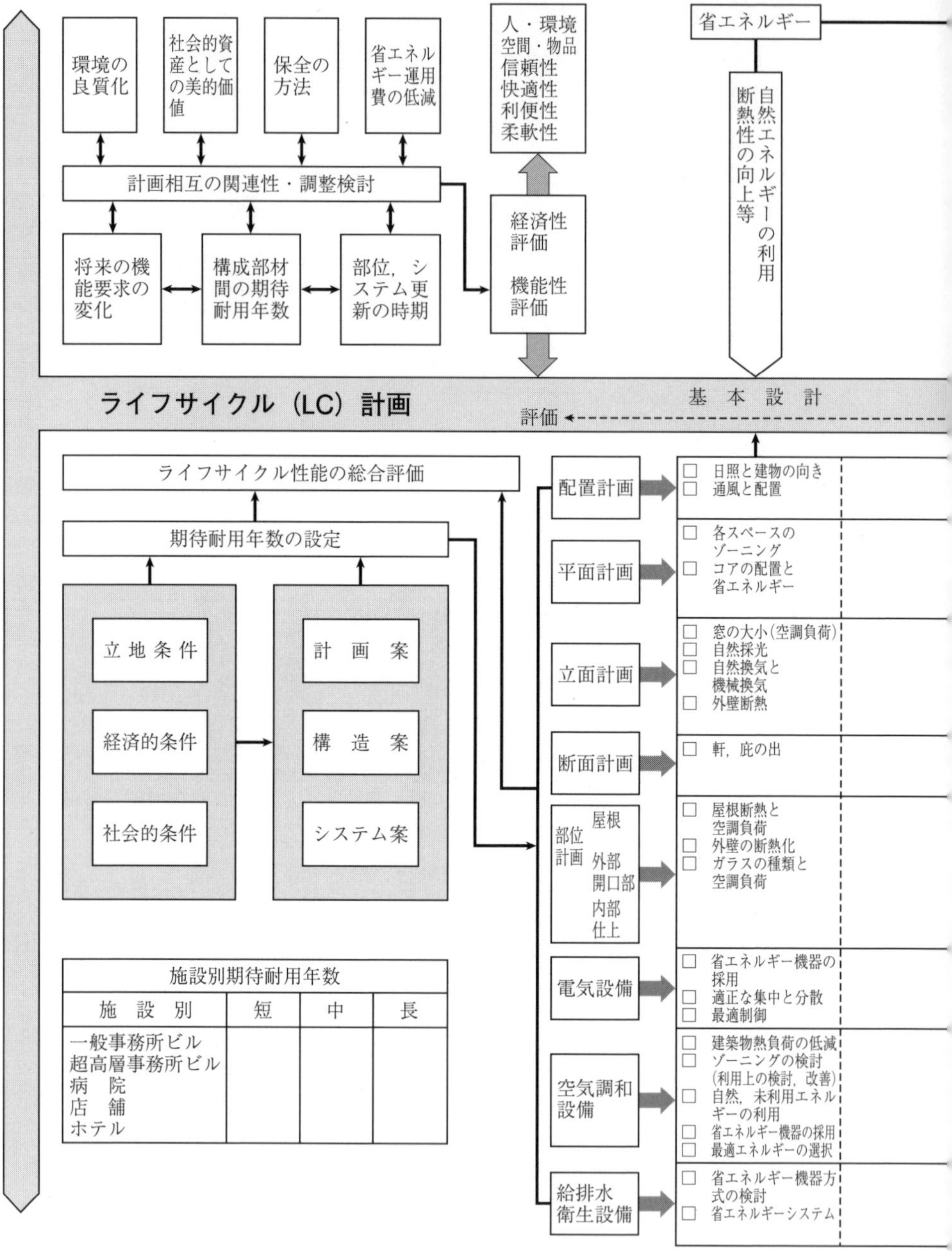

図 1.6　企画・設計段階におけるライフサイクル計画の概念（参考文献[2]を一部改変）

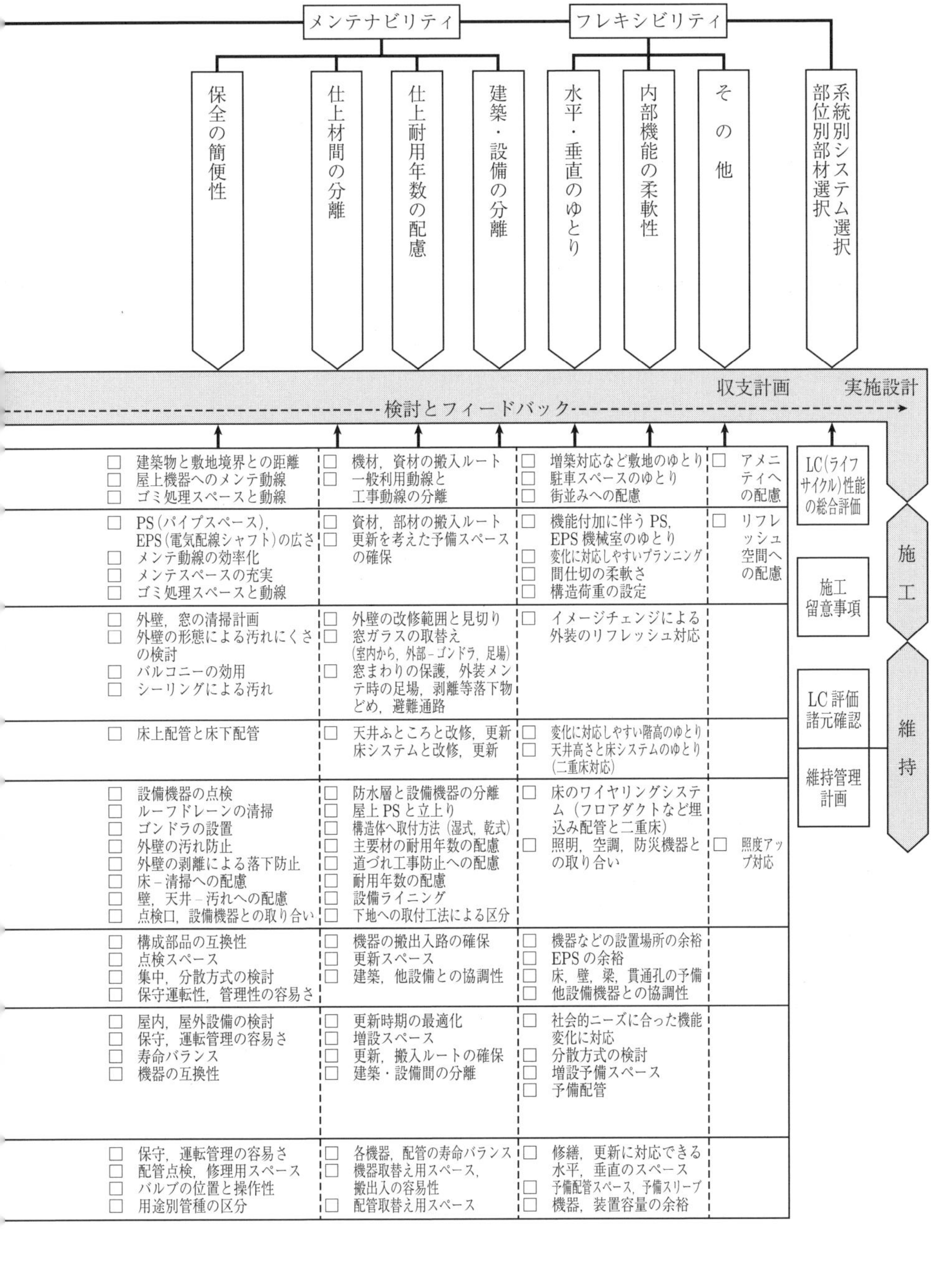
メンテナビリティ
フレキシビリティ
保全の簡便性
仕上材間の分離
仕上耐用年数の配慮
建築・設備の分離
水平・垂直のゆとり
内部機能の柔軟性
その他
系統別システム選択
部位別部材選択
収支計画
実施設計
検討とフィードバック
□ 建築物と敷地境界との距離
□ 屋上機器へのメンテ動線
□ ゴミ処理スペースと動線
□ 機材，資材の搬入ルート
□ 一般利用動線と
□ 工事動線の分離
□ 増築対応など敷地のゆとり
□ 駐車スペースのゆとり
□ 街並みへの配慮
□ アメニティへの配慮
□ PS（パイプスペース），EPS（電気配線シャフト）の広さ
□ メンテ動線の効率化
□ メンテスペースの充実
□ ゴミ処理スペースと動線
□ 資材，部材の搬入ルート
□ 更新を考えた予備スペースの確保
□ 機能付加に伴う PS，EPS 機械室のゆとり
□ 変化に対応しやすいプランニング
□ 間仕切の柔軟さ
□ 構造荷重の設定
□ リフレッシュ空間への配慮
□ 外壁，窓の清掃計画
□ 外壁の形態による汚れにくさの検討
□ バルコニーの効用
□ シーリングによる汚れ
□ 外壁の改修範囲と見切り
□ 窓ガラスの取替え（室内から，外部－ゴンドラ，足場）
□ 窓まわりの保護，外装メンテ時の足場，剥離等落下物どめ，避難通路
□ イメージチェンジによる外装のリフレッシュ対応
□ 床上配管と床下配管
□ 天井ふところと改修，更新
□ 床システムと改修，更新
□ 変化に対応しやすい階高のゆとり
□ 天井高さと床システムのゆとり（二重床対応）
□ 設備機器の点検
□ ルーフドレーンの清掃
□ ゴンドラの設置
□ 外壁の汚れ防止
□ 外壁の剥離による落下防止
□ 床－清掃への配慮
□ 壁，天井－汚れへの配慮
□ 点検口，設備機器との取り合い
□ 防水層と設備機器の分離
□ 屋上 PS と立上り
□ 構造体へ取付方法（湿式，乾式）
□ 主要材の耐用年数の配慮
□ 道づれ工事防止への配慮
□ 耐用年数の配慮
□ 設備ライニング
□ 下地への取付工法による区分
□ 床のワイヤリングシステム（フロアダクトなど埋込み配管と二重床）
□ 照明，空調，防災機器との取り合い
□ 照度アップ対応
□ 構成部品の互換性
□ 点検スペース
□ 集中，分散方式の検討
□ 保守運転性，管理性の容易さ
□ 機器の搬出入路の確保
□ 更新スペース
□ 建築，他設備との協調性
□ 機器などの設置場所の余裕
□ EPS の余裕
□ 床，壁，梁，貫通孔の予備
□ 他設備機器との協調性
□ 屋内，屋外設備の検討
□ 保守，運転管理の容易さ
□ 寿命バランス
□ 機器の互換性
□ 更新時期の最適化
□ 増設スペース
□ 更新，搬入ルートの確保
□ 建築・設備間の分離
□ 社会的ニーズに合った機能変化に対応
□ 分散方式の検討
□ 増設予備スペース
□ 予備配管
□ 保守，運転管理の容易さ
□ 配管点検，修理用スペース
□ バルブの位置と操作性
□ 用途別管種の区分
□ 各機器，配管の寿命バランス
□ 機器取替え用スペース，搬出入の容易性
□ 配管取替え用スペース
□ 修繕，更新に対応できる水平，垂直のスペース
□ 予備配管スペース，予備スリーブ
□ 機器，装置容量の余裕
LC（ライフサイクル）性能の総合評価
施工留意事項
LC 評価諸元確認
維持管理計画
施工
維持

(4) ビルにおけるLCMの目的と課題

ビルのLCMの目的は，ライフサイクルにわたり，総合的にビルの効用の増大とビルの生涯費用の削減の面から検討考慮し，最適の代替案を選択していくことである．その課題は大変多く，ビル全体に対しては，次の通りである．

① 建築物，設備の長寿命化

- ・物理的，経済的，社会的耐用寿命の延伸
- ・耐久性の高い材料，構造

② 建築物，設備の機能・性能の発揮とその評価

- ・室内環境の維持保全
- ・適切な運転・監視・制御，信頼性の維持
- ・コミッショニング（性能検証）の導入と評価のシステム化
- ・防災，セキュリティの性能確保

③ LCC（ライフサイクルコスト）の最小化

これを1）室内環境の快適性の維持，2）地球環境負荷抑制，3）設備機能の信頼性・保全性の維持など制約条件の下に行うことが課題となる．

④ 地球環境負荷の最小化

1）設備のLC（ライフサイクル）にわたる省エネルギー，2）二酸化炭素排出抑制，3）エコマテリアルの使用，4）廃棄物抑制などが地球環境保護の観点から課題であり，これらを③と同様の制約条件の下に行うことが課題である．

⑤ メンテナンスしやすさ（保全性）

- ・点検，交換，修繕などの容易性
- ・作業用スペース，搬入出ルートの確保
- ・改修，更新，移設の容易性
- ・建築物などの清掃のしやすさ

⑥ 社会事情の変化への融通性とゆとり

1）情報化（たとえば，**BEMS**《ベムス》（ビルエネルギーマネジメントシステムなど）），2）高齢化，3）建築物用途・機能の変化への対応，4）柔軟な空間・材料の構成，5）垂直・水平方向のゆとりなど．

上記の諸項目をよく見ると，ちょうど，いわゆるグリーンビルディングに適合する条件とほとんど合致することがわかる．グリーンビルディングは，LCMの立場からも評価できる建築物といえる．

なお，**表1.4**にビルのLCMにおけるマネジメント項目を示す．

表 1.4　建築・設備における LCM のマネジメント主要項目

		機能性	耐久性	保全性	資源 エネルギー	地球環境負荷
企画		・将来の機能変化 ・社会ニーズに合った機能への対応 ・地球環境への配慮	・期待耐用年数設定 ・サステナブル建築	・保全の方式 ・更新時期の計画	・リサイクル ・リフォーム ・省エネルギー ・新エネルギー	・LCA（ライフサイクルアセスメント）技術 ・$LCCO_2$ 対策 ・環境共生対策 ・グリーンビル化
設計	計画	・シックビル対応 ・変化に対応しやすいビル ・安全・防災計画 ・室内環境評価	・長寿命考慮の設計 ・長寿命材料 ・リサイクル材 ・リユース材	・保全性設計 ・メンテナンス作業動線 ・コミッショニング	・期待寿命に応じた適正材料の選定 ・再生資材の利用 ・エネルギー源の選択 ・省エネルギー設計	・$LCCO_2$ 算定評価 ・LCA 評価 ・緑化技術 ・環境配慮設計 ・環境アセスメント
	構造	・耐震構造 ・階高，天井高の余裕	・主要材への期待耐用年数 ・免振・制振構造 ・建築・設備間分離	・設備機器等の点検の容易さ ・窓清掃のしやすさ	・リサイクル率の高い構造材料使用 ・外壁・屋根の断熱	・エコマテリアルの採用 ・長寿命材料の使用
	仕上	・シックビル対応 ・化学物質を低減した建材選定	・仕上耐用年数の配慮 ・長寿命化補修	・点検口の位置 ・外装リフレッシュへの対応	・外装仕上材の選定 ・屋上緑化	・エコマテリアルの採用 ・グリーン調達
	設備	・集中分散方式の検討 ・機器・部品の互換性	・機器搬入出路の確保 ・更新時期の適正化 ・機器寿命のバランス	・設備・機器への接近性 ・予備スペース確保 ・コミッショニング	・自然エネルギー，新エネルギー利用 ・省エネルギー機器，方式の採用	・フロン,ハロン使用機器の見直し ・BEMS(ビルエネルギーマネジメントシステム)の活用 ・コジェネレーション利用 ・排気，排水の高度処理
施工		・建設公害対策 ・建設工事の安全管理	・建築・設備間の分離 ・劣化診断	・道連れ工事の防止 ・低騒音・低振動工法の採用	・環境配慮型解体 ・ゼロエミッション施工 ・分別収集リサイクル ・グリーン調達	・熱帯材型枠 ・代替工法採用 ・土壌浄化技術
保全管理		・メンテナンス動線の確保 ・メンテナンス作業のスペースの確保 ・防災センター機能	・清掃体制・技術 ・清掃作業への配慮 ・点検作業への配慮	・点検口等の適正な配置 ・清掃仕上評価法の向上 ・コミッショニング	・省エネルギー管理推進 ・省エネルギー機器採用 ・省エネルギー運転方式 ・廃棄物発生の抑制 ・分別処理の徹底	・機器の高効率運転 ・環境負荷の小さい洗浄剤等の採用

第１章の問題

1.1 ～ **1.5** の記述の正誤を答えよ．

□ **1.1**　ファシリティマネジメントとは，施設管理のことである．

□ **1.2**　プロパティマネジメントとは，資産・財産管理，管財という意味合いをもっている．

□ **1.3**　リーシングマネジメントとは，不動産を賃貸（借）することであり，不動産業界ではテナント誘致営業のことをいう．

□ **1.4**　LCC（ライフサイクルコスト）のうち，建設費のコストがほとんどである．

□ **1.5**　LCM の要素には，生涯二酸化炭素（LCCO$_2$），生涯エネルギー使用量（LCE），生涯資源使用量（LCR），生涯労働力（LCL）などがある．

1.6 ～ **1.8** について説明せよ．

□ **1.6**　アセットマネジメントについて説明せよ．

□ **1.7**　わが国におけるコンストラクションマネジメントについて説明せよ．

□ **1.8**　LCM の分析における留意点をまとめよ．

【解答例】

1.1　×　ファシリティマネジメントとは，企業・団体などが組織活動のために施設とその環境を総合的に企画・管理・活用する経営活動をいい，一般にいう施設管理とは区別して用いる．

1.2　○

1.3　○

1.4　×　LCC（ライフサイクルコスト）のうち，保全費，修繕費，改善費，運用費（光熱水費），一般管理費のコストが大きい．

1.5　○

1.6　1.3 節のアセットマネジメントの本文を参照．

1.7　1.3 節のコンストラクションマネジメントの本文を参照．

1.8　表 1.3 を参照．

参考文献

1）日本ビルヂング協会連合会，東京ビルヂング協会，日本ビルヂング経営センター，新しい時代のビルマネジメント―ビル経営代行業務・業務一覧，2000

2）（社）建築・設備維持保全推進協会，建築・設備　総合管理技術者講習テキスト初版，（社）建築・設備維持保全推進協会，2001

3）FM 推進連絡協議会編，総解説ファシリティマネジメント，日本経済新聞社，2003

4）田中毅弘，建設技術者のための PFI 入門，技術書院，2003

5）セコム，田中毅弘編著，リスクとセキュリティを考える―ビルマネジメントの新しい知識，技術書院，2007

第2章

ビルのリスクマネジメント

ビルのみならず，人間自身を含むあらゆる物事には，リスクが，付き物といっても過言ではない．本章では，ビルに着目したリスクマネジメントについて，企業活動とリスク，ビルマネジメントとリスク，ビルのリスクマネジメントにおける評価プロセス，ビルマネジメントにおけるリスクの想定，ビルのリスクマネジメントの項目の例について述べる．

2.1　企業活動とリスク

2.1.1　リスクとリスクマネジメントの概念

日常，用いられている「リスク」，「リスクマネジメント」という言葉の意味は，さまざまなものがあり，それが混乱のもとにもなりうる．たとえば，リスクマネジメントは，リスクコントロールと同義に使われることがある．リスクコントロールは，リスクマネジメントの重要なプロセスであるが，リスクマネジメントそのものではない．また，保険の分野では，リスクマネジメントを「一番安い保険料で最もよくカバーする保険を考えること」という意味で使われることがあり，大統領選挙が行われる米国の政治界では「候補者の信用に関する潜在的なダメージを制限し，公衆の支持を得て，究極的に選挙で勝つための手法」をリスクマネジメントと呼んでいる．

ここでは，技術的な見地から，**リスク**と**リスクマネジメント**の概念をまとめる．そもそもリスクは，災害等の強度，つまり，損害の大きさとその発生確率によって認識されることから，必ずしも，災害等の強度と発生確率の積（損害の期待値）になるとは限らない．ISO/IEC ガイドによると，リスクとは「危害の発生確率およびその危害の重大さの組合せ」と定義されている．

一方，リスクマネジメントは広い概念をもつが，その役割は，基本的にリスクコントロールとリスクファイナンスとに分けられる．**リスクコントロール**は損失の発生確率をできるだけ小さくしようとする回避（avoidance）と事故が発生したときの損失金額を少なくしようとする軽減（reduction）とに区分される．一方，

リスクファイナンスは保険などによって，リスクを他に移転（transfer）する方法と保有（retention）する方法に大別できる．

ここで，技術的な見地から，リスクマネジメントが対象とする「危険」の概念は**図 2.1** に示すように，**リスク**（risk），**ペリル**（peril），**ハザード**（hazard）の 3 つに分類できる．また，前述したように，リスクという言葉は多様な意味に使用されるが，実務的な見地から，**図 2.2** に示すようにリスクは「純粋リスク」と「投機的リスク」に大別される．

さらに，リスクマネジメントの目的は，純粋リスク，投機的リスクがあることを前提に，「純粋リスクを排除，軽減，制御すること」と「投機的リスクから生じる効用・恩恵を増やし，逆に，損失を回避すること」の 2 つといえる．また，リスクの所在は，企業等の組織動向，気風など組織内の事由と，経済動向，規制，社会的・政治的状況などに起因する組織外の事由に分けることができる．

リスクマネジメントの方法としては，**図 2.3** に示すように，経営システムを分類

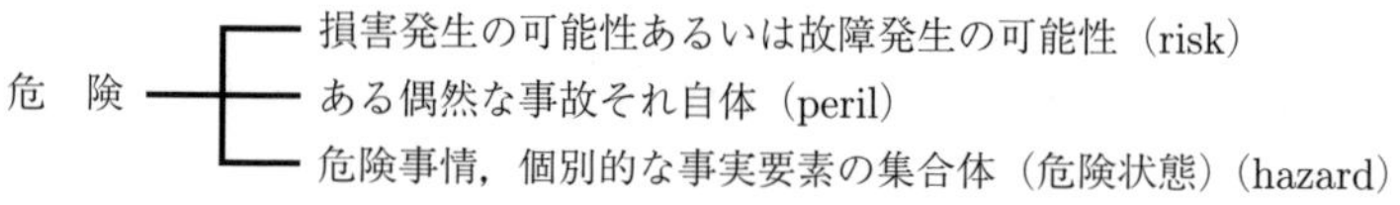

図 2.1　危険の概念における分類

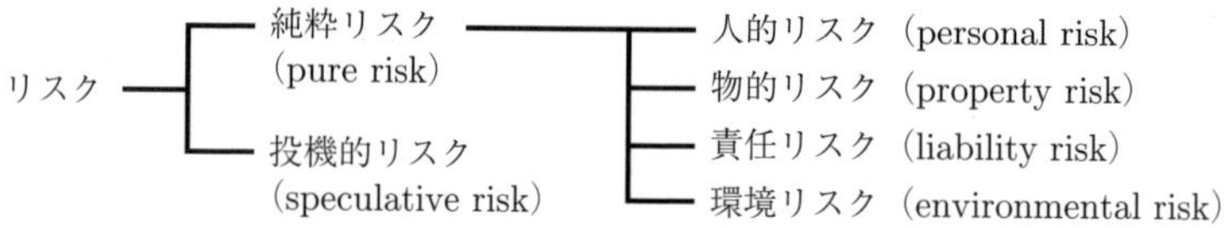

図 2.2　リスクの分類の一例

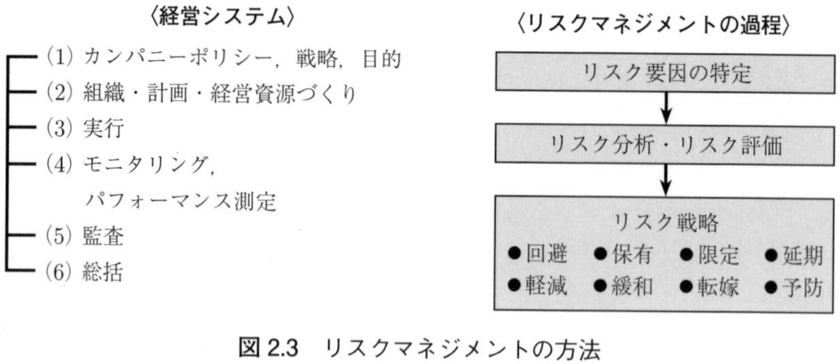

図 2.3　リスクマネジメントの方法

したうえで，リスク要因の特定，分析・評価，リスクに対する戦略といった 3 つのステップでリスクマネジメントを検討することが必要といえる．

なお，リスクマネジメントが規定されている ISO 31000 シリーズでは，リスクマネジメントとは，「リスクに関して，組織を指揮し管理する，調整された活動」と定義され，偶発的または人為的な事故を発生させない予防対策と，不幸にして，万一事故が発生した場合の緊急時対応と再発防止体制も含まれている．

2.1.2　リスクマネジメントの進め方

リスクマネジメントの手順を**図 2.4** に示す．同図のように，リスクマネジメントは，6 つの段階に沿って進める．

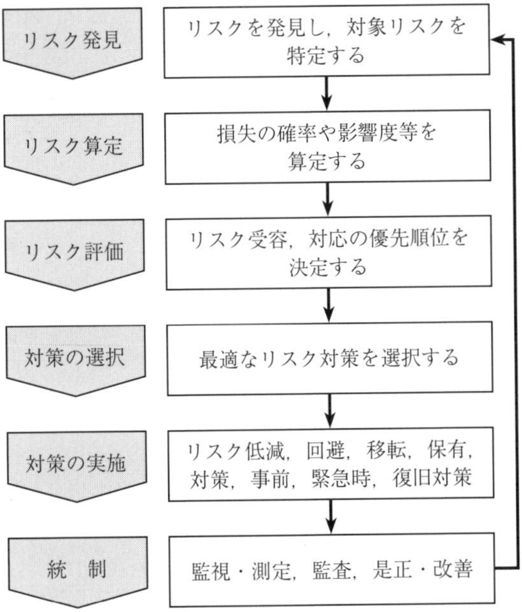

図 2.4　リスクマネジメントの手順

(1)　リスクの発見

まず，リスクの洗い出しを行う．なお，洗い出しの際，**表 2.1** に示すようなチェックリストを活用するとよい．

(2)　リスクの算定

第一段階で発見されたリスクを確率や影響度等で算定するとよい．

(3)　リスクの評価

算定したリスクを，法令遵守，ステークホルダー（企業の活動に対して利害関係を有する個人や法人）の関心，コスト等を検討し，リスクを受容できるかやリスク対応の優先順位等を決定する．

(4)　リスク対策の選択

ここで最適なリスク対策を検討する．リスク回避，低減等の方法をまとめる．

(5)　リスク対策の実施

リスク対策の選択後，リスク低減，回避，移転，保有対策，また事前，緊急時や復旧対策などについて検討する．

表2.1　リスクの発見を目的としたチェックリスト

リスクの種類	
人に関するリスク	業務上の過失 社員の経理的不正（使い込み等） 機密漏洩 訴訟問題，セクシャルハラスメント 内部不正告発 人材流失 社員の傷害事故・労災 ストライキ
施設に関するリスク	施設の老朽化 付帯設備の損傷 機械の故障 火災・爆発 地盤低下 施設賠償事故
技術に関するリスク	特許侵害 契約問題，トラブル 技術開発の失敗 品質の欠陥・低下 安全性の欠如 革新技術の出現，技術の陳腐化 コンピュータシステムのトラブル
市場に関するリスク	重要顧客の喪失 需要の低下 強力な競合企業の参入 取引先の倒産 価格破壊 公正取引法への抵触 談合の発覚
経営に関するリスク	資金調達の困難 投資の失敗 業績の悪化 人員整理の失敗 株主総会 株主による請求権行使 敵対的買収
自然災害リスク	地震 洪水 渇水 落雷 火山爆発 環境変化（海の水位）
政治社会リスク	政治的混乱 暴力団 規制緩和 遷都 暴動
経済リスク	外国為替の変動（円高・円安） 景気の低迷 インフレ／デフレ 金利政策の急変 増税政策 水・電気・石油供給の障害
国際リスク	国際紛争 対日圧力 経済圏の閉鎖性 海外事業所経営

(6) リスクの統制

一連のリスクマネジメントの進め方による監視・測定，危機管理マニュアルなどによる効果や監査，さらに是正・改善等を検討する．

2.1.3 リスク回避，低減のためのコンプライアンスとCSRの知識

(1) コンプライアンスとは何か

「コンプライアンス」(compliance) という英語も，「法令・規範の遵守」，「遵法」

といったような意味であることが広く知られるようになった.

従来，わが国でいう，いわゆる「コンプライアンス」は，主として「悪いことをすべきではない」,「法律は守らなければならない」というレベルにあった.

しかしながら，昨今のように，一連の企業不祥事からコンプライアンスが強く叫ばれるようになり,「法律を守ることは倫理的でもある」という理解から企業倫理が不可欠であるという考え方も多くなってきている．欧米では，従来から企業におけるコンプライアンスは，法律違反をしないようにすることや法律を守るべきことは当たり前とされている．したがって，企業が健全で適正な活動をしていくためには，企業倫理といったものにも積極的に取り組む必要がある.

(2) 企業コンプライアンスから一歩進んだ CSR, SRI

わが国でも，前述した欧米の考え方に準じた企業倫理についても積極的に取り組みつつある．さらに，新聞，雑誌等で，CSR または SRI という用語が目につくようになった.「ビル管理会社が CSR 推進のための担当役員を置いた」または,「信託銀行が SRI 型年金投資案件を受託」といったように,企業の関心も高まっている．ここで，**CSR** とは，Corporate Social Responsibility（以下，CSR という）の略で，**企業の社会的責任**のことであり,**SRI** とは,Socially Responsible Investment（以下，SRI という）の略で社会的責任投資のことである.

CSR, SRI の意味合いを一言でまとめると，CSR とは「企業が法律遵守にとどまらず，市民，地域および社会を利するような形で，経済，環境，社会問題においてバランスの取れたアプローチを行うことにより,事業を成功させること」であり，SRI とは「そうした社会的責任を果たす企業に対して，株式投資，融資などの形で資金を供給すること」といえる.

いずれも欧米が起源であるが, CSR や SRI がどう進められてきたかという点で，米国とヨーロッパは大きく異なる．つまり，民間の発想から出発している SRI 的な株式投資が先行して CSR が進んできた米国と，政府が道筋を付けて CSR, SRI を進めてきたヨーロッパとは発展プロセスにおける政府の関与の度合いが違っている.

米国では，NPO などの市民社会組織が主体となって，企業活動を監視し，社会的責任を問う動きが盛んに行われている．一方，ヨーロッパでは，市民社会組織のプレゼンスが米国以上に大きいが，CSR を促進しようとする報告書が EU レベルでまとめられるなど，政策的な取組みも進んでいる.

では，わが国はどのような動向であるかというと，欧米に比べて遅れが目立っていることは事実であるが，ISO（国際標準化機構）では，CSRが国際標準にされ，すでに，わが国でもCSRを踏まえた規格づくりを日本経済団体連合会（経団連）と経済産業省が協力して検討された．CSRの活動は，社会の要請に応えるだけでなく，企業の発展に不可欠であることから，攻めの倫理を基本とした戦略的なCSRの基本フレームの概念を**図2.5**に示す[1]．

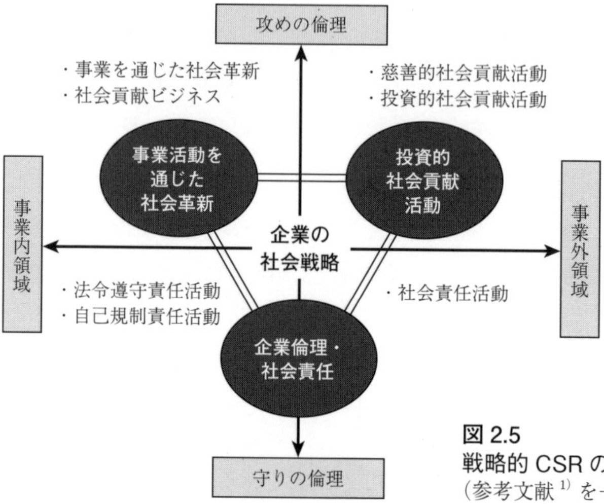

図2.5
戦略的CSRの基本フレーム
（参考文献[1]を一部改変）

(3) リスクマネジメントへの取組みの必要性

企業はもちろんのこと個人に至るまで，つねに何らかのリスクにさらされている．企業等のイメージダウンなど，昨今，続発している事件・事故を挙げれば，きりがない．企業であっても個人であっても，活動するフィールドが拡がれば拡がるほど，それに伴って新たなリスクに遭遇する可能性が生じる．たとえば，企業が国内から海外へと事業展開を図った場合には，営利目的の誘拐の対象になったりする可能性も生じる．これは，企業活動が国内に留まっているときには考える必要がなかったリスクである．

また，インターネットの普及で，新たなリスクが生じている．サイバー攻撃にみられるように，ウェブサイトを不正に書き換えられた例は数知れず，ユーザーとのトラブルやインターネットによる個人情報漏洩などの問題もマスコミに大きく取り上げられる．こうしたリスクを回避するには，インターネットを使用しないのも一計といえるが，今や企業戦略からしても，インターネットは欠かせないもので，関連したリスクも避けては通れないものといえる．過去に，企業等が一番恐れていたリスクに，直接会社へ乗り込まれるような物理的リスクがあり，こうした従来型リスクのマネジメントは確立されている一方で，前述したネットワーク型リスクのような新しいタイプのリスクへの対応は万全とはいえない．

このように，従来型のリスクのみならず，時代に対応した新しいタイプのリスクへのマネジメントも検討すべきであろう．

(4) 企業等に不可欠なコンプライアンス経営

いかなる業種であっても，行政の温情主義的な保護が弱まり，自由競争となった今，能力のない企業は市場から敗退せざるをえないといった考え方が強まり，以前のような日本的な根回しによる解決のしかただけでは通用しなくなってきている．そのため，事前に，できる限りの法令遵守体制を整える必要がある．法令遵守体制の欠如による，ずさんな管理体質がもとで，昔は超優良であった企業が，短期間のうちに消滅の憂き目にあった事例は，数多くみられ，厳しい競争経済の下で生き残るためにも，コンプライアンス経営は不可欠といえる．

一方で，コンプライアンスのレベルにおける企業の優劣は，企業イメージ，その生き残りの可能性に影響を与えることにもなる．コンプライアンスを怠った企業は，外部からの攻撃も受けやすいともいえる．たとえば，前述したように，ハッカーによるサイバーテロ，企業活動に問題がある場合のネット社会を通じての風評などである．さらに，企業は適正な情報開示を求められるようになったことからもわかるように，コンプライアンス経営は，企業等の生き残りに不可欠な概念といえる．

さらに，国際化社会の中で，グローバルスタンダードの要請が高まっている．日本よりもはるかに司法的チェックの厳しい欧米においてはコンプライアンス経営の手法が発達しており，今後，わが国の企業においてもそうした手法を見習う動きが強まってくるであろう．

(5) CSR の動向

① ISO 化された CSR

CSR を含んだ広義的な**社会的責任**（**SR**：Social Responsibility）に関するガイダンス規格，ISO 26000 シリーズの構成と概要を定めた「**設計仕様書**（design specification）」が 2005 年 10 月に発表された．

② ISO 26000 シリーズを想定した CSR のマネジメントのしくみ

図 2.6 に，ISO 26000 シリーズを想定した場合の CSR の 7 つ要素を示す．同図から，CSR のマネジメントを構築する場合の留意点を以下にまとめる．

1)　環境：ISO 14000 シリーズ（環境管理・監査）とのリンクを検討

2)　人権：ISO 45001（労働安全衛生）および ILO（世界労働機構）の動向に基づいて検討

3)　労働慣行：ISO 45001（労働安全衛生）とのリンクを検討

4)　組織統治：経営の透明性，健全性，ステークホルダーへのアカウンタビリティ（説明責任），情報開示，経営者ならびに各層の経営管理者の責任の明確化，内部統制などを検討

5)　公正なビジネス慣行／市場ルール：談合をしない，インサイダー取引をしない，前述したコンプライアンスを遵守する

6)　コミュニティ参画／社会開発：企業の社会的責任として信念をもって参画して行くことが不可欠

7)　消費者課題：ISO 9000 シリーズ（品質管理），リスクマネジメント，リコール，PL 法など業界，業種に即した対応が不可欠

図 2.6　ISO 26000 シリーズを想定した場合の CSR の 7 つの要素

2.2　ビルマネジメントとリスク

2.2.1　ビルマネジメントにおけるリスクの特徴

ビルは，構造躯体を始めとして多くのシステム，機器の複合体であり，また不特定多数の人が利用したり，執務している施設が一般的である．したがって，ビルのマネジメントは，つねにビルにおける，あらゆるリスクにさらされながら，マネジメントしていかなければならない宿命にある．それがまさしくビルマネジメントにおけるリスクの特徴ともいえる．

したがって，どうしても付き物であるトラブル・リスクに対して，「発生を未然

に防ぐ」～「発生したトラブルを最小限に抑える」～「ブランドの信頼を回復する」ことまで想定して，万一に備える必要がある．

時系列的にリスクを分類すると，トラブルや事故等の発生前の潜在的なリスクである**ポテンシャルリスク**，実際に発生してしまった**アクティブリスク**，そして，発生してしまった後の処置や信頼回復をも含んだ**リ・ブランディングリスク**に分けることができる．ビルマネジメントにおいて，特に重要なのは，リ・ブランディングリスクを検討しておくことといえる．なぜならば，ポテンシャルリスクやアクティブリスクは，万全であっても，リ・ブランディングリスクは，あまり検討されていないのが現状といえるからである．

リ・ブランディングリスクは，ブランドの価値，イメージの低下を招くおそれがあるリスクについて，さらにコーポレートリスク（企業経営・団体運営上のリスク），コミュニケーションリスク（マスメディアやインターネット等のメディア対応上のリスク），ブランドリスク（ブランドの資産価値に直接影響するリスク）に分けることができ，それらを含めた危機管理マニュアルを整備することも必要といえる．

2.2.2　地震に対してのリスクマネジメント

(1) 地震リスク分析の指標：PML

不動産の証券化やビルのリスクマネジメント強化の動きに伴い，建築物の地震リスク分析が盛んに行われている．地震リスク分析とは，将来発生する可能性のある大地震が，保有資産にもたらす経済的な損失の大きさと，その発生確率を分析するものといえる．この地震リスク分析でよく使われるのが**PML**（Probable Maximum Loss：**予想最大損失率**）という指標である．

不動産のもつ資産価値を適正に評価する手法として，**デューデリジェンス**（**建築物適正評価**）と呼ばれる一連の調査がある．デューデリジェンスは，不動産の「建築物・環境の調査」，「法律・会計上の調査」，「収益性の調査」に大別される．その建築物調査のひとつに，建築物の物理的事実を評価するエンジニアリングレポートと呼ばれる調査がある．このエンジニアリングレポートの中で，地震リスクに対する不動産の資産価値を表す指標としてPMLが使われる．

PMLは，元来，保険業界で使われてきた指標で，米国の火災保険で保険情報のひとつとして生まれ，その後，地震保険などの巨大災害のリスク評価でも用いられるようになった概念である．わが国の地震保険では，1966年の創設以来，総支払い限度額の設定指標としてPMLが用いられ，保険制度運営上重要な指標となっている．これに対して，建築業界・不動産業界で，**表2.2**に示すように，一般的に使用されているPMLの定義は「対象建築物あるいは建築物群に対し，最大の損失をもたらす再現期間475年相当（50年間で10%を超える確率で襲ってくると予想）の地震が発生し，その場合の90%非超過確率に相当する物的損失額の再調達費に対する割合」としている．なお，**図2.7**にPMLの概念を示す．

表2.2　PMLの対象とする地震・損失・PMLの計算

①対象とする地震は	→	建築物の使用期間中50年で予想される最大規模の地震 （再現期間475年相当＝50年間で10%を超える確率）
②対象とする損失は	→	予想される最大の損失（90%非超過確率）
③ PMLとは	→	予想される最大の損失（補修費）／再調達費×100（%）

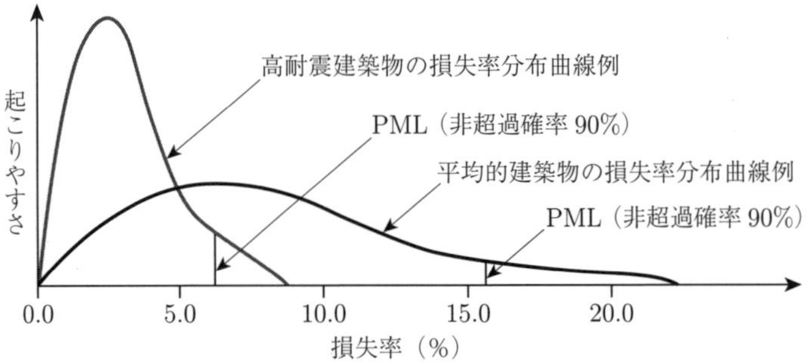

図2.7　PMLの概念

(2) PMLによる不動産評価

ある建築物の再調達費（現時点で新築すれば10億円）が，最大規模の地震（建築物の敷地ごとに，その大きさを予想．たとえば，震度6強～7程度）を受けた場合の補修費（構造体，仕上げ材，設備・機器の損失を含む）が最大で2億円かかると予想されると，その建築物のPMLは(2億円/10億円)×100＝20%となる．

PMLは，**表2.3**に示すように，0%（無被害）から100%（全損）の値で評価され，PMLの値が小さいほど，建築物の地震による被害リスクは小さいことになる．1981年以降の建築基準法に基づいた新耐震設計法によって設計された建築物は，PMLが10～20%程度になることが一般的であり，1981年以前の建築基準法

表2.3　PMLと予想される被害の一例

PML（%）	危険度	予想される被害
0～10	きわめて低い	軽妙な構造体の被害
10～20	低い	局部的な構造体の被害
20～30	中位	中破の可能性が高い
30～60	高い	大破の可能性が高い
60～	非常に高い	倒壊の可能性が高い

によって設計された建築物は，PML は 20%以上の大きな値となる傾向にある．

PML は，不動産の評価尺度として定着しつつあり，PML が 20%を超えると，不動産の証券化の格付け低下にも繋がるので，建築物を証券化する場合には不動産価値を上げるため，耐震補強によって PML 値を求められる適正レベルに低下させる必要がある．また，新築の建築物においても，免震・制震といった最新の構造技術を採用した建築物は PML 値が小さくなり，将来，不動産を証券化する場合の格付けが高くなる．このように PML は構造技術の耐震効果を客観的に表すことができる指標のひとつであり，建築物ごとに耐震性能を独自に設定する性能設計の目標値として採用することもできる．

2.2.3 テロに対してのリスクマネジメント

2001 年 9 月 11 日の米国同時多発テロ以降，施設の信頼性·保全性やファシリティマネジメントの分野では，施設セキュリティを始めとしたリスクマネジメント，とりわけ，テロへのリスク回避が盛んに検討されている．

ここでは，著者が，海外のあるホテルを含む複合商業施設を運営している会社と，施設の計画段階において運営・運用におけるテロへのリスク回避に関して共同研究した結果に基づいて，その一部の内容をまとめる．

(1) 複合商業施設において想定されるテロの種類

実際に検討を行ったホテルを含んだ複合商業施設は，安全な施設を建設し，運営·運用する必要性と，ホテルとしてゲストを温かく迎える施設を建設し，運営・運用するという 2 つの必要性が不可欠であった．そして，複合商業施設としての最大の義務，任務を「ゲストの安全を守ることを第一とする」ことを大前提として，予告の有無も含めた形で想定されるテロの種類を洗い出した．なお，この洗い出しにおいて，留意したことは，オペレーションの維持が最優先とされる軍事施設等とは，まったく違う点である．

〈想定されるテロの種類〉

①自殺爆弾，②爆発物を積んだ乗用車，トラック等が施設内の建築物等に衝突する，③リモート爆弾，④爆発物を積んだ乗用車，トラック等を施設あるいは建物付近に停止させ，リモートコントロールによって爆破する，⑤手投弾，手榴弾，拳銃発砲，⑥ロケット爆弾，弾道ミサイル爆弾，追撃砲，⑦不法侵入，⑧放火，⑨手紙爆弾，小包爆弾，⑩化学・生物の毒物による大気，室内，水中等の汚染と人的被害

(2) 想定される爆弾攻撃と放火への対策

爆弾攻撃と放火は，複合商業施設で起こりうるテロのひとつといえる．サイバー攻撃などの新しい危機も発生しているが，テロ対策の専門家の間では，爆発物を使用する攻撃が，将来において多く用いられる戦術であり続けるであろうと予測されている．

万一，爆弾攻撃が発生した場合，複合商業施設は莫大な財政的負担を負うこととなる．しかしながら，爆弾攻撃に耐えうる施設にするにも，また莫大な金額がかかるため，たとえば，米国の複合商業施設のほとんどは，爆弾耐久仕様での設計，建築がなされていない．テロにおける爆弾攻撃の発生率が低い点も予算確保を渋らせる要因のひとつである．現存する建築物は改良できるが，同時に高額なコストと，予想しなかったリ・デザインを余儀なくされる．なお，米国のある統計によると，爆弾攻撃による死傷原因の約80%は，ガラスや瓦礫の破片落下によるものといわれている．特に北米（米国，カナダ）は，世界各国の中でも，火災による死亡率が最も高いとされている．北米における建築基準は確かなものであるが，米国科学研究技術小委員会（US Subcommittee on Science Research and Technology）によると，米国にある複合商業施設はスプリンクラー等の消防設備が十分とはいえないことが主たる原因と結論づけている．

(3) 計画段階におけるリスク評価

実際に検討を行ったホテルを含む複合商業施設における計画段階のリスク評価に際し重視した点を，以下に概要のみまとめる．

① 犯罪統計とテロ活動の分析

地域犯罪統計やテロ活動の分析は重要といえる．分析するための情報は，新聞社等マスメディア，警備会社等から収集する．複合商業施設によっては，危機管理の専門家を配置し，24時間体制で常時，連絡を取り合っている施設もある．該当する複合商業施設が位置する地域において，犯罪率が高水準であったり，テロ活動が活発化している場合は，複合商業施設のリスク度は高いと想定される．

② 脅威や災害の発生の可能性

脅威や災害の発生の可能性を検討する必要がある．とりわけ，国賓などのVIPの一時滞在や訪問時，政治会議や国際会議の開催時には，特にテロの発生率，すなわち，リスク度が高くなる．

③ 建築物の認知度，シンボル度，国家的重要度

シンボル度が高い施設，たとえば，ブランドとして認知度が高い店舗がテナント

として入っている場合など，さらに，国家的重要度の高い建築物，たとえば，特定の国の大使館などに近接する施設も同様に，テロ攻撃の対象となりやすいため，ともにリスク度はきわめて高くならざるをえない．

(4) 計画段階における基本原則の決定

ここでは，複合商業施設の計画段階における基本原則のうち，そのひとつである爆弾耐久仕様のデザインにおける基本原則を紹介する．

ホテルを含む複合商業施設を運営している会社と，施設の計画段階において，運営・運用におけるテロへのリスク回避に関して，「ゲストの安全を守ることを第一とする」ことを大前提として，以下の4つの基本原則を決定した．

① テロリストとゲストの安全な分離を維持できる施設であること：テロリストとゲストが，直接的・間接的に接触できないように施設計画する必要がある．

② 一定の爆弾ダメージに耐えうる施設であること：爆弾ダメージを部分的損壊に留め，二次災害や建築物全壊を回避できるように施設計画する必要がある．

③ ガラスや瓦礫の破片の量を最小にする施設であること：爆弾攻撃による死傷原因の約80%は，ガラスや瓦礫の破片の落下であるという統計結果から，死傷率を抑えるために，ガラスや破片の量を最小にするような施設計画を行う必要がある．

④ 救助活動と復旧活動を容易にする施設であること：ゲストの避難にあたって，安全な救助と十分な時間を提供できる施設計画を行う必要がある．

2.3　ビルのリスクマネジメントにおける評価プロセス

建築物には，設備やデータなどのさまざまな資産を守るとともに，人命を守る機能，快適な空間を提供する機能を維持することが求められる．

建築物を取り巻くリスクには，地震や洪水等の自然災害に起因するものや，地域環境に関わるもの，そして建築物がサービスする日常の機能障害に起因するものなど多様な事象が想定される．そもそも，将来発生しうる不確定な事象に備えたリスク管理はリスクそのものに必要以上に過剰にならず，またリスクを軽視しないという，経営判断上非常に有効な行動といえる．

BCP（Business Continuity Plan：**事業継続計画**）とは，このリスクマネジメントと，重大なリスクが発生した場合の損失を抑制する危機管理（クライシスマネジメント）を合わせたものである．ここでは，リスクマネジメントに係わる一連の行動の中でも，リスクそのものの評価プロセスについて述べる．

2.3.1　リスクマネジメントにおける評価プロセス

リスクマネジメントの目的は，「資産（ここでの資産とは有形，無形，人命のあらゆる資産を含む）に影響を及ぼすと想定される事象，外部環境を洗い出し，これら事象，外部環境によって生じる具体的な損失，および潜在的な損失の影響を予防あるいは極小化するための施策を見極めること」と要約できる．

図 2.8 にリスクマネジメントのプロセスを示す．リスクを極小化するための計画（Plan），実践（Do），監視（Check），改善（Action）の PDCA サイクルを繰り返すマネジメントシステムとなっていることがわかる．このうち，評価プロセスは，「損失の大きさ」，「潜在的な損失の影響」を客観的に評価することであり，その対策に必要とされるリソースの配分を行うために重要なプロセスとなる．リスクマネジメントにおいて，リスク回避するための管理水準をむやみに高めると，過剰な対策を要求することになる．これは，管理コストの増大による収益の低下を招くだけでなく，現場における円滑な業務の妨げにもなりかねない．そこで，洗い出された数多くのリスクについて，必ず回避しなければならない重要なものから，一定の対策で許容されるものまでのランクづけが必要となり，さらにリスクマネジメントの実践，監視，改善，の過程でこれらランクづけの状況を確認し，事業の方向性と合致しているかをチェックする必要がある．

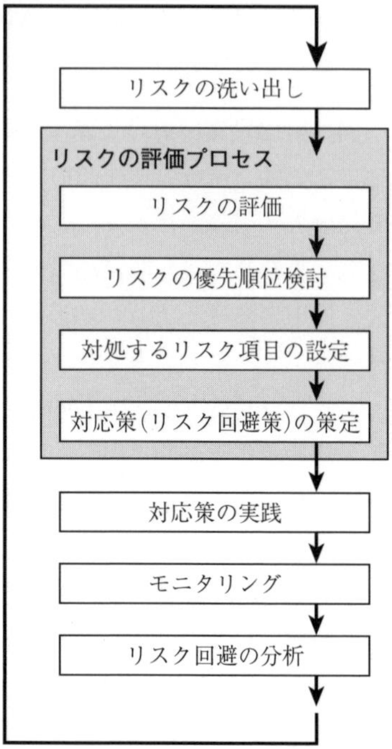

図 2.8　リスクマネジメントのプロセス

リスク評価プロセスは，体系的に洗い出されたリスク項目の重要度を判定することであり，リスクマネジメントのなかでも重要なプロセスといえる．

2.3.2　リスクの定量化

リスクの評価プロセスでは，組織や業務，機能，設備等々といった建築物および建築物の維持管理全体にわたるリスクを洗い出し，これらリスクの重要度を判定するための定量的評価を実施したうえで，優先順位を設定する．実際には，対象としたリスクの大きさを低減するための対応策の実施により，リスクが実際に抑制されているかの分析も評価プロセスに含まれる．

リスク重要度の判定のためには，大量の情報整理が要求される．この情報量が客観的に統計解析できるレベルで管理されていれば（たとえば，自動車保険での損害額）定量化は容易であるが，建築物に関わるリスク情報については，必ずしも統計処理するのに十分な量が管理されているとはいえない．建築物のリスクに精通しているビルマネジャーや設計者による判断は主観的となりがちであり，リスク発生プロセスが不確実性をもつ項目であれば，なおさら主観性が強くなる．具体的な数値で表現できないリスクの大きさを評価するうえで，ある程度の主観性は許容すべきだが，リスク回避に向けたさまざまな投資を左右するための基礎情報となるものであるから，わかりやすく明快なプロセスを確立することが，リスク軽減対策を実施するために重要となる．

リスクの大きさは一般的には次の3要素の掛け合わせで評価されることで整理される．

【リスクの大きさ】=【リスクの影響度】×【発生確率】×【コントロール性】

リスクの大きさを定量化する際に，これら3つの要素について具体的な数値で表現できないことがある．そこで，これら3要素については，5段階や10段階の定性的スケールで評価されるのが通常である．

(1) リスクの影響度

リスク影響度は，ビルオーナーであったり，ビル管理会社であったり，リスクの対象に関わる組織において，リスクの発生によって失われる資産がどのような価値を保有しているか，すなわち資産価値の大きさで定義される．具体的には，資産そのものの価値であったり，資産を失うことによる価値への影響度で表される指標である．

(2) 発生確率

リスクが顕在化する確率については，統計的分析のための資料が整備されていない状況では，多くの関係者が実感できる水準として設定する必要がある．通常は，顕在化する可能性を高めることになる脆弱性をもって評価するが，リスクのコントロール性，すなわち，顕在化を回避するための施策の確実性との重ね合わせで評価されることもある．

(3) コントロール性

リスクの顕在化する可能性を低減するために，ある対策を実施することがある．

コントロール性とは，この対策の効果の大きさで評価する．対策の効果の大きさは，「有効に対策が機能した場合のリスク顕在化抑止度」と，「対策の実効性」との重ね合わせで評価される．すなわち，どんなに抑止度の高い対策であっても，現場において実践されていなければ絵に描いた餅となってしまうので，実践のしやすさや管理，教育の徹底までを含めて評価することが肝要である．

リスクの大きさを評価する際に用いる以上の3要素について，5段階のスケールを設定した事例を**表2.4**に示す．

表2.4　リスクの大きさ評価のためのスケール

リスクの影響度	リスクが顕在化する可能性	コントロール性
1：まったくない	1：ありえない	1：完全に管理可能
2：影響度は低い	2：ありえる	2：うまく軽減，管理可能
3：影響度は高い	3：可能性は高い	3：一部はうまく軽減管理
4：影響度は非常に高い	4：可能性は非常に高い	4：軽減管理状況が悪い
5：致命的な影響度	5：確実に起きるだろう	5：管理していない

どれも定性的な表現であって，リスクの定量化評価としては最初のステップとなるが，このマクロ的定量化手法が2.3.3～2.3.5項で述べる評価結果の可視化，リスク評価のための留意点，リスク対応策の立案にとって非常に重要なプロセスとなる．

2.3.3　リスク評価結果の可視化

リスクを定量評価するための3要素「リスクの影響度」，「リスクが顕在化する可能性」，「リスクのコントロール性」の定義ができたら，次は関係者で洗い出されたリスク項目について，これら3要素の評価を実施する．「リスクが顕在化する可能性」と「リスクのコントロール性」を重ね合わせたものを「リスクの発生確率」と置き換えると，リスクの大きさは，この「発生確率」と「影響度」の2要素に分解して捉えるのが適切だといえる．

図2.9は，この2要素を軸にとったリスクマップの一例である．一般的に，リスクの「発生確率」と「影響度」との間には，発生確率の高いリスクは影響度が小さく，影響度の大きいリスクは発生確率が小さいという相関関係があるといわれている．しかし，統計的分析が困難な業態では，リスクの大きさの不確実性から正確な予測は困難である．このため，「発生確率」を低減させる施策と，「影響度」を低減させる施策の両方からのアプローチが望まれる．

「発生確率」の低減は，リスクが顕在化するのを未然に防ぐ施策といえる．たとえば，それは行動マニュアルであったり，チェック体制の強化であったり，リスクの対象によって，多様な施策が考えられるが，概して予防的な行動であるといえる．

一方で，「影響度」の低減は，リスクが顕在化した有事において，適切な対処を実践することで達成される．リスクの顕在化を想定したシミュレーションを精度良く実演できるか，また，リスクの顕在化する過程をいかに速やかに把握できるかが鍵となる．

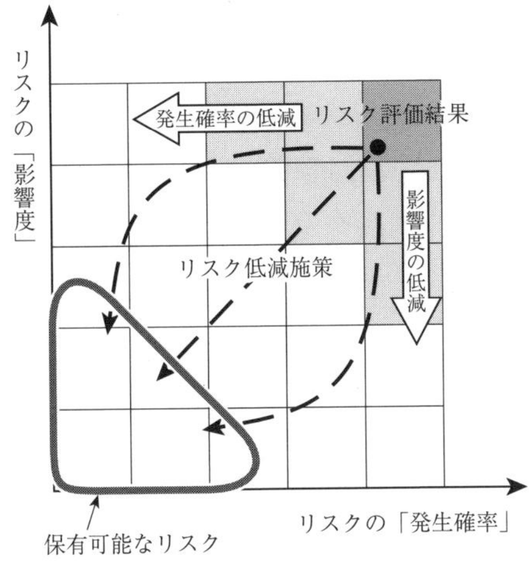

図 2.9　リスクマップの事例

2.3.4　リスク評価のための留意点

リスクの定量化評価手法として，統計的解析を行うにはデータベースが不十分な場合には，マクロ的な簡易評価手法が有効となる．しかし，具体的数値を扱わないものなので，得られた結果が客観的に正しいと認識され，これに基づく PDCA サイクルの実践（Do）フェーズが，関係者の合意のもとで確実に推進されるためには，いくつかの留意点がある．

2.3.2 項で述べたように，リスク評価プロセスは関係者の主観的評価に頼る部分がある．このプロセスを通じて，関係者の業務内容，リスク回避のための経験的行動，リスクが顕在化する可能性についての認識，新たなリスクコントロールのための施策等について，互いに情報を共有し，理解し合うこと自体が，リスク軽減に大きく寄与するものでもある．立場が異なれば，主観的判断も異なるものであり，この違いを認識することで，自分の担当の役割と責任が明確になるといえる．

つまり，リスク評価プロセスを通じて，関係者の利害や特質に関する情報交換を促し，相互理解を深めることで，自分の担当業務の責任を明確にする，これこそが，リスク管理の原点でもあるといえる．リスクの影響度や，顕在化する可能性については，関係者の意見が「重要で，大きなリスクである」と一致するものもあれば，意見が異なる場合もある．意見が一致した事項については，対策案の実践に速やかに移行し，意見が異なる事項については，詳細な分析を進めて，情報共有と相互理解を深めることが重要である．

2.3.5　リスク対応策の立案

リスクの定量化評価に続いて対応策の立案を行う．一般的に，想定したリスクに対する行動（意志決定）は以下の4つのパターンに分類される．

①　リスクの回避

リスクそのものを排除する行動である．リスクとして想定される業務（事業）から撤退するような行為がこれにあたる．

②　リスクの移転

リスクに関して，損失または利益を第三者と共有する行動である．保険への加人がわかりやすい事例である．

③　リスクの保有

リスクが小さく，受容できる範囲であると判断することである．評価せずに放置するのではなく，あくまでも評価したうえで受容するという意志決定を伴うものであることが重要である．

④　リスクの最適化（制御）

リスクに関して，発生確率を低減するか，影響度を小さくするような施策・行動をとる意志決定．

これらリスク対応行動は，定量評価されたリスクに費用対効果を考慮して判断するが，**図 2.9** で示したような定量化マップを用いて一般的な方針を策定することもできる．

図 2.10 は，**図 2.9** で示したリスクマップ内に位置するさまざまなリスクに対する対策策定の基本方針をまとめたものである．領域①は，リスクの「影響度」が小さく，「発生確率」も低いので，このままリスクを受容する（リスクの保有）ことも可能なものである．領域②は，リスクの「影響度」は小さいが，「発生確率」は高いので，発生頻度を抑制するようなリスク軽減施策（リスクの最適化）が望まれ，リスクの受容も合わせて検討すべきといえる．領域③は，リスクの「影響度」が大きいが，「発生確率」は低いので，万が一，リスクが顕在化した際の「影響度」を小さくす

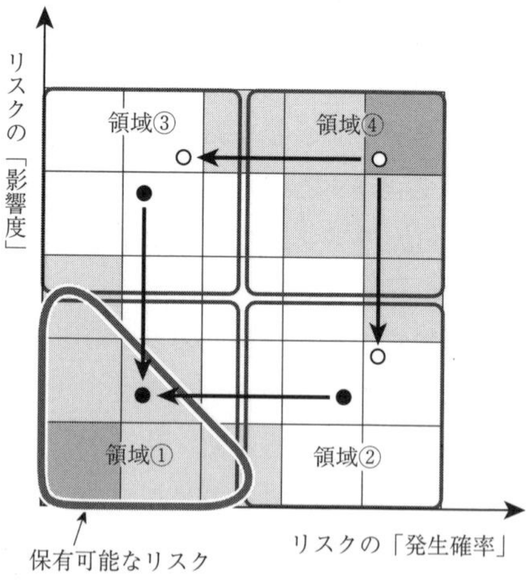

図 2.10　リスクの低減施策

るリスク軽減策が必要で，保険によるリスクの移転も検討すべきである．最後に領域④はリスクの「影響度」が大きく，「発生確率」も高いので，徹底したリスク軽減策の検討が必要となる．アプローチとしては，「影響度」を低減して領域②になるようにするか，「発生確率」を抑制して，領域③になるようにマネジメントすることが望まれる．

リスクの保有と最適化と移転の 3 つの方策は相互補完的な関係にあるので，これらの組合せにより対策案を策定することも重要であるといわれている．

2.4　ビルマネジメントにおけるリスクの想定

(1) ライフサイクルからみた想定リスク

建築物のライフサイクルにおけるリスクには，多種多様なものがある．それらを各段階において想定し，整理しておく必要がある．「計画・設計」，「施工・建設」，「運用」，「移管・廃棄」それぞれの段階を想定したリスクの一例を**図 2.11** に示す．この図のように，どの段階にも共通なもの，計画・設計段階，施工・建設段階，運用段階，移管・廃棄段階のように詳細に分類し，想定リスクを検討，整理することは，意義があり，不可欠といえる．また，第 4 章で詳細に述べる PFI/PPP や不動産の証券化など，不動産運用の多様化に伴い，各段階で新たなリスクの発生やリスク分担について考えていかなければならなくなる．たとえば，PFI 事業では，地方自治体等と事業者それぞれのリスクの種類によってはリスク分担が大きく異なることもありうるので留意すべきである．

(2) 施設に着目したリスク評価

情報・通信を扱う施設では，IT の普及に伴い，ネットワークは，今やインフラのひとつであり，生命線といえる．そして，ネットワークや情報システムそのものを含むセキュリティ（**サイバーセキュリティ**）とそのリスク評価を検討することは不可欠といえる．そのため，サイバーセキュリティのみならず，建築設備システム・機器，入退出管理，防災など，施設に着目した物理的な財産を守るセキュリティ（**フィジカルセキュリティ**）も含め，これらを一元的に管理するトータルセキュリティとその評価手法を検討する必要がある．

たとえば，**図 2.12** に示すように，リスク評価するために，セキュリティのレベルを設定する必要があるが，わが国の場合には電気室，設備機械室などの施設セキュリティレベルがあまり高くなく，無防備な状態といわざるを得ない．

どの段階にも共通のリスク

環境リスク（地球・地域レベルの環境管理，CO_2 排出量リスク，環境管理・監査リスク）
社会リスク（住民対応リスク，世論・マスコミへのリスク，第三者リスク）
制度リスク（政治リスク，法制度・許認可リスク，許認可遅延リスク，税制度リスク）
契約リスク（入札リスク，保険リスク，契約不履行・破棄リスク）
不可抗力リスク

計画・設計段階

フィジビリティリスク，発注者リスク，測量・調査リスク，資金調達リスク

施工・建設段階

環境整備リスク，用地取得リスク，工事遅延リスク，施工監理リスク，工事費増大リスク，性能リスク，施設損傷リスク，物価リスク，金利リスク

運　用　段　階

支払・遅延リスク，計画変更リスク，性能リスク，環境リスク，エネルギーリスク，建築・設備瑕疵リスク，維持管理コストリスク，建築・設備損傷リスク，備品更新リスク，修繕費増大リスク，物価リスク，金利リスク

移管・廃棄段階

環境・廃棄物処理リスク，移管手続きリスク

図 2.11　建築環境・設備の計画・設計から移管・廃棄段階までに想定されるリスク

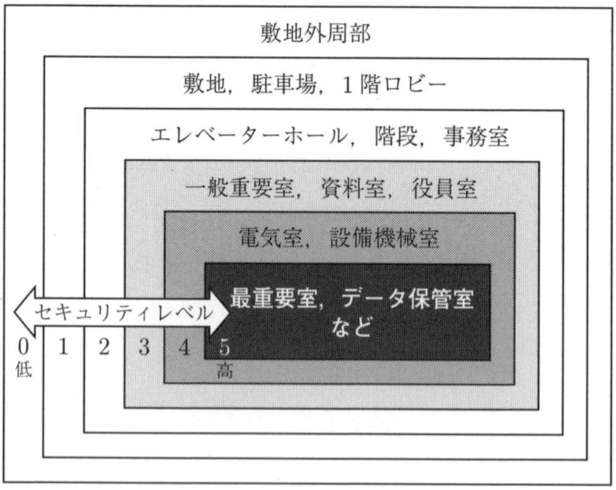

図 2.12　建築物におけるセキュリティレベルの設定例

(3) 建築・設備に着目したリスク評価項目

高信頼性が要求される企業の技術研究所などでは，建築・設備におけるリスク管理を検討するためのリスク評価を行う．**表 2.5** は，ある研究施設における建築・設備のリスク評価項目と評価レベルの設定例を示したものである．項目の設定には，それぞれの項目が，できるだけ独立した事象とし，評価結果が数値化できように，リスク評価項目は 6 つ，評価レベルをそれぞれ 5 段階として，数値化した事例である．

表 2.5　建築・設備のリスク評価項目と評価レベルの設定例

評価項目	内　容	評価レベル
(1) 影響範囲と致命度	システム全体に影響し，人命への影響あり	5
	システムの一部あるいは機器単位に影響し，人命への影響あり	4
	システム全体に影響するが，人命へは影響なし	3
	システムの一部に影響するが，人命へは影響なし	2
	機器単体に影響するが，人命へは影響なし	1
(2) 故障発生の実績	過去 5 年間に 20 回以上あった	5
	過去 5 年間に 10 ～ 19 回あった	4
	過去 5 年間に 5 ～ 9 回あった	3
	過去 5 年間に 1 ～ 4 回あった	2
	過去 5 年間にはなかった	1
(3) 故障発生の可能性	3 か月に一度は，ありうる	5
	1 年に一度は，ありうる	4
	3 年に一度は，ありうる	3
	5 年に一度は，ありうる	2
	めったにありえない	1
(4) 故障検出能力	システム警報がなく，目視で確認が不可能	5
	システム警報がなく，目視で確認が困難	4
	システム警報はないが，目視では確認可能	3
	システム警報はあるが，目視では確認不可能	2
	システム警報があり，目視での確認も可能	1
(5) システム・機器のバックアップ	バックアップがない	5
	バックアップはあるが切替えが手動である	4
	三重以上のバックアップがあり，切替えは手動	3
	バックアップがあり，切替えも自動である	2
	三重以上のバックアップがあり，切替えも自動	1
(6) 緊急対応	昼間，夜間緊急時とも，対応がきわめて困難	5
	夜間緊急時に，対応がきわめて困難	4
	昼間，夜間緊急時とも，対応に時間がかかる	3
	夜間緊急時に，対応に時間がかかる	2
	昼間，夜間緊急時とも，対応可能	1

2.5 ビルのリスクマネジメントの項目の例

ここでは，中規模程度の事務所ビルを想定して，必要なリスクマネジメントの項目の一例を挙げる．なお，建築物における設備システム・機器もリスクマネジメントの範疇ではあるが，本節では除く．ビルのリスクマネジメントの実施項目を「ハード・技術面」，「ソフト・運用面」，「その他・テナント対応」の３つに区分する．

(1) ハード・技術面

① 第三者災害の防止

・外壁タイルの落下事故防止
・袖看板の落下事故防止
・炭酸ガス消火設備の誤作動による人命被害防止
・玄関犬走り等，凍結や雨水での転倒防止
・スロープ，段差等でのつまずき防止
・地震時ブロック塀等の倒壊事故防止
・地震時，屋上設置機器の落下防止

② 火災事故の防止

・竪穴区画の確保（建築基準法の検査）
・エレベーターの竪穴区画の確保
・厨房フード火災防止対策
・厨房ガス漏れ防止対策
・感震器連動による油・ガス機器の燃焼停止

③ 搬送機器等，事故の防止

・エレベーターの安全対策
・機械式駐車場設備の安全対策
・自動ドアの安全対策
・シャッターの安全対策
・防火シャッター，防火ドア，防煙スクリーンの安全対策

④ 電気広域停電発生の防止

・電気波及事故の防止

⑤ 地震時，家具什器の転倒事故防止

・什器（ラック，書類棚等）の転倒対策
・パソコン等の転倒落下対策

⑥　防犯対策

・セキュリティシステムの導入（静脈認証，指紋認証，鍵管理・防犯センサー・非常通報等）

・扉の防犯対策

・ガラス扉防犯対策

・防犯カメラ，ビデオ

⑦　健康被害の防止

・アスベスト（石綿）対策（労働安全衛生法施行令，石綿障害予防規則）

・PCB および微量 PCB 機器保管および処理

・建材，シックビル対策

・冷却塔，レジオネラ症対策

・受動喫煙対策（健康増進法）

⑧　地震による建築物破損・倒壊の防止

・耐震診断および耐震補強工事（耐震改修促進法）

⑨　土壌汚染による健康障害防止

・土壌汚染防止対策（土壌汚染防止法）

・その他，都道府県条例による規制（大阪府の例：3000 m^2 以上の土地改変に地歴調査義務づけ）

・汚染リスク（特定有害物質，油分，ダイオキシン等）

⑩　ガス器具，湯沸器事故等の防止

・不完全燃焼による CO_2 事故防止

・ガス漏れ検知器，遮断装置の設置

⑪　テナントへの電気，水道料金の請求

・有効期間ぎれ電気メーターの更新（計量法）

・有効期間ぎれ水道メーターの更新（計量法）

(2)　ソフト・運用面

①　火災災害の防止

・消防訓練の実施および防災体制整備（防火管理者，消防計画書，訓練マニュアル）

・タバコの吸殻処理等の運用

・立体駐車場火災時の消火体制整備（手動）

・ガス漏れ時の緊急体制整備

② 災害時の避難対策
- ・火災時避難路の確保（誘導灯，非常照明，避難口の開錠，火災時パニックオープン）
- ・地震時避難路の確保（家具・什器転倒による通行障害）
- ・通用口，屋上扉の電気錠（火災時，停電時オープン検討）

③ 防災設備機器が必要時に正常に作動すること
- ・総合防災試験の実施（非常電源で防災機器が作動，非常時の各警報の移報）
- ・自動火災報知器連動試験（SFD〔防煙防火ダンパー〕・防火扉等）
- ・手動排煙窓が固着せずに作動すること

④ 緊急時の連絡・出動体制整備
- ・「機械警備コントロールセンター」からの緊急連絡体制整備
- ・無人管理時（日・祭日等）の緊急出動態勢整備（24時間コールセンター等）
- ・テナントの緊急連絡先整備

⑤ 水漏れ，停電等の緊急対応
- ・緊急対応マニュアル整備
- ・緊急対応訓練の実施
- ・スプリンクラー水損対策（アラーム弁室鍵管理）

⑥ 省エネルギーの推進における室内環境衛生管理
- ・室内温湿度管理（クレームの出ない対応）
- ・外気量の取入れ管理

⑦ 建築物内外の緊急患者対応・地域貢献
- ・AED（自動体外式除細動器）の設置と緊急医療訓練の実施
- ・身障者，弱者対応（トイレ，エレベーター，スロープ）

⑧ テロ攻撃に対する対策
- ・リスク評価による対策

(3) その他・テナント対応

① テナントクレーム対策

② テナント退却対策

第2章の問題

2.1 ～ 2.5 の記述の正誤を答えよ．

□ **2.1** 技術的見地からリスクマネジメントが対象とする危険とは，リスク，ペリル，ハザードの3つに分類できる．

□ **2.2** 企業におけるコンプライアンスにおいては，企業の社会的責任または社会的責任投資のいずれかを実施していれば，国際的にも十二分といえる．

□ **2.3** 社会的責任（SR）に関する規格は，ISO 26000 シリーズである．

□ **2.4** 一般に地震リスク分析には，予想最大損失率（PML）が用いられる．

□ **2.5** 建築・設備のリスクは，どの段階でも共通するリスクはないので，計画・設計，施工・建設，運用，移管・廃棄段階に分類して検討しなければならない．

2.6 ～ 2.8 について説明せよ．

□ **2.6** リスクマネジメントの手順をまとめよ．

□ **2.7** リスクマネジメントの見地から，社会的責任（CSR）について説明せよ．

□ **2.8** リスクの大きさ評価のスケールを身近な建築・設備も事例としてまとめよ．

【解答例】

2.1 ○

2.2 × 企業におけるコンプライアンスにおいては，企業の社会的責任（CSR），社会的責任投資（SRI）とも不可欠な概念である．

2.3 ○

2.4 ○

2.5 × 建築・設備のリスクは，計画・設計，施工・建設，運用，移管・廃棄段階に分類して検討するとともに，どの段階でも共通するリスクには，環境リスク，社会リスク，制度リスク，契約リスク，不可抗力リスクなどがあり，それらについても検討する必要がある．

2.6 図 2.4 を参照．

2.7 2.1.3 項の本文と図 2.5 を参照．

2.8 表 2.4 を参考にして，身近な建築・設備も事例としてまとめる．

参 考 文 献

1） 伊吹英子，経済教室「攻めの姿勢で実践を」，日本経済新聞（朝刊），2004 年 5 月 28 日

2） セコム，田中毅弘編著，リスクとセキュリティを考える―ビルマネジメントの新しい知識，技術書院，2007

第3章

諸外国のビルマネジメント

本章では，諸外国のビルマネジメントを取り上げる．欧米におけるビルマネジメント，IT を活用したビルマネジメント，中国におけるビルマネジメントの事例について述べる．

3.1　欧米におけるビルマネジメント

3.1.1　IFM

不動産の証券化にみられるように，欧米におけるビルマネジメントは，ビルの資産価値を上げるために，多面的な見地から斬新な手法の導入が検討されている．

いくつかの手法のうち，広く導入，浸透しつつあるもののひとつが，**IFM**（Integrated Facility Management，**統合的ファシリティマネジメント**，以下，IFM という）である．

IFM は，ディジタル化の進展，IoT（Internet of Things）やクラウドベースのソフトウェアの導入を活用し，クラウドコンピューティングや **AR**（Augmented Reality，**拡張現実**，以下，AR という）を駆使したビルマネジメントといえる．ここで，AR とは，スマートフォンやパソコンのディスプレイを通して，現実世界にナビゲーションや 3D データ，動画などのディジタルコンテンツが出現し，現実世界に情報を付加する技術のことである．

上述したような先進技術をビルマネジメントに活用することで，管理者は人的資源への依存度を減らし，業務効率を向上させることができる．

IFM は，反復的な業務を簡素化し，オフィスに関連するすべての機能を単一の管理チームに統合することで，生産性を向上させることが可能となる．また，コロナ禍等で主流となったテレワーク，外出者，時間外勤務者，協力会社や外注サービスを能率的に管理し，最大の生産性に必要なすべてのツールの利用が可能になりうる．そして，安全な職場環境の構築，エネルギーコストの削減，資産のトレンドにも利用できる．

IFM の概念で不可欠な評価手法は 2 つある．ひとつが，**SLA**（Service Level Agreement，**サービス品質保証**，以下，SLA という）と，もうひとつは **KPI**（Key Performance Indicator，**重要業績評価指標**，以下，KPI という）である．

これら 2 つの評価手法は，たとえば，作業状況やその結果をタイムリーに共有するなど，建築物所有者とビルマネジメントを実施している会社との間のサービス提供の橋渡しの重要なツールといえ，システム基盤が特に重視される．

これまでのビルマネジメントにおける契約形態の多くは，ビルマネジメントの業務内容，たとえば，作業方法や作業回数等を，仕様書として定め，作業に伴う人工と工数で管理コストを算定し，管理報告等を行うことで建築物を良好な状態に維持してきた．しかしながら，管理品質の低下や事故発生に対する危険性等について十分に協議していないような場合は，建築物所有者とビルマネジメントを実施している会社との間で業務内容に対する認識の違い等が発生し，多大な損害をもたらす事故の発生や責任所在の不明確さ等，さまざまな問題を引き起こすことがある．このようなことを防止するため，互いの理解を満足した仕様書が重要であるとともに，上述したような SLA,KPI やモニタリング，コミッショニング等，品質に着目した新たな維持管理手法が求められている．

SLA,KPI は，ビルマネジメントにおける品質管理に視点をおいた性能発注方式であり，建築物所有者とビルマネジメントを実施している会社との間で協議する．そして，互いの合意によって，より適正な管理品質の目標を設定し，評価を行い，必要に応じて管理内容を改善していくことが可能となる．その際，適正かつ確実なサービスの提供が確保されているかどうかを確認する手段としてモニタリングが重要となる．さらに，建築設備の分野で注目されている概念としてコミッショニングがある．建築設備に対して，発注者の要求する性能をライフサイクル全体にわたって発揮できるように性能検証を行うものであり，発注者の要求品質を実現するために，今後さらなる普及が求められている．

3.1.2　SLA の概要と具体的な事例

SLA が普及したのは，実は，ビルマネジメントとは別分野の情報システムの分野であった．情報システムの分野で，**SaaS** という概念がある．SaaS は，Software as a Service（以下，SaaS という）の略で，**サース**または**サーズ**と呼ばれている．SaaS は，ベンダーが提供するクラウドサーバーにあるソフトウェアを，インターネット経由でユーザーが利用できるサービスのことである．

そして，SaaS をユーザーに提供するにあたり，データの守秘義務を始め，品質保証の担保等で，SLA,KPI の概念が不可欠となり，その概念が，特にデリケートなデータを多く取り扱うビルマネジメントに適用された．

ここでは，ビルマネジメントに限定した事例を，建築物所有者とビルマネジメントを実施している会社との間の守秘義務契約があり，本書に記載することができないため，公開されている SaaS における SLA で述べる．

SaaS における SLA は，提供されるサービスの範囲・内容・前提事項を踏まえた上で「サービス品質に対する利用者側の要求水準と提供者側の運営ルールについて明文化したもの」である．サービス利用契約を締結する際に，SaaS 提供者とサービスの利用者双方による合意の結果として，契約文書の一部もしくは独立した文書として締結されるケースが多い．

表 3.1 に SaaS における SLA の構成要素とその概要を，**表 3.2** に SaaS における SLA の SaaS のためのサービスレベル項目を示す．

表 3.1　SaaS における SLA の構成要素とその概要

SLA 構成要素	構成要素の概要
前提条件	サービスレベルに影響を及ぼす業務上／システム上の前提条件
委託範囲	合意された委託内容がカバーする範囲
役割と責任	利用者と SaaS 提供者の役割と責任を明確化した分担表
サービスレベル項目	管理対象となるサービス別に設定される評価項目および要求水準
結果対応	サービスレベルが達成されなかった場合の対応方法（補償）
運営ルール	利用者と SaaS 提供者間のコミュニケーション（報告・連絡）のルール／体制

表 3.2　SaaS における SLA の SaaS のためのサービスレベル項目

分類	項目の概要
アプリケーション運用	システムの使い勝手に関わる項目（可用性／信頼性／性能／拡張性）
サポート	障害対応や一般的問合せ対応に関わる項目
データ管理	データバックアップを含む利用者データの保証に関わる項目
セキュリティ	公的認証や第三者評価（監査）を含むセキュリティに関わる項目

なお，SaaS の場合，SLA の導入にあたっては，前述した SLA の構成要素に沿って，以下のようなステップを踏むことが一般的である．

(1) SLA の作成

① 前提条件の整理：利用者側の前提条件（業務量，利用者数等）の洗い出し

② 委託内容／範囲の定義：業務要件に基づくサービス内容／範囲の決定

③　役割／責任分担の定義：利用者と SaaS 提供者の作業分担の明確化
④　SaaS 提供者の免責範囲の定義：SaaS 提供者の免責事項の検討（利用者の過失／故意による障害等）
⑤　サービスレベルの定義：具体的なサービスレベル項目の設定，測定方法の検討および目標保証型サービスレベル・努力目標型サービスレベルの設定
⑥　結果対応の定義：サービスレベル未達成時の対応手順および補償の検討
⑦　運営ルールの設定：運用段階におけるコミュニケーション（報告・連絡）ルールの設定

(2) SLA に基づく管理

SLA は，締結後の運営・管理が重要となる．そのための手法または運営のしくみである **SLM**（Service Level Management，**サービスレベル管理**，以下，SLM という）の進め方は，以下のようなステップを踏むことが一般的である．

①　測定：サービスレベルに基づくサービス内容の測定
　1)　データの収集：関連データの収集
　2)　データの比較：測定結果と要求水準の比較
　3)　結果の報告：利用者と SaaS 提供者双方の関係者への報告／連絡
②　分析・評価：問題の識別／優先度の判断／改善機会の確認
　1)　結果の識別：最も深刻な問題の特定と優先順位づけ
　2)　根本原因の分析：問題を引き起こしている原因の特定
③　改善：問題箇所（機能，ルール，プロセス，体制等）の修正
　1)　解決策の作成：優先順位の高い問題に対する解決策の検討
　2)　解決策の合意：関係者による解決策の承認
　3)　解決策の実施：合意された解決策の展開
④　報告・連絡：達成された効果を維持するための継続的コミュニケーション
　1)　監視：変更後の定期的な監視
　2)　フォローアップ：改善効果と新たに明確になった課題の関係者への伝達
　3)　フィードバック：サービスレベル更新が必要な場合の報告

3.1.3　KPI, KGI, KSF の概要と具体的な事例

3.1.1 項で述べたように，**KPI** は，重要業績評価指標のことであり，企業の経営戦略や事業戦略の大きな事業目標を達成するため，目標達成に必要なプロセス（過程）を具体化して考える必要がある．そのために，目標に対しての達成度合いを数値化して，計測できるようにした指標である．

一方，最終的な到達目標の指標となる**KGI**（Key Goal Indicator，**重要目標達成指標**，以下，KGIという）は，KPIが中間目標となる指標という位置づけであるのに対して，KGIは企業全体の最終目標設定といえる．具体的には「営業売上で前年比150％」や「新規出店100店舗」といった目標で，今後，企業全体が目指す方向性を決めることをKGIを設定すると表現する．

さらに，**KSF**（Key Success Factor，**鍵となる成功要因**，以下，KSFという）とは，KGIとKPIで掲げた目標を達成するために，重要となる成功要因のことである．KSFは，成功させるための必要条件を示す指標で，**CSF**（Critical Success Factor，**重要成功要因**）とも呼ばれている．**図3.1**にKPI, KGI, KSFの概念を示す．

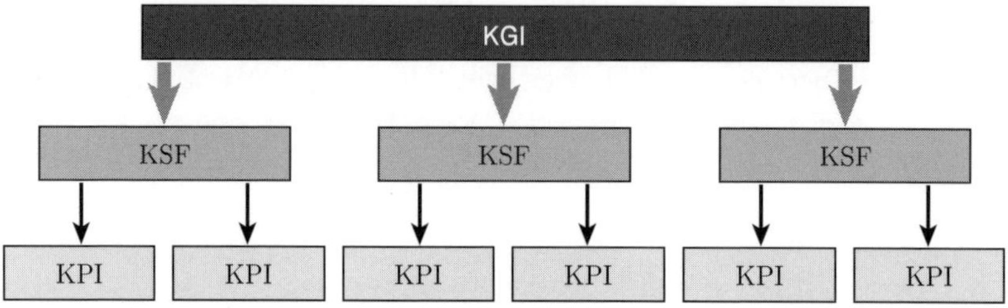

図3.1　KPI, KGI, KSFの概念（参考文献[2]を一部著者が改変）

KPIは，KGIを起点に要素を因数分解していく都度，目標達成に必要な要素とアクションを可視化できるため，チーム全体で共有しやすい特徴があり，共通認識のもとで，同じ目標に向かって取組みが進められる．そして，適切なKPIが設定できると，目標に対する達成度の評価や進捗状況の把握，指標と指標の関係性，目標達成までの距離，今後の予測，施策の効果測定および改善など，各プロセスにおける評価がしやすくなる．また，定量的な数値で指標を設定するため，PDCA（Plan-Do-Check-Action）サイクルが促進され，スピーディな意思決定を実現できる．そして，スピーディな意思決定を実現する要素としては，一般に**SMAART**という頭文字で表現されるものがある．以下に，実現性の高いKPIを設定するための要素であるSMAARTを列挙する．

① S（Specific）：明確であること

② M（Measurable）：計量できること

③ A（Achievable）：現実であること

④ A（Agree on）：社内で合意されること

⑤ R（Result-oriented または Relevant）：結果思考であり，関連していること

⑥ T（Timely）：適時的であること

SMAARTをKPIの実現性を確認する要素として活用することは，方向性の修正に効果的といえる．なお，**図3.2**にA社のビルマネジメントにおけるKPI, KGIの一例を示す．**図3.2**のように，A社では，**SDGs（持続可能な開発目標）**も意識して，KPI,KGIについても財務面・非財務面の両面を重視した取組みを行っており，きわめて先進的な事例といえる．また，環境・社会・ガバナンス別に分類した重要課題に関するKPI,KGIとその実績の推移を示している．

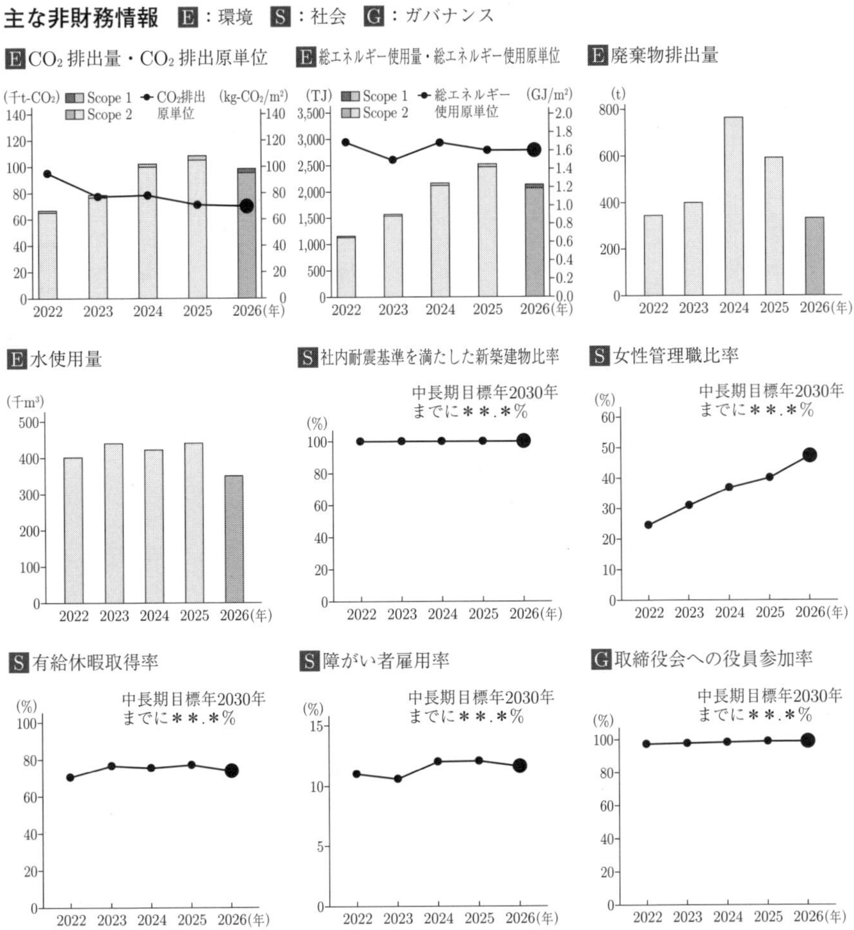

図3.2　A社におけるSDGsも意識したKPI, KGIの一例

3.2　ITを活用したビルマネジメント

近年，ディジタルテクノロジーを駆使した革新的な製品やサービスが広がることで，既存の産業構造の競争原理が破壊され，再定義される現象が様々な産業において起きており，ビルマネジメントでも同様の現象が起きている．これに加えて，新型コロナウイルスの感染拡大防止や収束に向けてのリモート（遠隔）・コンタクトレス（非接触）といった技術が喫緊のものとなり，ディジタル化に消極的だったビルマネジメントの分野でも，変化の兆しが見え始めている．ディジタルテクノロジーのさらなる発展は，ビルマネジメントにおいて，**DX**（**ディジタルトランスフォーメーション**）によって新たな進化につながることが期待できる．なお，**図3.3**にビルマネジメントにおけるディジタルマネジメントの活用フローを示す．

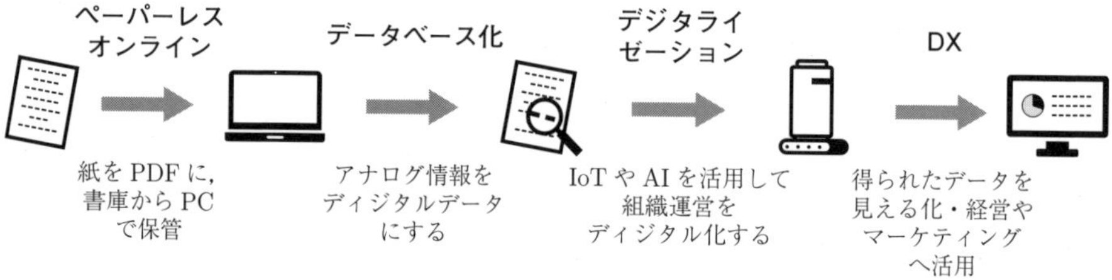

図3.3　ビルマネジメントにおけるディジタルマネジメントの活用フロー（文献[3]を改変）

これまでビルマネジメントにおいては，建築物の図面，点検報告書，契約書など紙の書類が多く用いられてきた．また，対面での会話を重視し，経営判断，不動産価格や賃料査定などでは，今までの経験に頼るところが少なくなかった．しかしながら，ビルオーナーの高齢化や後継者の問題，ビルメンテナンス業務の慢性的な人手不足，熟練技術者の高齢化など，今まで人に頼っていたビルマネジメントの継続は次第に難しくなっていくと思われる．さらに，コロナ禍で非接触の推奨やソーシャルディスタンス確保，テレワークの進展などによってディジタルテクノロジーへの関心や期待は高まっている．たとえば，ビルマネジメントの現場では，ビルメンテナンス業務における清掃ロボットの導入は典型的な一例といえる．また，受付にアバターロボットを配置し，遠隔で対応するケースや，顔認証の技術を使った検温やマスク判定装置，建築物内を非接触で移動ができる設備の導入は，衛生面でも効果的といえる．さらに，建築物への入退館の記録を勤怠管理に使用して，在館人員を把握し，空調システムに反映させるなどのディジタルテクノロジーの活用など幅広い業務の省力化や効率化が期待できる．

また，ビルマネジメントには事務作業がかなりの割合で含まれており，これを解決するのが **RPA**（ロボットによる業務自動化，Robotic Process Automation，以下，RPAという）と呼ばれるソフトウェアロボットで，RPAに定型的な業務を覚え込ませて自動化できる．

さらに，ビルメンテナンスの点検業務のうち，たとえば，高所の計測や点検にドローンを活用し，結果をデータで集約，点検報告書まで作成するツールや，看板などの揺れをセンサーで計測し，不具合や老朽化の予兆を察知するシステム，設備台帳，修繕の見積や履歴，修繕計画，貸室の契約情報などをデータ化して管理するシステムも進展し，活用の範囲が広がっている．**BIM**《ビーム》（**ビルディングインフォメーションモデリング**，Building Information Modeling）による形状と属性による建築・設備情報が3次元モデルで導入されつつある．なお，**図3.4**にビルマネジメントにおけるディジタルテクノロジーの一例を示す．

(1) 欧米におけるITを活用したビルマネジメントの業務支援ツール

欧米では，わが国と比較して，既製のアプリケーションシステムを導入して業務

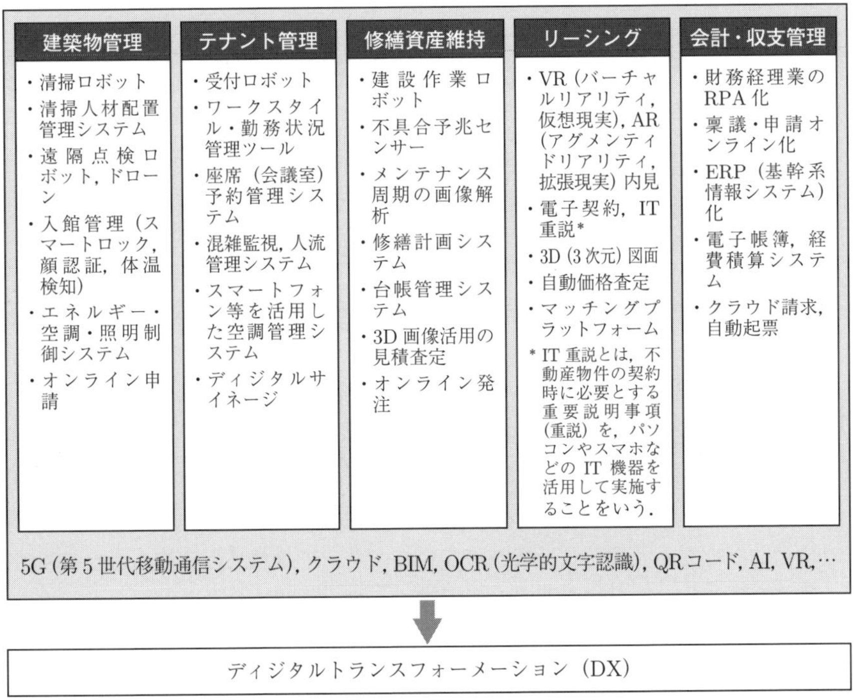

図3.4 ビルマネジメントにおけるディジタルテクノロジーの一例（参考文献[3]を改変）

の 70% 以上を置き換え，Web データーベースやクラウドサービスを積極的に取り入れて効率化を推進している点に大きな違いがみられる．**表 3.3** に米国における主なビルマネジメントソフトウェアを示す．

表 3.3　米国における主なビルマネジメントソフトウェア（参考文献[4] を改変）

分　野		複数資産管理 投資評価	物件総合管理	施設・設備管理
目　的		複数資産の情報管理および投資評価（価格評価）	各物件の運営管理および収益管理	各物件の施設および設備運営管理
製品例および構成	対象施設	投資用不動産など	投資用不動産を含む一般不動産	あらゆる施設用途に対応（宇宙，航空，銀行，金融サービス，政府，軍，研究，州・市，健康サービス，病院，製造業など）
製品機能 ◎：十分に対応 ○：標準業務に対応 △：一部業務に対応	複数資産投資評価	◎		
	複数資産情報管理	◎	○	
	経理処理		○	
	投資評価	◎	○	
	資産管理	△（情報管理のみ）	○	△（一部）
	収益管理	△（情報管理のみ）	○	△（一部）
	テナント管理	△（情報管理のみ）	◎	○
	スペース管理	△（情報管理のみ）	○	○
	ネットワーク管理			○
	メンテナンス管理		○	◎

米国における空港やコンベンションセンター等の拡張，新設が積極的に行われ，道路や町並みの整備において，情報化のツールを駆使したビルマネジメントシステムが定着している．米国におけるビルマネジメントの特徴を以下にまとめると，

① 数百・数千の複数や大規模な施設を有する組織体の場合，不具合の状態を FCI（**(2)** で後述）による手法によって評価している．

② データベース技術の進展によって，複数や大規模な施設のあらゆるデータの統括的な把握と多角的な分析が可能になった．短期的には限定された修繕改修予算を優先度に応じて効果的に配分でき，施設ごとの LCC を積み上げて全施設の LCC を把握することが可能になり，FCI を評価軸として組み合わせることによって，全施設の中長期の維持管理や修繕改修費用を適切に予測できる．なお，業務におけるデータベースの活用例を**表 3.4** に示す．

③ インターネット等の普及で，統括部署と各施設を結ぶことにより，全体の戦略・計画と現場の状態のやりとりが時間的にもシステム的にもリアルタイムに一体化が可能となった．

(2) 残存不具合率（FCI）による評価手法

ビルマネジメントにおいて，建築物の不具合状況を財務的に捉えるひとつの手法として，**図 3.5** に示すような**残存不具合率**（Facility Condition Index，以下 **FCI** という）による評価手法がある．

表 3.4 業務におけるデータベースの活用例

業務内容		分析・計算	記録・報告	通信・処理	データベースの有効活用
管理業務統括	●管理業務評価	◎	○		◎
運営業務	●管理企画業務	○	○		◎
	●渉外業務	○	○		◎
	●利用者管理業務	○	○		◎
	●事務業務		◎		◎
	●出納業務	○	○	○	◎
管理業務	●清掃衛生業務		○		○
	●設備管理業務	○	○	○	◎
	●保安整備業務		○	○	◎
	●保全管理業務		○		○
	●コスト削減業務	○	○		◎

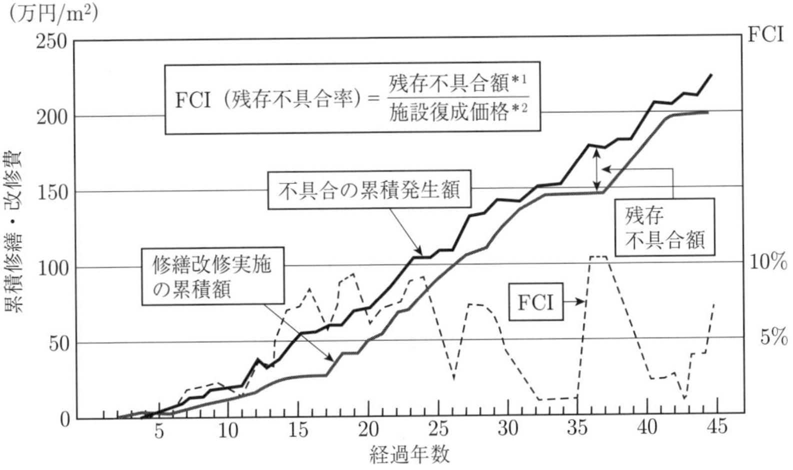

*1 残存不具合額：予算の都合などで，計画よりも延期されている保全項目の更新工事費の合計

*2 施設復成価格：現在同じものを建てると仮定した場合の価格

図 3.5 FCI による LCC 評価 [4]

FCIは，ある時点の残存不具合を施設復成価格（施設をそのまま現時点で建てたと仮定した場合の価格）との比率で評価し，そのパーセントの大小でメンテナンスの程度を判断する手法である．なお,以下にFCIを用いた評価方法の一例を示す．

① 5%以下：良好な状態

② 10%以下：注意を要する状態

③ 10%以上：劣悪な状態

これらの評価方法によって，個々の施設の評価のみならず，事業部単位，地域単位，さらに全施設を総合的評価に用いる．用途別・規模別・年代別等の分析に用いることも可能となる．また，計画と実績比較，経年変化，他社比較，予算配分，中長期の維持管理計画の策定にも活用することが期待できる．

(3) 米国海軍横須賀基地への導入事例

米国海軍横須賀基地は，米国外の主要な航空母艦の基地のひとつであり，かつ第7艦隊基地として戦略的に重要な役割を位置づけられている．広大な敷地に船舶施設，修理工場，住宅施設，子女の教育施設，医療施設，果ては営倉まであらゆる機能の施設が720棟以上点在し，約3万人の米国軍関係者，家族と日本人労務者を収容する巨大コミュニティである．施設の半分以上は，わが国の旧帝国海軍以来のものであり，かなり老朽化が進んでいる．全施設を建て替えるとすると莫大な建設費になると推定されている．

参考文献[5)]で示されているビルマネジメントの一般的な手順を以下に示す．

[Phase 1]　必要データの収集と入力

建築・設備データ，コストデータ，修繕記録，運転記録，PM（予防保全）点検記録等

[Phase 2]　診断と報告

目視による診断が主で，建築物ごと，部位ごと，優先度ごとに不具合の金額とFCI（%）の報告と提案

[Phase 3]　分析と予算配分方式の検討と提案

[Phase 4]　LCCによる中長期維持管理計画の策定提案

ここで，読者らが技術知識としてきわめて参考になる内容として，施設の重要度の振り分け方やFCIの適用がある．

まず，施設を重要度によって3段階に分け（High, Medium, Low），Priorityとした考え方に基づいて，基地内の建築物のうち，Highは基地の機能上重要かつ代替えがないもの，Lowは重要性が低く，基地外に代替えが容易に求められるものと

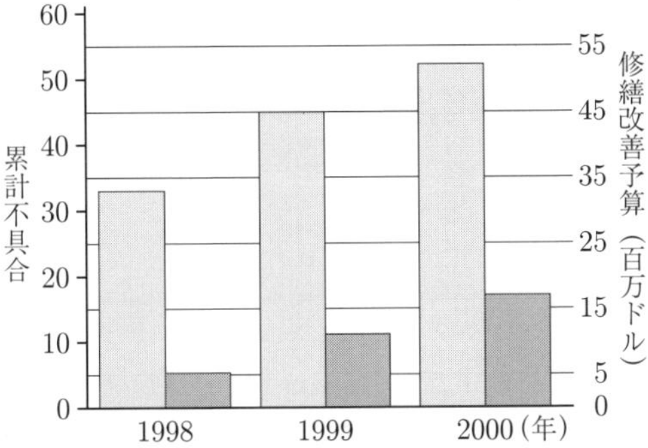

不具合の増加と修繕改修予算

	1998	1999	2000
累計不具合 □	32.6	45.2	52.3
修繕改修予算（百万ドル） ■	5.5	11.0	16.5

Initial Assessment（最初の検討結果）

BLOG Priority	Loss of Mission	Life Safety	Quality Life	Deferrable	Total
High	10.7	4.9	10.4	10.9	36.9
Medium	0	0	0	0.1	0.1
Low	3.0	0.1	0.8	6.4	10.3
Sub-Total	13.7	5.0	11.2	17.4	47.3

⇩

Prioritized Fund Distribution（予算配分の優先順位）

BLOG Priority	Loss of Mission	Life Safety	Quality Life	Deferrable	Total
High-High					
High			7.0	10.8	32.3
Medium	0	0	0	0.1	0.1
Low	3.0	0.1	0.8	6.4	10.3
Sub-Total	13.7	5.0	11.2	17.4	47.3

BLDG Priority：施設の重要度
Loss of Mission：任務損失（機能遂行への影響）
Life Safety　　：安全・人命
Quality Life　 ：生活環境

図 3.6　米国海軍横須賀基地における解析結果と戦略的アセスメント[4)]

分類し，不具合については施設の利用に与える状況による優先度で判断することとして，次の順位を決めた．

① 基地の機能遂行に影響する不具合
② 安全・人命に関わる不具合
③ 快適な生活環境を損なう不具合
④ それ以外

少し古いデータとなるが，**図 3.6** に 2000 年時点での解析結果を示す．同図から，Deficiency（不具合）は 52.3 百万ドルであるに対して，Repair Fund（修繕改修予算）は 3 年間の累計でも 16.5 百万ドルにすぎず約 30% である．

当初に決めた施設の重要度と不具合の優先度に基づいて，最初に作成したのが中段の「Initial Assessment」（最初の検討結果）である．一方，施設の重要度をさらに細分化し，最重要の High-High と High に区分し，4 段階にしたのが下段の「Prioritized Fund Distribution」（予算配分の優先順位）である．そして，最終的に，灰色部分の 10% が優先的に予算配分された．

3.3 中国におけるビルマネジメントの事例

ここでは，参考文献[6]で，著者研究室で，1 年 6 か月間にわたり，中国の超高層ビルの管理体制に関する調査・研究を行った結果から，中国におけるビルマネジメントの事例を示す．

3.3.1 調査対象としたAビルの概要

調査対象とした A ビルは，中国・大連における地上 53 階，地下 3 階の超高層ビルである．世界 500 強の企業の鉄道事業を手掛ける C グループが 3 年の歳月をかけて建てた中国・東北地方（遼寧省，吉林省，黒竜江省）では有数の超高層ビルのひとつである．

大連国際金融中心プロジェクトとして，星海湾金融城（金融センター）に位置し，当時としては，中国における最先端の設備が完備されている国際規格レベルの事務所ビルである．なお，A ビルの外観を**図 3.7** に，正面を**図 3.8** に，A ビルの各種諸元を**表 3.5** に，さらに**表 3.6** に A ビルの設備概要を示す．

中国におけるビルマネジメント業務は，3.1.1 項で述べた IFM を中心とした財務管理を始め，ビルメンテナンス業務は設備管理業務，環境衛生管理業務，警備・消防管理業務，その他の業務に分けることができる．

図 3.7　A ビルの外観

図 3.8　A ビルの正面

表 3.5　A ビルの各種諸元

敷地面積	7000 ㎡	駐車場	約 1600 台
建築面積	約 13 万㎡	建築構造	鉄筋中筒体 - 鋼構図混合構造体
建築物高さ	242.8 m	建築物外立面	ガラスカーテンウォール
建築物階数	地上 53 階，地下 3 階	建築物階高	4.1 ～ 5.4 m
標準階面積	約 2200 ㎡	標準階重さ	204 kg / ㎡
レンタブル比*	約 62%	建築物芯距離	9 m

*レンタブル比とは，貸事務所ビルにおける収益部分面積の延べ面積に対する割合をいう．

表 3.6　A ビルの設備概要

エレベーターシステム	日本M社エレベーター 23 台，本館 16 台 客用エレベーターは全部日本製
空気調和システム	内外のパーティション変風量システム， 新鮮空気量は一人一時間 30 ㎥
供電システム	10 kV 独立電源供電，組立機容量 14060 kVA
応急供電システム	1600kV 応急発電機，48 時間応急電源提供
携帯電話無線システム	中国移動，中国聯通，中国電信信号
総合配線システム	万テラ光ファイバ，水平配線 6 類線採用，毎 8 ㎡両情報点
照明システム	オフィス区域 500 lx，公共区域 300 lx
給水システム	インバーター付きポンプ給水，重力式水タンク給水
消防システム	消防放送，エレベーター監視，正圧防火エレベーター， 機械排煙，自動シャワー，自動アラーム設備，消防栓
ビル管理システム	シーメンスビル集中管理システム，ビル内の設備に集中管理， 分散制御

さらに，わが国ではビルメンテナンス全般は建築物衛生管理法を掌握する厚生労働省，警備・消防は警備業法，消防法を掌握する総務省など，縦割り行政を遵守して運営されているのに対して，中国では，主に政府，省のルールにしたがって運営されているところに特徴がある．また，モデル特区などを除いて，IoT などハイテクノロジーを駆使するよりも，人件費がまだ安価であることから，人海戦術に依存する傾向がある．それらの特徴は，A ビルのみならず，中日の超高層，高層ビルでも同様といえる．

3.3.2 中国における管理業務（中国の物業管理）

物業とは英語（property, estate）の翻訳により，1980 年代に香港から伝来して，竣工後，使用される各種の不動産および関連の設備，施設，場所という意味である．住宅もビルも物業といえ，同一の建築物を所有権の違いによって，いくつかの物業に分けることができる．物業は多くの種類を含めていて，オフィスビル，商業ビル，集合住宅，別荘，工業パーク，ホテル，倉庫などが物業の形態である．

物業管理（property management）とは，物業所有人の委託を受け，物業管理委託契約により，物業の不動産および設備，緑化，衛生，交通，治安，環境などの管理項目に対して維持，修繕を行って，物業所有人および使用人に総合的な有償サービスを提供することである．

ちなみに，中国では日本と違って，国がすべての土地を所有しており，個人の土地に対する所有権は認められていない．しかしながら，それを使う権利である「土地使用権」が認められている．土地使用権は大きく 2 つに分けて，譲渡や賃貸，抵当権の設定ができる「有償払い下げ土地使用権」と無償である代わりにこれらの設定ができない「無償割当て土地使用権」がある．中国国務院が公布した「都市部国有地使用権の譲渡に関する暫定条例」（「城镇国有土地使用权出让和转让暂行条例」）によれば，不動産は中国語で「房地产」と書くが，「房」は建築物，「地」は土地のことで，中国の土地は国民（全民）所有と農民集団（劳动群众集体）所有に分類され，企業・個人による土地の売買は禁じられている．一方，土地を使用する権利（土地使用権）は，国（地方政府）に許可されれば取得できる．その対価として土地使用者は国（地方政府）に「土地使用権譲渡金」（土地使用权出让金）を支払う必要があり，取得した土地使用権は法律にしたがい，譲渡・賃借・抵当することができる．土地使用権は一定期間に制限され，使用年限は土地の種別によって**表 3.7** のように設定されている．仮に土地使用権が譲渡されると，建築物およびその他の定着物も同時に譲渡され，逆に建築物およびその他の定着物が譲渡されると，その分の土地使用権も一体的に譲渡される．これは抵当の場合も同じである．なお，土地使用権譲渡金は，一般的に使用年限，面積等に応じて，基準地価（基准地价，ある時点の土地使用権の平均価格）の40％以上として算出する．

表3.7　中国における種別による土地使用権の使用年限[7)]

種別	使用年限
居住用地	70年
工業用地	50年
教育，技術，文化，衛生，スポーツ用地	50年
商業，観光，レクリエーション用地	40年
総合およびその他の用地	50年

3.3.3　Aビルにおける設備管理業務，清掃・衛生管理業務，警備・消防管理業務

（1）設備管理業務の実態調査

設備管理業務には，空気調和設備，換気設備，給排水，衛生設備，照明設備，搬送設備，通信設備，防火・防災設備などの多岐にわたる設備管理がされている．

表3.8に，Aビルにおける設備管理業務の内容をまとめる．また，Aビルにおける応急対策の一例として，浸水事故に関する応急対策を**図3.9**に示す．

表3.8　Aビルにおける設備管理業務の内容

現場設備管理部長の責任，各種応急対策	停電対策，断水対策，浸水対策，ガス漏れ対策，消防対策，空調システム調整，エレベーター故障対策，窃盗事件対策，自然災害対策，伝染病対策，公共衛生責任，暴力自殺対策，爆弾脅迫対策，治安，交通対策，駐車場事項，撃墜物対策
設備の点検	防犯カメラシステムの点検，空調機器点検，非常電源配電点検，動力配電設備点検，照明・配電設備点検，電力監視システムの点検，誘導灯点検，中央監視室点検，給湯器点検，強・弱電気設備点検，送風記録，窓拭機器の検査
各設備管理体制	変電所当番体制，データ管理体制，勤怠管理体制，高台作業安全規則および注意事項，空調運行当番体制，エレベーター使用管理および維持管理規則，エネルギー統計管理

突発浸水事故発生

↓

事故項目による業務分担

↓

警備部	工事部	清掃部	サービスセンター部
1. 水をエレベーターに漏れないように，専用砂袋を使う．	1. 水源を断つ，排水弁を開く．	1. 浸水現場を清掃する．	1. 現場で人員疎開を指揮する．
2. 水袋で爆管の中の水を排水点に移す．	2. エレベーターを手動的浸水層以外地域に移動する．	2. 吸水機で地面を片付ける．	2. 世帯主に事情を説明する．
3. 現場の秩序を維持する．	3. 排水ポンプで排水する．	3. 窓とドアを開けて，扇風機で地面を乾かす．	3. 故障を直したら，世帯主に通知する．
	4. 壊れた部分を修理する．	4. 大理石のワックスをやり直す．	

↓

現状を戻す

↓

「突発事故報告」に記入する

図 3.9　A ビルにおける浸水事故に関する応急対策

表 3.9　A ビルにおける清掃・衛生管理，サービス対応の内容

清潔処理方法の内容	ゴキブリ，ねずみ予防対策，清掃業務プロセス，清掃操作プロセス，掃除計画，清掃点検業務計画，清掃規範トレーニング，常用洗剤および保管仕様，容貌･身だしなみ標準，清潔用具の分類明細，在庫管理台帳，受取表，申請明細消耗明細，特殊清掃サービス，公共区域清潔サービス契約，清掃検収リスト，消耗品申請方法，消毒殺虫契約書，消毒・殺虫記録，大理石清掃説明，大理石更新清掃計画，外壁洗浄業務記録，清掃サービス社員トレーニング制度，ごみ・倉庫管理制度，オフィス用品管理体制，清掃業務安全体制，倉庫管理体制，清掃機械管理体制，ウイルス予防計画
サービス対応の内容	修理記録，空調延長申請記録，顧客訪問登記，ロビー突発事件処理プロセス，顧客快適度調査情報およびまとめ説明，サービス部門業務説明，サービス業務標準，サービス部業務マニュアル，墜落物応急対策，伝染病予防処理および応急対策

3.3.4 衛生管理業務，サービス対応体制

衛生管理業務は，単独で存在するものではなく，設備管理業務などと関連して実施されている．**表 3.9** に，A ビルにおける清掃・衛生管理，サービス対応の内容をまとめる．

3.3.5 警備・消防管理業務

保安警備の業務において，担当者は，一般的に守衛，警備員と呼ばれているが，警備業務のみならず，館内全般の諸活動に関連する面まで担っている．**表 3.10** に，A ビルにおける警備・消防管理の内容をまとめる．

表 3.10 A ビルにおける警備・消防管理の内容

警備検査情報記録	電気，HAVC（暖房，換気および空気調和），給排水，強弱電信号検査情報記録
消防安全体制および点検	消防設備検査，消防演習対策，火災事故応急対策，消防規範管理体制および規定，消防法，治安管理処罰法，消防施設図面，消防安全重点細則，火災自動アラームシステム点検，火災自動シャワーシステム点検，室内消火栓システム点検，防・排煙システム点検，防火シャッター施設，消防電気水設備の詳細，設備番号および機能説明一覧，消防風機パラメーター，図面中の位置および機能説明，防火監視設備詳細一覧（型号，位置，数量，監視ホスト番号），消防安全ヒント，建設工程消防設備案，建築消防設備維持管理標準，顧客消防システムのトラブル統計，消火器配置状況，消防制御室の当番記録

第 3 章の問題

3.1 ～ 3.5 の記述の正誤を答えよ．

□ **3.1** IFM とは，統合的ファシリティマネジメントのことである．

□ **3.2** IFM の概念で不可欠な評価手法には，各国で多くの手法があり，分類できない．

□ **3.3** 最終的な到達目標の指標となる KGI（Key Goal Indicator，重要目標達成指標）は，KPI が中間目標となる指標と位置づけられる．

□ **3.4** 欧米のビルマネジメントでは，わが国と比較して，既製のアプリケーションシステムや Web データーベース，クラウドサービスを積極的に取り入れている．

□ **3.5** 中国におけるビルマネジメントの特徴は，縦割り行政を遵守して運営されているのではなく，主に政府，省のルールにしたがって運営されているところに特徴がある．

3.6～**3.8** について説明せよ．

□ **3.6** KPIの実現性を確認する要素であるSMAARTについてまとめよ．

□ **3.7** ビルマネジメントにおいて，DX（ディジタルトランスフォーメーション）について説明せよ．

□ **3.8** 中国の土地所有権についてまとめよ．

【解答例】

3.1 ○

3.2 × IFMの概念で不可欠な評価手法は2つある．ひとつが，SLA（Service Level Agreement，サービス品質保証）と，もうひとつはKPI（Key Performance Indicator，重要業績評価指標）である．

3.3 ○

3.4 ○

3.5 ○

3.6 3.1.3項の本文を参照．

3.7 図3.3と3.2節の本文を参照．

3.8 表3.7と3.2.2項の本文を参照．

参考文献

1） SaaS向けSLAガイドライン，経済産業省，2008

2） アイデン社ホームページ

3） 一般財団法人日本ビルヂング経営センター，機関誌「いしずえ」，No. 187, 2021

4） セコム，田中毅弘編著，リスクとセキュリティを考える―ビルマネジメントの新しい知識，技術書院，2007

5） 中津元次，アメリカのMM状況，Re（建築保全センター機関誌）No.119，1999

6） 郭　天運，2016年東洋大学田中毅弘研究室卒業研究，2017

7） 中華人民共和国，城镇国有土地使用权出让和转让暂行条例，1990

8） 佐藤貴美，田中毅弘，南木政博：コンプライアンスにもとづくビル管理のための建築関連法規ガイドブック，技術書院，2005

9） 国土交通省ホームページ

10） 経済産業省ホームページ

第4章

PFI ／ PPP

本章では，ビルマネジメントに民間資金等を活用したPFI ／ PPP について解説する．PFI とは何か，PFI の種類，PFI の手法のしくみ，PPP とは何か，PFI における VFM の概念，英国における PFI，プロジェクトファイナンス，リスク・アロケーション手法の導入，PFI 事業におけるプロジェクトファイナンスとリスクの評価について述べる．

4.1　PFI とは何か

PFI とは，プライベートファイナンスイニシアティブ（Private Finance Initiative, 以下，PFI という）の略で，従来，公共事業として行われてきた社会資本の整備，運営等の分野に，民間事業者の資金，経営ノウハウを導入し，民間主導で効率的，効果的に実行するための手法である．わが国では「民間資金等活用事業」とも訳されている．

PFI は，英国が発祥である．英国では，1980 年代から公共事業の見直しが進められ，事務の効率化，民営化，エージェント化等が行われてきた．その延長として，一部民営化の弊害の反省を経て，1992 年 11 月，公共事業の改善の手法のひとつとして，PFI が考案・制度化された．PFI では，民間セクターが事業実行者である．しかし，公共セクターはサービスの購入者あるいは事業の推進者として重要な役割を果たす．この点が，事業が完全に公共セクターから切り離される従来の民営化 (Privatisation) や第三セクターなどの概念と一線を画すものである．わが国では，1997 年頃から，PFI が新しい社会資本整備の手法として注目され始めた．

4.2　PFI の種類

民営化のもとでは，当該事業は公共セクターから明確に切り離される．しかし，PFI においては，当該サービスの購入者として，あるいは事業の推進者として，公共セクターは重要な役割を果たしており，これは，民営化とは大いに異なる点である．また，PFI の場合に民間セクターは，設計から建設，資金調達，運営まで一貫した長期間にわたる幅広い業務を遂行するが，民間への外部委託の場合は，運営などその一部の業務に留まることから，PFI の方が，よりダイナミックな官民連携スキームといえる．

コストの回収という視点から英国において，PFI は，**表 4.1** に示すように 3 タイプに大別される．これらが，わが国における PFI の事業類型の基本となっている．

(1) タイプ 1：サービス購入型（提供型）

公共セクターは，民間セクターから指定基準に合うサービスを購入する．民間セクターは，設計，建設，資金調達，維持管理を含む運営を行い，コストは公共セクターからの収入によって回収する．

表 4.1　PFI の事業類型

類型	内容	公共の関与	英国での事例	モデル図
サービス購入型（提供型）	民間が施設の建設・運営を行い，公共に対しサービスを提供すること等により，コストは主として公共からの収入によって回収する	公共がサービス提供の対価としてサービス料を支払う	刑務所，病院，道路，スポーツ施設，情報システム等	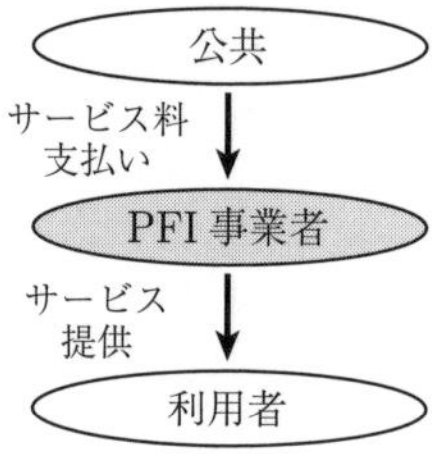
ジョイントベンチャー型	官民双方の資金を用いて施設の整備を行い，運営は民間が主導する．権利調整等のプロセスを要するものに適用されることが多く，他の 2 類型よりもリードタイム投資回収期間が長い	補助金等の付与を中心とした公的支援措置	再開発，鉄道等	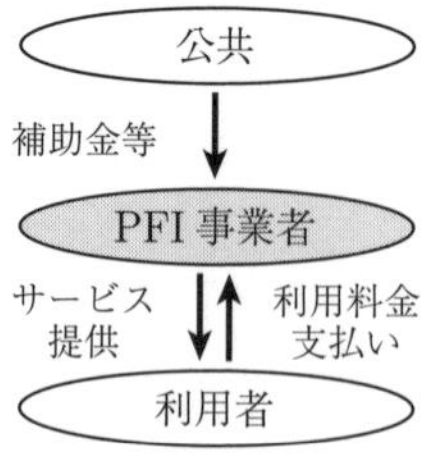
独立採算型（自立型）	公共から事業許可を受けた民間が施設の整備・運営を行うという期限つきの民営化事業．民間がリスクを全面的に負い，事業コストについては利用料金等によって回収する．公共は事業許可を与えるのみで，事業執行に係る権利は留保している	公共の負担は基本的にない	有料橋等	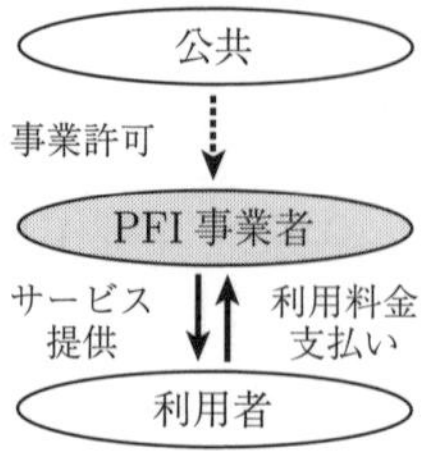

(2) タイプ2：ジョイントベンチャー型

官民双方の資金を用いて施設を建設する．出資，融資，補助金等多岐にわたる公的助成を前提としたうえで，事業運営は民間セクターが主導する．権利調整等のプロセスを必要とするものに適用されることが多い．

(3) タイプ3：独立採算型（自立型）

民間セクターは，設計，建設，資金調達，維持管理を含む運営を行い，一般の利用者から料金を徴収してコストを回収する．公共セクターの関与は，事業計画の設定や事業許可等に限定される．民間セクターが自由に経営し，かつリスクを全面的に負う．

4.3　PFI の手法のしくみ

DBFO 契約とは，設計（Design），建設（Build），資金調達（Finance），維持管理を含む運営（Operate）について，民間企業の出資するプロジェクトカンパニーが行う契約をいう．

図 4.1 は，DBFO 契約を一例とした典型的な PFI プロジェクトのしくみを示したものである．まず，国，地方公共団体などの公共部門は「プロジェクトカンパニー」と呼ばれる事業会社と DBFO 契約を結ぶ．次に，金融機関との間で資金調達の取り決めを行う．

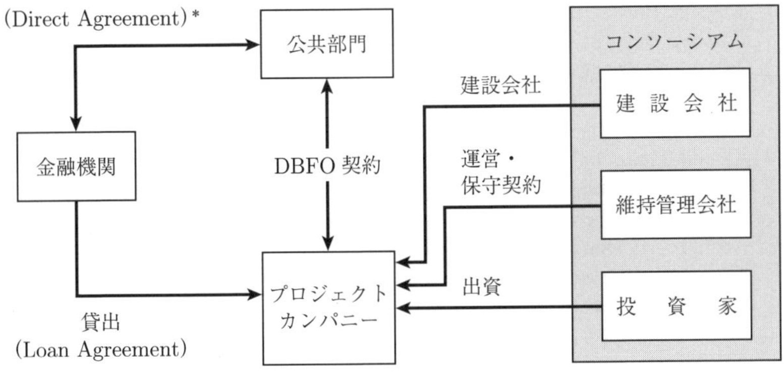

* Direct Agreement とは，プロジェクトカンパニーの事業遂行が不可能となった場合にプロジェクトを継承するコンソーシアムを指名する権利を金融機関に認めるものをいう．

図 4.1　DBFO 契約を一例とした典型的な PFI プロジェクトのしくみ

民間側では，通常，当該事業の受託を目指す関係者によって「コンソーシアム」(特定の事業を遂行するため，複数の企業等によって結成される企業体）が組織される．そして，コンソーシアムが出資を行い，前述したプロジェクトカンパニーが結成される．

出資，建設，維持管理の段階を経て，契約期間を迎えた後，プロジェクトカンパニーから公共部門に事業や施設が譲渡され，使命を終えることになる．PFIにおいて，民間側が公共部門の事業に参画するしくみとして，想定されるいくつかのモデルを**図 4.2** に示す．さらに典型的な PFI 事業のしくみの一例を**図 4.3** に示す．

4.4　PPPとは何か

PPP とは，パブリックプライベートパートナーシップ（Public Private Partnership，以下，PPP という）の略で，**官民連携事業**とも呼ばれている．公民が連携して公共サービスの提供を行うスキームで，PFI は，PPP の代表的な手法のひとつといえる．

図 4.4 のように，PPP は，PFI も含んだ官民連携に関する，より広い概念であ

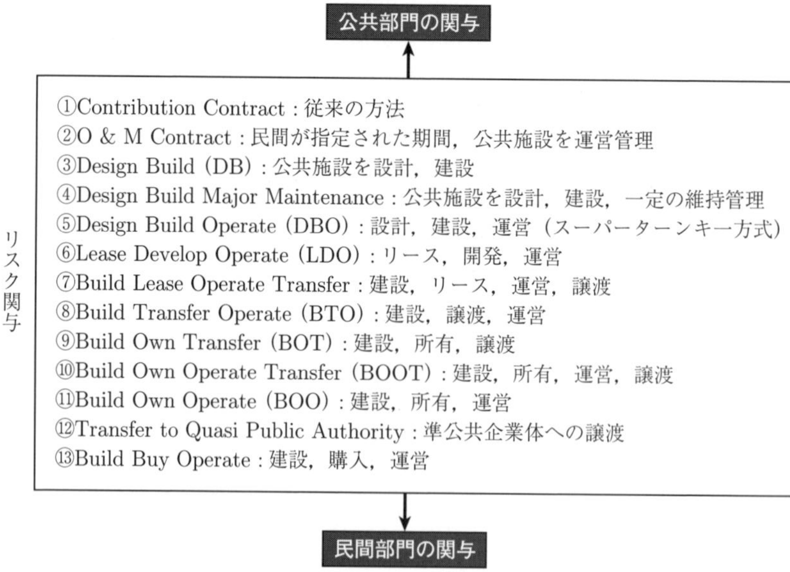

※下に行くにつれて事業の要素が大きくなり，民間部門の役割とリスクが大きくなる．

図 4.2　PFI における想定されているいくつかのモデル

ることがわかる．つまり，PPP の中には，PFI，指定管理者制度，市場化テスト，公設民営 BOT 方式，BTO 方式，さらに包括的民間委託，自治体業務のアウトソーシング等も含まれる．たとえば，図書館の運営などへの PPP 導入は，典型的な事例といえる．

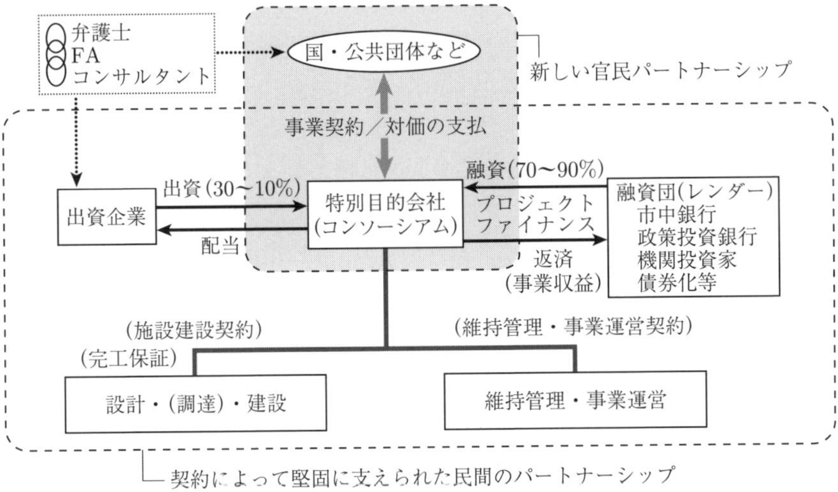

図 4.3　典型的な PFI 事業のしくみの一例

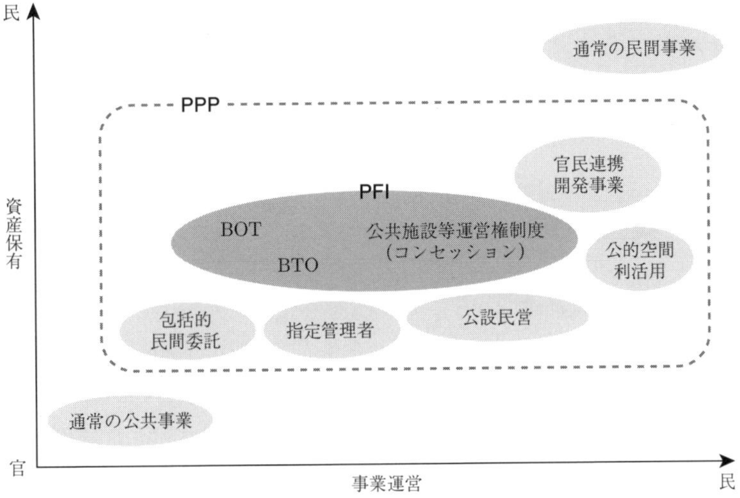

図 4.4　PPP の概念[2]

4.5 PFIにおけるVFMの概念

PFIにおいて，事業採択，事業主体選定，事業実行はもちろん，それらの評価も含めたすべての段階において，VFMの考え方が不可欠といえる．**VFM**とは，**バリューフォーマネー**（Value For Money）の略で，VFMという用語は，その代金に見合う価値の商品かどうかという意味の「お値打ち品」，「お値打ち価格で提供」という日本語によく似た表現であり，欧米のスーパーマーケットやアウトレットなどでは，おなじみの言葉である．

英国では，VFMの向上が行政全体の共通目標となっており，VFMの向上のために行政改革と民営化が行われ，さらに諸般の事情で民営化に適さない公共的事業への手法としてPFIが開発された．わが国では，VFMという言葉では表現されていないとしても，すでに自ずと実行されていると思われるが，今後，公共事業を効率的かつ効果的に実行するうえで，VFMの概念は不可欠である．

事業には，設計，建設，所有，維持管理を含む運営という段階区分，また事業の構想と具体化，事業採択，事業主体の選定，建設完了と営業開始，事業継続の全期間という段階区分もある．

VFMの考え方は，すべての段階において，均等かつ十分に適用されなくてはならない．なぜなら，いずれかの段階で不十分な場合があれば，それだけで全体の効果が著しく低下することになる．

また，事業実行方法と事業主体の選定段階でVFMの考え方が徹底され，最も適切な手法が選定されなくてはならないことが，わが国で制定された「民間資金等の活用による公共施設等の整備等の促進に関する法律」（通称，PFI法）でも明文化されている．

4.6 英国PFI

（1）英国PFIの導入経緯

英国では，1979年にサッチャー政権が誕生して以来，行財政改革が積極的に進められてきたが，その流れの一環として導入されたのがPFIである．

サッチャー政権成立当初の政策の柱は，国営企業の民営化と行政のスリム化であり，その究極的な目的は「小さな政府」の実現であった．中でも積極的に進められてきたのが，非効率性が指摘されていた公営事業と競争的な産業分野での国営企業の民営化であった．サッチャー政権が始めた国営企業の民営化は，1979 年から 1983 年に競争的産業分野の民営化として，英国石油（British Petroleum），英国宇宙開発（British Aerospace）などが実施された．次いで 1984 年から 1987 年にかけては，いわゆる公益独占事業の民営化が実施され，英国電話（British Telecom），英国ガス（British Gas）などと続き，そして 1988 年以降は，公社や現業部門を中心とした英国鉄鋼（British Steel），英国石炭（British Coal），英国鉄道（British Rail）などが民営化された．

それらの政策を実行するため，サッチャー政権のもうひとつの政策の柱である行政改革が 1984 年頃から本格的に実行された．最初に取り入れられたのは，行政の外注化（アウトソーシング）である．

わが国では，行政改革手法であるエージェンシー（独立行政組織）がこれにあたる．エージェンシーは，現業型の行政を独立組織とすることによって，サービスの質的向上と組織運営の効率化を増進していくことが最大の目的である．そのために，責任者を公募すること，業務内容に明確な目標値を定め，その達成度を公表すること，目標値の達成度に応じて管理者や従事者に報酬を与えることが基本とされていることから，直接，わが国に当てはめるのは困難といえるが，英国におけるエージェンシーは，この徹底したインセンティブシステムの採用に，その本質がある．

英国におけるエージェンシーは，1988 年 2 月に議会が勧告を受託して成立し，1997 年 3 月までの 9 年間で 130 機関，38 万 7000 人がエージェンシーに移籍し，その人数たるや国家公務員全体の約 78% にあたる．

その後，1991 年，サッチャー政権に代わって登場したメージャー政権は，前政権の基本方針を継承し，「シティズンズチャーター」を採択した．この中で，公共サービスについては，VFM の考え方が提示された．

VFM は，「一定の支払いに対して最も価値の高いサービスを供給する」という考え方で，これを実現するために，特に公共事業におけるサービス供給に，市場メカニズムを導入するものといえる．

公共事業に市場メカニズムを導入した素地は，サッチャー政権時代からあったが，サッチャー政権は，地方に一括して交付されていた交通補助金を，道路投資などのインフラ整備のみに，その使途を限定した．また，1980 年代後半からの道路整備への民間活力導入策の代表的な事例としては，1991 年 10 月に開通したロンドンのダートフォードにあるクイーンエリザベスⅡ世橋がある．この橋の整備にあたっては，民間が政府とのコンセッション契約に基づいて，民間が資金調達，建設，運営管理を行い，一定期間が経過した後，政府に施設を移転する BOT 方式が採用された．

1980年代後半から1990年代にかけては，世界的な傾向として交通インフラストラクチャーの民営化が進行した時期である．1985年の香港のイースタンハーバートンネル，前述したクイーンエリザベスⅡ世橋，1992年のオーストラリアのシドニーハーバーブリッジなど，大規模道路の投資における民営化が活発化した．

このような民活事業の成功が，PFI導入の契機となった．そして，1992年11月に，大蔵大臣の提唱によって，PFI制度が導入された．1997年5月に誕生した労働党のブレア政権においてもPFIを活用していく方針は変わらず，よりいっそう強化された．ブレア政権発足間もない1997年7月，各省のプライベートファイナンスユニットが強化されるとともに，公共事業の入札条件に関わらず，コストの低減と手続きの改善，公務員に対する研修，PFI予算の拡充などの施策が実施されている．

(2) 英国における社会資本整備に占めるPFIの地位と評価

英国におけるPFIの実績のうち，全体の3分の2を運輸関連事業が占め，次いで社会保障，国防，医療などの事業が続く．また，英国の公共セクターが関与する資本支出の中で，PFIの占める割合は次第に高くなっている．

しかしながら，一方でPFIに対する懸念と問題点の指摘がある．たとえば，産業連盟CBI（Confederation of British Industry）は，「PFIは，手段であって，万能薬ではない．不完全な方策や手順そして不慣れな取り扱いがなされた場合は，資源の無駄遣いになる」とコメントしている．また，公共経済学者の中には，①適当な民間セクターを見いだすことが困難，②事業が不振な場合の政府のコントロールが困難，③事業倒産の場合，公的資金が無駄となる，などの指摘もある．事実，民間企業は採算良好の見込みの事業には殺到するが，そうでない事業には及び腰となり，民間パートナーの選択は容易ではないともいわれている．

このように，「PFIは，手段であって，万能薬ではない」ということを肝に銘じて，導入や事業に参加する際に，より慎重に検討しなければならない．

わが国では，1999年（平成11年）7月30日，法律第117号として成立した「民間資金等の活用による公共施設等の整備等の促進に関する法律」は，同年9月24日施行された．なお，法律は何度か改正が行われるので，常に最新のものを確認されたい．また，具体的な事例は，すでにきわめて多くあるので，インターネット等で検索することをお勧めする．

(3) PPPの導入経緯

PPPの考え方は，1997年に英国で発足した労働党ブレア政権が打ち出した施策である．英国では，サッチャー政権で，官から民へ事業主体を次々に移行させ，

PFI事業に関しては，できる限り民に委ねるようにしており，リスクも民への移転が進んでいた．一方，ブレア政権では，官と民のリスクの最適負担という考え方へと変化し，大きなPPPという概念の中にPFIも位置づけられるようになった．

4.7　プロジェクトファイナンス

4.7.1　プロジェクトファイナンスとは何か

プロジェクトファイナンスとは，「あるプロジェクトの資金調達を行う場合に事業者本体が借入れを行うのではなく，プロジェクトの専門会社をつくり，その会社が親会社の信用を用いずに，借入れを行う資金調達のしくみ」ということができる．

プロジェクトファイナンスの定義として，よく用いられる米国財務会計基準書には，「大規模資金プロジェクトへの金融であって，貸し手が原則として，そのプロジェクトの資金繰りおよび収益を返済財源とし，また，そのプロジェクトの事業遂行に必要な諸契約等を含んだ資産を融資の担保として行うものをいう．そのプロジェクトの事業主体の一般的な信用力は，通常，重要な要素ではない．なぜなら，その事業主体が他に資産を保有しない企業であるか，またはその金融が，事業主体の所有者（親企業）に対して，直接遡及できないものであるかのいずれかである．」と表現されている．

プロジェクトファイナンスは，事業主（出資者，スポンサー）への債務保証などの遡及（リコース）を求めないことからノンリコースファイナンス，または限定的にしか遡及が行わないことからリミテッドリコースファイナンス（部分的な保証等の有限責任）と呼ばれている．

プロジェクトファイナンスを**キャッシュフロー**（資金の流れ）の見地から捉えると，融資返済のための財源を特定事業からのキャッシュフローのみに依存するファイナンスということができる．つまり，担保は当該事業に関連する資産に限定されることから，基本的には，親会社の別資産を担保として，提供してもらうことはない．ただし，当該プロジェクトの土地や設備だけではなく，そのプロジェクトを遂行するために，必要なすべての契約上の権利も担保とする点が特徴といえる．ここで，契約上の諸権利も担保とする理由としては，プロジェクトファイナンスにおいて，仮に，出資した親企業が倒産することがあっても，プロジェクト自体は，別の第三者によっても運営できる可能性を残し，プロジェクトが事業主体の如何にかかわらず，継続できるようにするためと考えられる．したがって，担保はプロジェクトの一部である土地や固定資産の売却処分価値だけに依存するのではなく，プロジェクト全体の市場価値に依存しているという考え方がプロジェクトファイナンスの根底にある．

4.7.2 プロジェクトファイナンスの始まり

そもそも，プロジェクトファイナンスの始まりは，米国での石油開発において，産出される石油を担保にファイナンスを行ったことによる．石油開発において，まだ信用力のない企業がファイナンスを受けるための手法として，プロジェクトファイナンスが採用されたが，その後，既存の信用力のある企業も同様に，大規模な石油開発プロジェクトにおいて，直接，ファイナンスを実施すると財務状況が悪化する可能性があることから，プロジェクトファイナンスのしくみが頻繁に利用されるようになった．現在では，石油，石炭，ガスなどのエネルギーの開発事業以外にも，パイプライン・LNG（液化天然ガス）の受入れ・液化基地などのエネルギー輸送・貯蔵施設の建設，道路・橋・トンネル・空港などの交通インフラストラクチャー，独立系発電事業者（IPP，Independent Power Producer）の発電所建設，大規模プラント，通信施設，都市開発事業，テーマパーク，交通インフラストラクチャー，刑務所，病院，学校などさまざまな目的で，幅広く活用されている．

4.8 リスク・アロケーション手法の導入

4.8.1 プロジェクトファイナンスの考え方とリスク・アロケーション手法

(1) プロジェクトにおける定量的なリスク

プロジェクトファイナンスは，前述したように，従来，事業主が全面的に負っていた事業リスクを金融機関を含めた複数の関係者が分担する形態といえる．すなわち，リスクの事業主への集中ではなく，**リスク・アロケーション**（リスクの分担）がその根底にある．なお，**図 4.5** に PFI 事業におけるリスク・アロケーション手法によるプロジェクトファイナンスの流れを示す．

事業リスクは，一般的には，事業自体のニーズに依存するものといえる．リスクは経済環境，技術革新で変化するけれども，事業開始前のある時点で捉えた場合，定量的なリスクの絶対量は一定で，リスク総量自体は減少しない．

つまり，よく金融商品などで表現されるリスクヘッジは，ある者からみた場合のリスクの他者への移転であり，プロジェクト全体のリスク量を減少させられるものではない．プロジェクトファイナンスに関係する，ある特定の者の立場から考えた

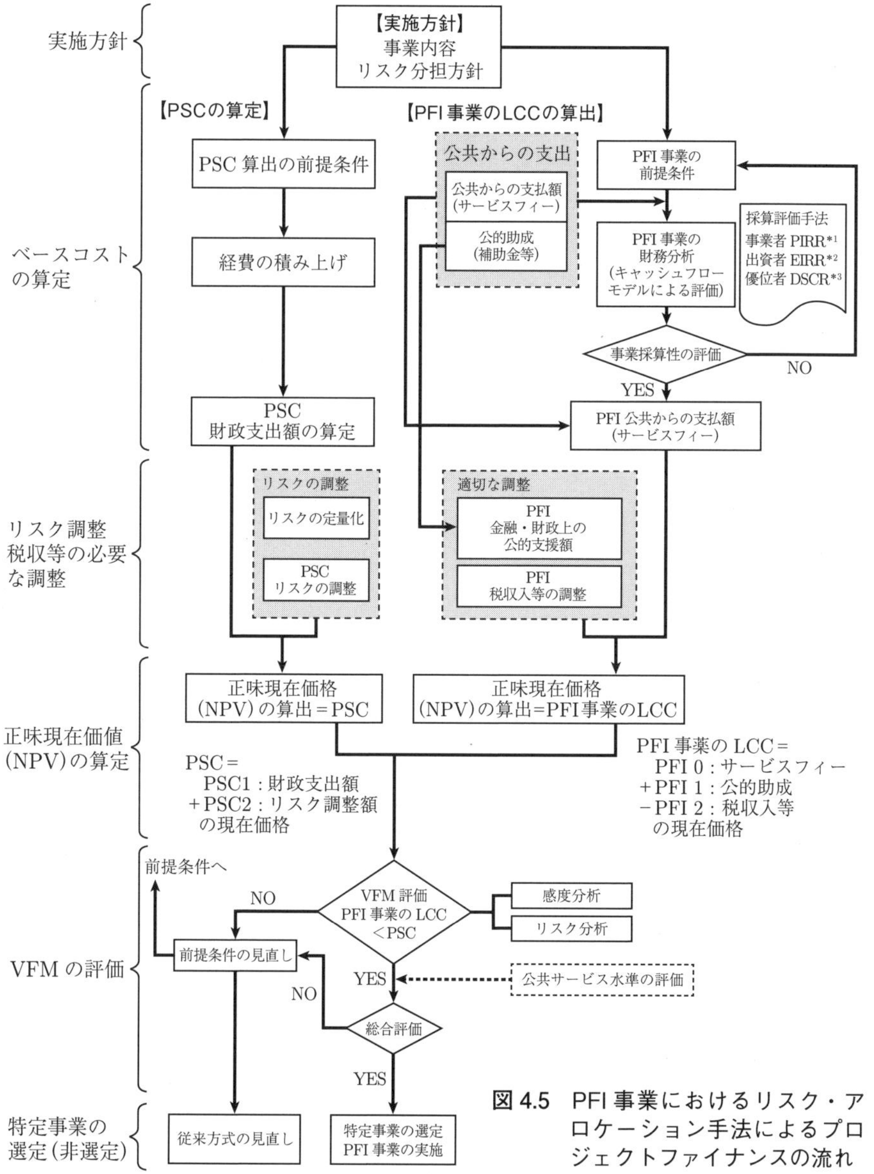

図 4.5　PFI 事業におけるリスク・アロケーション手法によるプロジェクトファイナンスの流れ

*1　PIRR（Project Internal Rate of Return）：事業に投資した設備投資額に対する内部収益率のこと．

*2　EIRR（Equity Internal Rate of Return）：投資家にとっての自己出資金に対する内部収益率のこと．

*3　DSCR（Debt Service Coverage Ratio）：元利金返済カバー率のことで，借入金の返済余裕度を見る指標で，債務返済能力を示す．

場合，金利や為替の変動リスクのように，ヘッジできる部分や保険を掛けることでヘッジできる部分はあり得るが，他方ではリスクを他者に移転することに伴うヘッジコストが必要で，安易に移転できない．

(2) リスク・アロケーションとリスク負担費用

PFI事業におけるプロジェクトファイナンスを考える場合，PFI事業に伴うさまざまなリスクがあることを十二分に認識し，誰がどのように，それぞれのリスクを分担すると，当該事業が最も効率的に成立するかを検討することが不可欠といえる．さらに，適切なリスク・アロケーションを検討することによって，リスク負担の対価であるリスク負担費用（リスクプレミアム）を最小限にでき，リスク負担費用の総コストも最適にできる．

このように，プロジェクトファイナンスでは，ファイナンス可能なキャッシュフローの構築と並んで，事前に事業関係者におけるリスク負担のコストと役割分担を決めることが重要である．**図4.6**に三大プレーヤーである「国・地方公共団体（公共側）」，「民間事業者」，「金融機関・投資家」における権利・義務関係の概念図を，さらに，**図4.7**にリスク・アロケーションのバランスシートの一例を示す．

(3) 契約によるリスク・アロケーションの担保

事業関係者におけるリスク負担のコストと役割分担を決めた場合，次の段階として，それらを制度的に担保するための法的拘束力をもたせる必要がある．そのため，プロジェクトにおける権利・義務関係を契約として明確に位置づけ，それぞれの責任を明らかにする．

プロジェクトファイナンスでは，前述したように，あらかじめリスクの種類と量を特定し，事業主体の関係者にそれらを分担するため，従来の日本的な中長期にわたる相互信頼に基づく事後的処理に依存する関係は通用しないと考えるべきである．なお，どうしても，このドラスティックな手法を採用したくないのであれば，事業主体の関係者との中長期的な関係における**コーポレートファイナンス**による資金調達を行う手法もありうる．**図4.8**にコーポレートファイナンスとプロジェクトファイナンスの違いを示す．

PFI事業の場合，公共側と民間の事業主体との事業権契約（公共側からみると長期債務負担契約）がプロジェクトのキャッシュフローの源泉であり，最重要の契約として位置づけられている．一般に，プロジェクトファイナンスの主幹事となる金融機関は，この契約をベースに民間事業主体と金融機関団の融資契約を締結する．

また，その契約を正式に締結する前に，**デューデリジェンス**（Due Diligence：

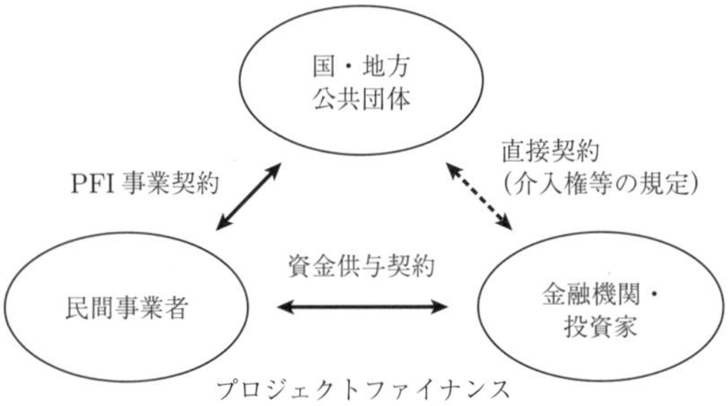

図 4.6 三大プレーヤーにおける権利・義務関係

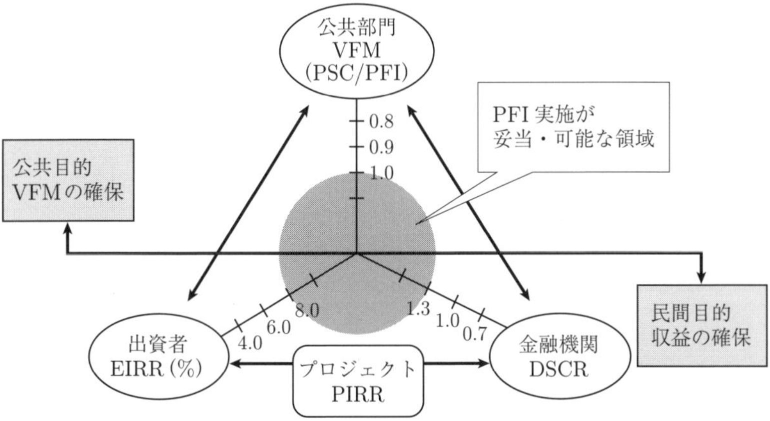

図 4.7 リスク・アロケーションのバランスシートの一例

適正評価手順）を行うのが一般的である．デューデリジェンスとは，民間事業主体など企業等に対する金融機関団の融資や債券発行の引き受けに際して，主幹事となり得る当事者あるいは公共側が，当該民間事業主体などの企業等の財務内容等を調査するにあたり，誠実かつ適切な注意力をもって行うことで，通常，その調査は，弁護士，会計士，税理士などによって行われ，対象となる事業計画，民間事業者が入札前に用意したファイナンシャルモデル，借入れする法人等の会社書類（定款，取締役規則，登記簿謄本など），プロジェクトに関する契約内容（設計契約，建設契約，運営保守契約，保険契約，雇用契約など）の他，監督官庁および地方公共団体の許認可，環境アセスメント調査報告書など，あらゆる範囲について確認する必要がある．

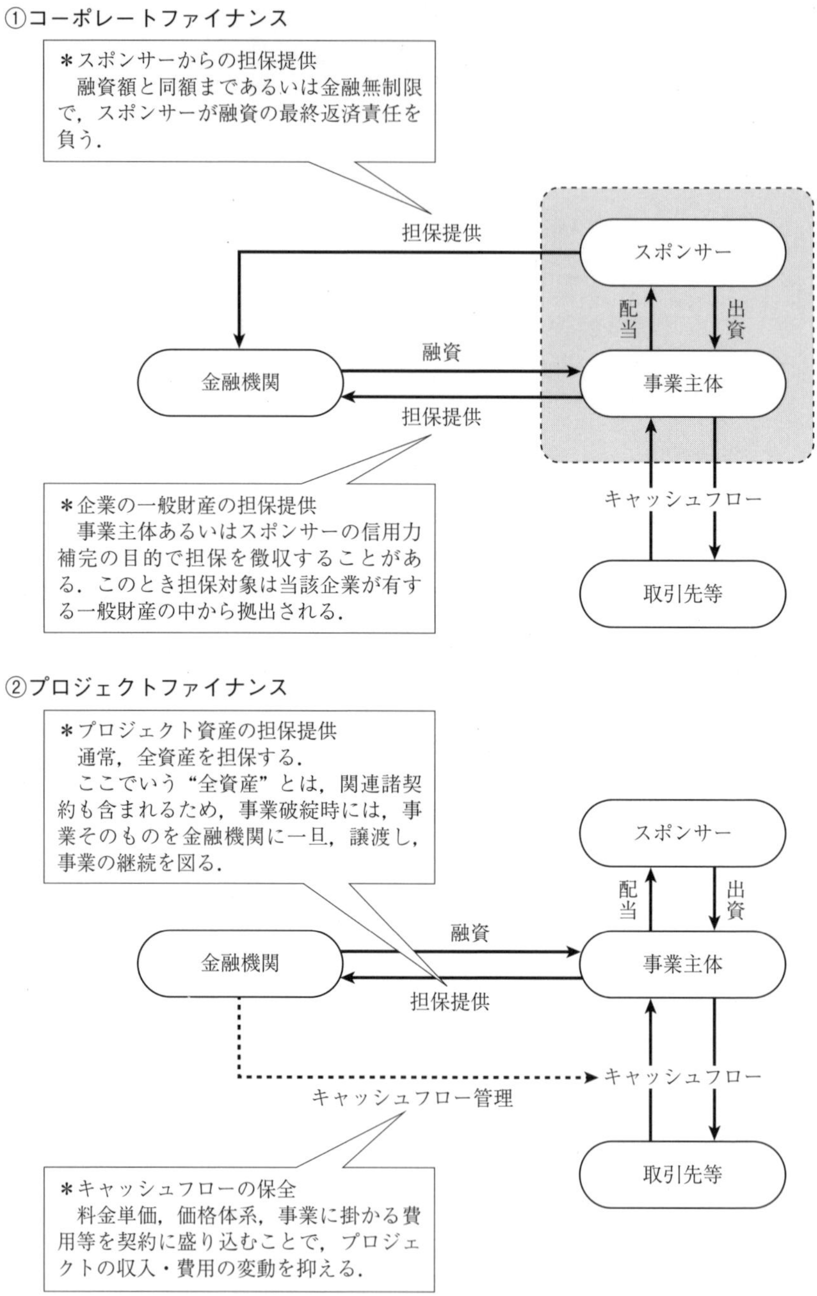

図 4.8　コーポレートファイナンスとプロジェクトファイナンスの違い

4.8.2　リスクの移転と VFM

すべての PFI 事業では，多少なりとも個別プロジェクトごとに相違はあるものの，①民間側への確実なリスク移転を含むことと，②公共側の支出に関する VFM の上昇が見込めることの 2 つの条件を満たさなければならない．

一般に，リスクは，民間側に移転されるウエイトが高ければ，公共側にとっては，VFM が向上すると考えられがちである．しかしながら，厳密に精査して考えるとしたら，より多くのリスク移転ではなく，より合理的なリスク・アロケーション（リスクの分担）を検討する必要がある．

その意味では，リスク移転自体が VFM のうえでの直接の目的ではなく，公共側のコストを下げるように一見みえても，それが行きすぎた場合，リスク移転による民間側のリスクプレミアムを必要以上に高く引き上げことになり，結果として，VFM を下げてしまうこともあり得る．**図 4.9** に，リスク移転と VFM の関係を示す．同図のように，VFM が最大になる点であって，この最適な状態に達するまでは，民間側にリスクが移転されるにつれ，VFM は上昇する．しかしながら，それ以上のリスク移転は VFM の減少を招くことになる．なお，VFM の最適点に達するまでに必要リスク移転の種類や数量については，ケース・バイ・ケースであり，公共側と民間側との交渉の中で決定すべきである．一般に，PFI 事業を実施する場合，リスクの内容によっては，公共側が負担せざるを得ないリスクが必ず存在する．つまり，民間側では負いきれないリスクがさまざま存在し，具体的なリスク・アロケーションは一概には決められず，個々のプロジェクトで議論する必要がある．

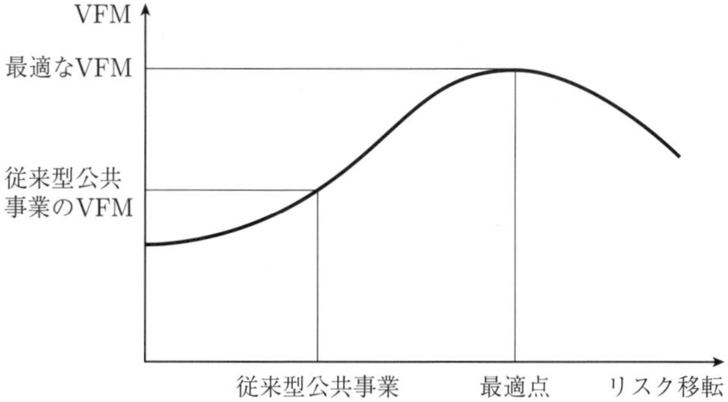

図 4.9　リスク移転と VFM

4.8.3　リスクと保険

PFI事業に限らず，リスクを未然に回避する方法として，保険は大きな意味をもっている．

一般に，公共側が有する財産に対して，火災，風水害などによる施設損傷にあたるリスクは，公共側自身が自家保険で自ら負担しているか，あるいは共済の形態による相互扶助によるリスクヘッジを行っている．

一方，民間事業者が施設などを保有し，事業を実施する場合，自家保険として対応することには限界があり，共済という形態も，とりにくいことから，損害保険に加入することによって，リスクをヘッジすることが必要となる．

PFI事業では，特に施設損傷リスクへの対応を確実に行うことが不可欠といえる．なぜなら，そのリスクが問題となった場合，事業のキャッシュフローに大きな影響を与え，ファイナンスの面でも支障が出ることが予想されるからである．

損害保険をかけることによって，どこまでそれらのリスクを分散するなどのリスクヘッジができるかについては，それぞれのPFI事業によってまちまちであるが，典型的なPFI事業の形態である民間事業者が施設の建設から運営まで行う場合の各段階における適用可能な損害保険について**図4.10**に，さらにPFI事業で利用される主な損害保険を**表4.2**にそれぞれ示す．

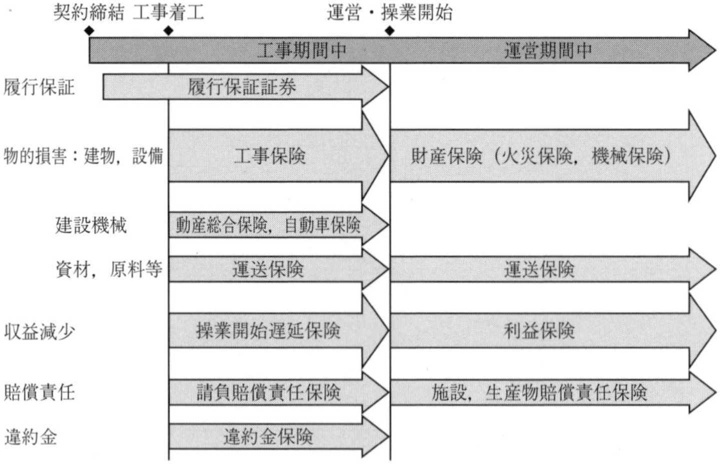

図4.10　典型的なPFI事業における適用可能な損害保険

表4.2　PFI事業で利用される主な損害保険

保険名	概　　要
履行保証証券	PFIの民間側が，契約上の債務の履行を公共側に対して保証するもの
工事保険	工事中に工事目的物に事故等が生じた場合に，事故直前の状態に復旧するための費用を補償するもの．特約の付帯によって，メンテナンス期間中の事故等も担保できる
動産総合保険・自動車保険	工事中の工事用機械器具，仮設備機械装置等に生じた損害を補償するもの（登録番号がある車両は自動車保険）
運送保険	工事用の資材や設備の稼働に必要な原料・燃料の輸送中に，当該貨物に生じた損害を補償するもの
操業開始遅延保険	工事保険の担保する事故によって，工事の目的物に損害が生じ，予定された操業の開始が遅延した場合に発注者が被る喪失利益等を補償するもの
請負業者賠償責任保険	請負作業遂行中の事故によって，第三者の身体・生命を害し，または財物に損傷を与えた結果，法律上の賠償責任を負担することによる損害を補償するもの
違約金保険	工事ミス，火災，自然火災等による偶然の事故によって，PFI契約書や請負契約書等の契約上の債務を履行できない場合の違約金の支払における損害を補償するもの
火災保険	火災，落雷，爆発，給排水設備に生じた漏水損害等による損害を補償するもの
機械保険	設備運転時に誤操作や機械自体の欠陥などのために損害が生じた場合に，事故直前の状態まで復旧するための修理費用を補償するもの
利益保険（企業費用・利益保険）	偶然の事故によって，施設・設備等の営業または稼働が休止・阻害された場合に，事業者が被る喪失利益等を補償するもの
施設賠償責任保険	施設そのものの構造上の欠陥や管理の不備によって，第三者の身体，生命を害しまたは財物に損傷を与えた結果，法律上の賠償責任を負担することによる損害を補償するもの
生産物賠償責任保険	工事目的物を引き渡した後，工事の結果に起因して，第三者の身体，生命を害しまたは財物に損傷を与えた結果，法律上の賠償責任を負担することによる損害を補償するもの

4.9　PFI事業におけるプロジェクトファイナンスとリスクの評価

ここでは，筆者が，当時，わが国のPFI導入では3番目であった審査委員として携わった神奈川県立近代美術館葉山館（以下，葉山館という）等特定事業の事例に基づいて，プロジェクトファイナンスとリスクの評価方法を示す．

4.9.1 従来方式の場合とPFIで実施する場合の比較評価

(1) コスト算出による定量的評価

当該事業において，直接，公共側（以下，県という）が事業を実施する場合（従来方式）の公共負担額と，PFIで実施する場合の公共負担額の比較を行うにあたり，その前提条件を次の通り設定した．なお，これらの前提条件は，県が独自に設定したものであり，実際の民間事業者の提案内容を制約するものではなく，また一致するものでもない．

〈県が直接事業を実施する場合の前提条件〉

① 算定対象とする経費は，葉山館の開業費（工事監理費等），建設費，県債利息等，維持管理費（修理費を含む），美術館支援業務費，備品等整備費および鎌倉館の維持管理費ならびに県の人件費とした．

② 建設費の財源には，地方債が70％充当されるものとし，償還条件は，償還期間10年間，2回借り換え，合計償還期間30年間とした．

③ 起債の利率は，過去10年間の平均とした．

④ 維持管理費，美術館支援費および備品等整備費は，関係事業者からの参考見積，ヒアリングおよび現在の近代美術館の事業実績をもとに算定した．

⑤ 修理費は，（財）建築保全センターのデータをもとに算定した．

〈PFIで実施する場合の前提条件〉

① 算定対象とする経費は，葉山館の開業費（工事監理費等），建設費（VEに係る設計変更料含む）維持管理費（修理費を含む），美術館支援業務費，備品等整備費，県への賃貸，県への所有権移転に係る経費および鎌倉館の維持管理費ならびに県の人件費とした．

② 建設費，維持管理費，美術館支援業務費，備品等整備費および修理費については，民間事業者の実態，または関係事業者の参考見積をもとに，性能発注および一括発注による効率化や民間事業者の工夫が行われるものと想定して積算を行った．

③ 金利水準は，過去10年間の平均とし，市中銀行借入，日本政策投資銀行の借入を想定し，かつ，民間事業者が十分に利益を確保し，事業運営が行える水準とした．

④ インフレは，1％と想定し，割引率は，インフレ率1％を含み4％とした．

表 4.3 リスクの種類とリスク分担（その 1）

	リスクの種類		リスクの内容	従来型		PFI		移転するもの
				県	事業者	県	事業者	
共通	入札説明書リスク		入札説明要項の誤りに関するもの，内容の変更に関するもの等	○		○		
共通	契約締結リスク*1		選定事業者と契約が結べない，または契約手続きに時間がかかる場合	○		○	○	●
共通	制度関連リスク	政治リスク	PFI の議決契約が得られない場合，維持管理業務の縮小・拡充等	○		○		
共通	制度関連リスク	法制度・許認可リスク	法制度・許認可の新設・変更に関わるもの（PFI 事業に影響を及ぼすもの）	○			○	●
共通	制度関連リスク	法制度・許認可リスク	法制度・許認可の新設・変更に関わるもの（上記以外）	○		○		
共通	制度関連リスク	許認可遅延リスク	許認可の遅延に関するもの（県で取得する部分）	○		○		
共通	制度関連リスク	許認可遅延リスク	許認可の遅延に関するもの（上記以外の部分）	○			○	●
共通	制度関連リスク	税制度リスク	PFI 事業者に影響を与える税制度の変更（法人税，固定資産税，建築物所有・維持管理に関するもの等）	○			○	●
共通	制度関連リスク	税制度リスク	広く事業者全般に影響を与える税制度の変更（消費税等）	○		○		
共通	社会リスク	住民対応リスク	美術館の建設に対する住民反対運動・訴訟・要望に関するもの等	○		○		
共通	社会リスク	住民対応リスク	上記以外のもの（調査・工事および維持管理に対する住民反対運動・訴訟・要望に関するもの等）		○		○	
共通	社会リスク	環境問題リスク	工事に伴う水枯れによって周辺地域に影響を及ぼした場合，みどりの協定違反によって何らかの指導を受けた場合	○			○	●
共通	社会リスク	第三者賠償リスク	調査・建設・維持管理段階における騒音・振動・光・臭気に関するもの	○	○		○	●
共通	社会リスク	第三者賠償リスク	施設の貸し出しに関するもの	○			○	●
共通	VE 提案リスク		VE 提案に関するもの		○		○	
共通	デフォルトリスク（事業の延期・中止リスク）	民間事業者の責めによるもの	事業者の事業放棄・破綻によるもの，事業者が提供するサービスの品質・利用しやすさが一定のレベルを下回った場合等	—	—		○	
共通	デフォルトリスク（事業の延期・中止リスク）	公共の責めによるもの	県の債務不履行，当該サービスが不要となった場合等	○		○		
共通	フォースマジュールリスク*2		戦争，風水害，地震等	—	—	○	△	
計画・設計段階	計画・設計リスク	発注者責任リスク	工事請負契約の内容およびその変更に関するもの等	○			○	●
計画・設計段階	計画・設計リスク	測量・調査リスク	県が実施した測量・調査に関するもの	○		○		

表 4.3　(その 2)

	リスクの種類		リスクの内容	従来型		PFI		移転するもの
				県	事業者	県	事業者	
計画・設計段階	計画・設計リスク	測量・調査リスク	事業者が実施した測量・調査に関するもの（周辺家屋影響調査，電波障害調査）		○		○	
			遺跡の広がりに関するもの	○		○		
		設計リスク	県の提示条件，指示の不備・変更によるもの	○		○		
		応募リスク	応募費用に関するもの		○		○	
		資金調達リスク	必要な資金の確保に関するもの	○			○	●
建設段階	建設リスク	用地取得リスク	建設予定地の確保に関するもの	○		○		
		工事遅延リスク	工事が契約よりも遅延する，または完工しない場合	△	○		○	●※
		施工監理リスク	施工監理に関するもの	○			○	●
		工事費増大リスク	県の指示による工事費の増大	○		○		
			上記以外の工事費の増大		○		○	
		性能リスク	要求仕様不適合（施工不良を含む）		○		○	
		施設損傷リスク	使用前に工事目的物や材料他，関連工事に関して生じた損害		○		○	
		物価リスク	インフレ・デフレ		○		○	
		金利リスク	金利の変動		○		○	
		下水道整備リスク	葉山館にかかる周辺下水道の整備に伴う追加工事の発生	○		○		
維持管理段階	支払遅延・不能リスク		サービスの対価の支払遅延・不能に関するもの	○		○		
	維持管理リスク	計画変更リスク	県の責めによる事業内容・用途の変更に関するもの	○		○		
		性能リスク	要求仕様不適合（施行不良を含む）		○		○	
		施設瑕疵リスク	葉山館施設に瑕疵が見つかった場合（30 年目まで）	○			○	●※
		維持管理コストリスク	県による事業内容・用途の変更等に起因する維持管理費の増大・減少	○		○		
			上記以外の要因による維持管理費の増大（物価·金利変動によるものは除く）	○			○	●※
		施設損傷リスク	劣化による場合	○			○	●※
			事故・火災等によるダメージ（県の責めによるものを除く）	○			○	●※
		備品更新リスク	備品の更新について不都合が発生した場合（県の設置による備品を除く）		○		○	
		修繕費増大リスク	修繕費が予想を上回った場合（大規模修繕を含む）	○			○	●※
		物価リスク	インフレ・デフレ	○	○	＊3	＊3	
		金利リスク	金利の変動		○	＊3	＊3	

表 4.3 （その 3）

	リスクの種類		リスクの内容	従来型		PFI		移転するもの
				県	事業者	県	事業者	
維持管理段階	維持管理リスク	所蔵品移動リスク	鎌倉館から葉山館への展示品の移動に関するもの	○			○	●※
		入場者リスク	入館制限を無視した入館者に関するトラブル	○			○	●
		美術館施設リスク	美術館施設（館内外）における事故・トラブル（設計ミス，指示ミス等県によるもの）	○		○		
			美術館施設（館内外）における事故・トラブル（上記以外の民間によるもの）	○			○	●
		入館料リスク	入館料金の紛失・管理上の不備	○			○	●
		展示リスク	展示中の美術品の盗難・破損	○			○	●
			展示会準備・後片づけ作業中の美術品の盗難，破損	○		○		
			施設に起因する展覧会・作品のトラブル（空調設備の管理等）	○			○	●
			施設に起因しない展覧会・作品のトラブル（入館者の無断スケッチ等他者への迷惑行為）	○			○	●
		所蔵リスク	所蔵中の美術品の盗難，破損（経年変化，人為的な破損を除く）	○			○	●※
		図書閲覧リスク	図書閲覧室における盗難・破損（図書の切り取り，盗難は除く）	○			○	●
	付帯施設運営リスク（独立採算）	付帯施設リスク	付帯施設（葉山館レストラン，ミュージアムショップ，葉山館駐車場）に関する事故・火災等によるダメージ	○			○	●
		レストラン運営リスク	葉山館レストランの運営に関するもの	○			○	●
		ミュージアムショップ運営リスク	ミュージアムショップの運営に関するもの	○			○	●
		駐車場運営リスク	葉山館駐車場の運営に関するもの	○			○	●
	美術情報システムリスク	システムリスク	LAN・情報システムの構築，メンテナンスに関するもの	○			○	●
			通常使用に関するもの	○		○		
		更新リスク	ハード・ソフトの更新に関するもの	○		○		●
移管段階	移管手続きリスク		施設移管手続きに伴う諸費用の発生に関するもの，事業会社の精算手続きに伴う評価損益等		○		○	

凡例：負担者　○主分担，●△従分担

注：サービス対価の支払い方法の考え方によって，リスクの分担のあり方を決定する．

*1 契約の当事者双方が原因によって，それぞれ分担する．

*2 フォースマジュールリスクについては，県が主にリスクを負担するが，サービスの供給者である事業者がすべての責任を免責されるとは考えていない．両者の具体的な責任の範囲は条件規定書で提示する．

*3 物価リスク，金利リスクについては，サービスの対価の支払方法によって決定する．サービス対価の支払方法については，意見招請の結果を踏まえ決定する．

※のリスクについては，定量化を行う．

第 4 章の問題

4.1 ～ **4.5** の記述の正誤を答えよ．

□ **4.1**　PFI とは，民間資金等活用事業のことで社会資本整備の手法のひとつである．

□ **4.2**　PPP とは PFI と，まったく違う手法である．

□ **4.3**　PFI,PPP の発祥は米国である．

□ **4.4**　プロジェクトファイナンスとは，あるプロジェクトの資金調達を行う場合に事業者本体が借入れを行うのではなく，プロジェクトの専門会社をつくり，その会社が親会社の信用を用いずに，借入れを行う資金調達のしくみのことである．

□ **4.5**　PFI,PPP では，リスクを未然に回避する方法として，保険は大きな意味をもっている．

4.6 ～ **4.8** について説明せよ．

□ **4.6**　PFI のいくつかの手法を公共部門，民間部門のリスク関与の見地からまとめよ．

□ **4.7**　PFI と PPP の違いについて説明せよ．

□ **4.8**　わが国における PFI,PPP の成功例，失敗例，それぞれ 2 事例まとめよ．

【解答例】

4.1　○

4.2　×　PPP とは，官民連携事業とも呼ばれ，公民が連携して公共サービスの提供を行うスキームである．一方，PFI は，PPP の代表的な手法のひとつといえる．

4.3　×　PFI,PPP の発祥は英国である．

4.4　○

4.5　○

4.6　図 4.2 を参照．

4.7　図 4.4 と 4.3，4.4，4.6 節の本文を参照．

4.8　インターネット等を用いてまとめよ．

参 考 文 献

1)　田中毅弘，建設技術者のための PFI 入門，技術書院，2003

2)　田中毅弘，よくわかる計画＆環境・設備　第 2 版，地人書館，2018

第Ⅱ部

ビルメンテナンスマネジメントシステムとそれを支える技術

第5章

ビルメンテナンスマネジメントの計画と留意点

ビルメンテナンスマネジメントは，ビルマネジメントと自動車でたとえるならば，の両輪といえる．本章では，ビルメンテナンスマネジメントの計画と留意点として，ビルメンテナンスマネジメントの計画，ビルメンテナンスマネジメントの業務の分類について解説する．

5.1　ビルメンテナンスマネジメントの計画

(1) ビルメンテナンスマネジメントの位置づけ

建築物本体の寿命が約50年以上の期間が期待されるようになった反面，建築物内の主要な各種設備の寿命は15～20年程度であるのが現状といえる．

この章では，従来，維持管理といわれていた内容を，マネジメントの見地から捉えることにする．ここで，**メンテナンスマネジメント**とは，ビルマネジメント同様，建築・設備をいつまでも，つねに最適な状態に維持する行為の総体をマネジメントすることと定義する．そして，**図5.1**に示すように，その業務として，運転・監視，保守，修繕，改修，診断などがある．

建築・設備におけるメンテナンスマネジメントの特徴は，非常に広範囲なエリアを対象とし，各段階に関連する業種や業界が多岐にわたっている点である．また，時系列的に数十年と中長期間の総合的な判断で物事を進めなければならない．

特に，**スマートビル**やサステナブル（持続可能）なビルにみられるような建築・設備の高層化，高度化は，メンテナンスマネジメントそのものが局所的な対応では間に合わない状態へと変化してきた．このような状態に対応するため，関係する各業種である所有，設計，施工，部材・機器メーカー，ビル管理会社，診断，損害保険等のそれぞれが密接な連携と共通の認識でメンテナンスに取り組むことは不可欠である．

(2) 目的

メンテナンスマネジメントの目的は，①安全性・信頼性，②快適性・健康性・環

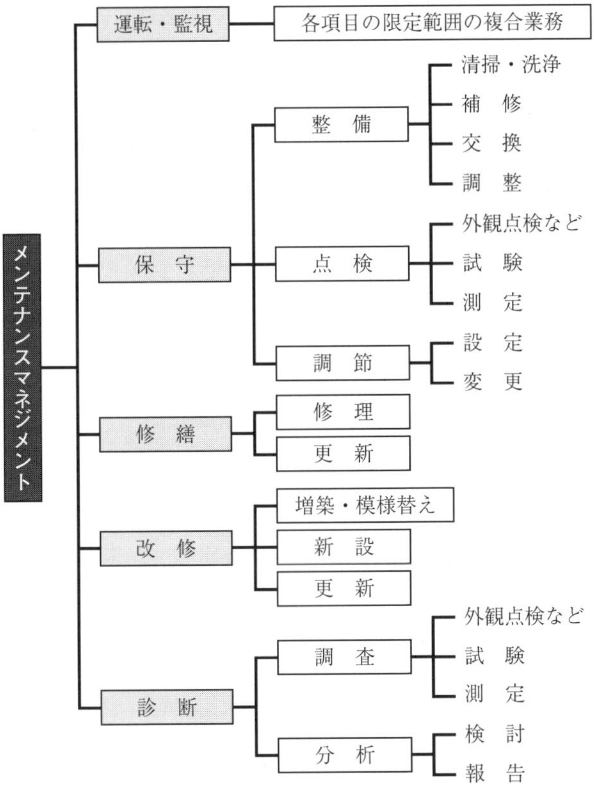

図 5.1　メンテナンスマネジメントの業務分類

境衛生性，③効率性・利便性，④経済性・耐久性の 4 つに分けることができる．

メンテナンスマネジメントの業務は，一定の経済的制約のなかで有効に展開される必要があり，保全技術の向上と，無駄な投資を避け，重要な修繕・更新を効果的に実施すべきである．同時に公害の防止，エネルギーの効率的活用，省資源など，わが国の社会的課題に応えるための努力が求められる．

(3) 計画と流れ

①　メンテナンスマネジメント計画の意義

メンテナンスマネジメント業務に携わる関係者は，メンテナンスマネジメントの必要性を理解して，それを適切に業務へ反映できるように，考え方・進め方・作業方法・作業周期などについて整理し，実務に活用する必要がある．

建築・設備をシステマティックに捉え，作業の安全・災害の予防・快適環境の維持，コストの適正化などを図り，建築物の設計の意図を汲み取って，実行することによって，初めてメンテナンスマネジメント業務が円滑に遂行される．メンテナンスマネジメントの実施にあたっては，総合的な管理を責任をもって，自主的かつ積極的に行うことが不可欠であり，作業の計画性と実施結果の評価などの自主的総合管理と，あわせてその結果としての報告を円滑に行うことが求められる．

②　メンテナンスマネジメント計画に必要な書類等

メンテナンスマネジメントに必要な書類等としては，①維持管理台帳，②維持管理計画書，③作業実施計画書，④作業結果の分析・評価・報告および提案書の，主に4つといえる．それらの概要を**表5.1**にまとめる．

③ メンテナンスマネジメントの流れ

メンテナンスマネジメントの内容は，経営，技術，財務，法務等の多分野にわたり，対象とする施設等も多様かつ広範である．このように多岐な業務について，メンテナンスマネジメントも空間マネジメントの一環であるという広い視野で捉えた場合，その業務は大きく分けて，**表5.2**に示すように①企画・計画，②運転・運用，③保全，④評価，⑤経営管理という5つにメンテナンスマネジメントの流れに即して分けることができる．さらに，**図5.2**に，メンテナンスマネジメントの流れの一例を示す．

表5.1　メンテナンスマネジメント計画に必要な書類等

①維持管理台帳	維持管理台帳は，維持管理に必要な各種情報，たとえば，メーカー，製造年月日，形式，仕様などを機器毎に示したもので，建築物の竣工とともに，建築物の管理権限者によって作成される．また，その部材や機器等に対応した運用とともに，発生するトラブルや故障，修繕履歴を組み合わせておくことによって，劣化や修繕の状況が効果的に把握できるようになっている．前者を機器の資産的な台帳，後者を故障や修繕を記録した履歴台帳という．
②維持管理計画書	維持管理計画書は，維持管理を適正に進めていくために必要なもので，建築物の管理権限者によって作成される．計画書は毎年作成され，次年度の維持管理の実施に向けて継続性をもたせる．一般的な計画書の項目は，以下の通りである． ①運転監視業務計画 ②日常点検巡視業務計画 ③定期点検・測定・整備業務計画 ④保全・修理業務計画 ⑤予算計画
③作業実施計画書	維持管理計画書を踏まえ，業務別に，作業の実施についてまとめたもので，各業務を総合的に調整し，工程，体制，要員などについて詳細に検討し，年間，月間，週間，毎日の作業実施表からなる．各作業は2～3人でチームを組み対応する．特に軽微で危険を伴わない場合には1人でも可能である．また，一日中同一の作業にせず，複数の作業を織り込む他，実施責任者を明確にし，記録を残すことが重要である．
④作業結果の分析・評価・報告および提案書	作業の実施結果は，日報（毎日），月報（月ごと），年報（年ごと）に業務別，設備別（たとえば，空気調和設備，給排水・衛生設備，電気設備など）に分析評価し，記録報告する．さらに，今後，提案すべき点は提案書を作成する．

表 5.2　メンテナンスマネジメントの業務分類

5つの業務分類	キーワード	業務の概要
①企画・計画	・企画・立案手法 ・中長期施設計画 ・施設総合・供給計画 ・事業計画 ・建築物管理支援システム ・CAFM（Computer Aided Facility Management）システム	始めに，経営戦略に基づいて施設等に対して，今後のあるべき姿を方針・施策を打ち出し，これを中長期の実行計画にとりまとめる．このため，土地・建築物についての継続使用，移転，建替え等の施策を定め，さらに施設等の供給計画を立案する．
②運転・運用	・運転・監視・制御 ・ビルオートメーション ・BEMS ・日常・定期・緊急点検 ・スペース・レイアウト管理 ・環境管理 ・エネルギー管理	主として，建築・設備における日常的な作業，運転・運用のための技術である．これに関連する専門的な知識，技術が必要であり，建築・設備の運転・保守・運用に際して，特定の場合に一定の資格を有する技術者の従事を法的にも規定している．さらに，建築・設備の機能と信頼性の向上およびオートメーション化の進展により，運転状況の綿密な点検，記録などの日常業務は，ある程度軽減されたが，小規模な設備等以外は省人化は，なかなか難しい． 　また，業務実績の記録と分析により，効率的で精度の高い管理を行わねばならない．地球環境，省エネルギー，省資源の見地からも，より詳細な検討が求められる．他に地震等の緊急時の対応，室内環境管理，スペース·レイアウト管理なども，この分野に包含される．均質で効率の高い管理を行うためには，管理基準，管理仕様の確立も不可欠である．
③保全	・維持管理計画 ・予防，予知保全 ・リノベーション ・コミッショニング ・セキュリティシステム ・省資源，廃棄物管理 ・プロジェクト管理	建築・設備の耐久性を保持し，故障を防ぎ，結果的に建築物のライフサイクルコスト（LCC）が低減できることが保全の目的といえる． 　その目的を達成するためには，有効な保全方式（予防保全，予知保全等）の適用，維持保全計画・中長期修繕計画の作成と実施，コミッショニング（性能検証）の採用などが重要である． 　セキュリティ管理やビル清掃管理の業務は専門の組織に委託することが多く，この際には委託に伴う仕様書の作成と実施業務の品質評価等が管理側の主な役割となる．
④評価	・利用者満足度調査 ・CASBEE ・執務空間評価 ・施設性能評価 ・室内管理評価 ・建築・設備診断 ・信頼性・保全性評価 ・SLA（Service Level Agreement）	維持管理においては建築·設備の機能や性能，供給状況，費用などの実態を基準に照らして比較，判断することをいう． 　評価は計画立案，その実施とともに主要な業務であり，小さい部品の点検から，大きな設備の法定点検や改善案の作成にまで及ぶ．評価の対象は，品質，財務，供給を中心ではあるが，維持管理業務の多様性から測定，調査，診断も含め，総合的に評価する．
⑤経営管理	・運営費評価 ・投資評価 ・収支・原価・予算管理 ・テナント管理 ・ベンチマーキング	建築物の運営管理に伴って必要な管理業務であり，収支管理，テナント管理，購買と事務管理がある．入居するテナントの業態，建築物の利用形態が多様化して，テナント管理は重要である．また財務関連では，施設運営費・投資の評価，資産管理が主体であり，新しい財務の分析・評価手法などの活用も図られている．

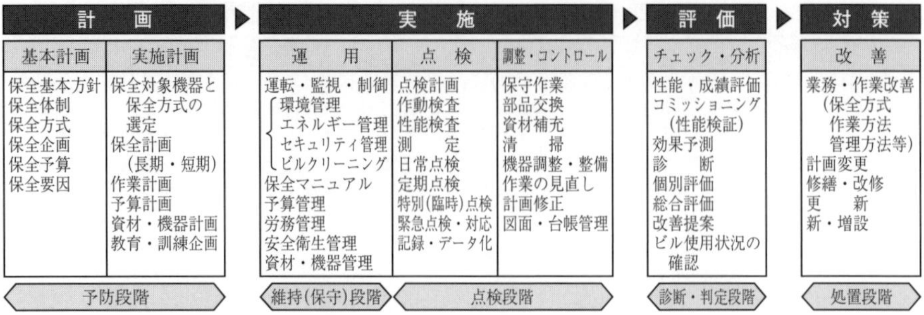

図 5.2　メンテナンスマネジメントの基本フロー

(4) 関連した用語の定義

メンテナンスマネジメントの関連用語については，出典根拠や取り扱う建築物の規模・用途等によって，微妙にニュアンスが異なる場合があり，建築・設備の一生涯の大半の期間をメンテナンスマネジメントするうえで，計画・設計，施工，維持管理，オーナー等の関係者同士（ステークホルダー）のトラブルを避ける意味からも，計画・設計段階で，その案件ごとに，定義を明確にしておくことが肝要といえる．**表 5.3** に，いくつかの文献で表現されているメンテナンスマネジメントに関連した用語の定義をまとめる．

表 5.3　メンテナンスマネジメントに関連した用語の定義

用語名	意味・内容	出典
劣　化	物理的，化学的および生物的要因によるものの性能が低下すること．ただし，地震や火災等の災害によるものを除く．	C
	建築物の全体または各部材が，当初の性能・機能の状態から低減していくことをいう．	D
保　全	建築物（設備を含む）および諸施設，外構，植栽などの対象物の全体または部分の機能および性能を使用目的に適合するよう維持または改良する諸行為．	E
	建築物（設備を含む）および諸施設，外構，植栽などの対象物の全体または部分の機能および性能を使用目的に適合するようにすることであり，維持保全と改良保全とに分けられる．	C
点　検	既存対象物の機能状態や減耗の程度などをあらかじめ定めた手順により，調べること．	C
	建築物等の機能および劣化の状態を一つ一つ調べることをいい，機能に異常または劣化がある場合，必要に応じ対応措置を判断することを含む．	D
保　守	既存建築物の初期の性能および機能を維持する目的で，周期的または継続的に行う注油，小部品の取替え等の軽微な作業．	C
	建築物等の必要とする性能または機能を維持する目的で行う消耗部品または材料の取替え，注油，汚れ等の除去，部品の調整等の軽微な作業をいう．	D
交　換	部材，部品，油脂等を取り替えることをいう．	D
運転・監視	設備機器を稼働させ，その状況を監視することおよび制御することをいう．	D

（前ページよりつづく）

清　　掃	汚れを除去すること，汚れを予防することにより仕上材を保護し，快適な環境を保つための作業をいう．	D
修　　繕	法人がその有する固定資産の修理，改良等のために支出した金額のうち，当該固定資産の通常の維持管理のため，または毀損《きそん》した固定資産につき，その原状を回復するために要したと認められる部分の金額が修繕費となる．	B
	劣化した部位・部材または機器の性能・機能を現状（初期の水準）または実用上支障のない状態まで回復させること．ただし，保守の範囲に含まれる定期的な小部品の取替え等は除く．	C
	劣化した部位・部材あるいは機器などの性能または機能を初期の水準あるいは実用上支障のない状態まで回復させること．維持保全に含まれる行為の一部．ただし，保守の範囲に含まれる定期的な小部品の取替えなどは除く．広義には改修も含める．	E
部分修繕	大規模修繕に至らない修繕をいう．	
経常修繕費	長期修繕計画に予定している大規模修繕工事以外の経常的な修繕等（取替え・新設，更新，環境改善等）に要した費用．	H
改良保全	既存対象物の初期の性能および機能を上回って改良するために行う保全．	C
予防保全	日常や定期に行われる点検によって建築物や建築設備の機能や性能をつねに把握し，劣化の有無や兆候（些細な異常等）を可能な限り，確認または予測する保全の方法．	F
事後保全	実際に異常や故障が発生したとき，または確認された段階で，初めて修繕等を実施する方法．	F
分解整備（オーバーホール）	機器を定期的または必要に応じ分解し，劣化した部分もしくは部品を修理または交換することをいう．	D
修　　理	建築物等の劣化した部分もしくは部材または低下した性能もしくは機能を原状あるいは実用上支障のない状態まで回復させることをいう．	D
補　　修	部分的に劣化した部位・部材等の性能，機能を実用上支障のない状態にまで回復させること．	C
更　　新	劣化した部位・部材や機器などを新しい物に取り替えること．	C, E
大規模修繕	（建築物）建築物の一側面，連続する一面全体または全面に対して行う修繕．	C
	（電気）機器，配線の全面的な更新を行う修繕．	C
	（機械）機器，配管の全面的な更新を行う修繕．	C
大規模の修繕	建築物の主要構造部[*1]の一種以上について行う過半の修繕をいう．	A
大規模の模様替え	建築物の主要構造部[*1]の一種以上について行う過半の模様替えをいう．	A
改　　修	劣化した建築物等の性能・機能を現状（初期の水準）を超えて改善すること．	C
大規模改修	施設の維持保全段階において，躯体以外の内装や設備が機能的・物理的に老朽化したとき，プロジェクトとして実施する大規模な改修工事をいう．	G

*1 主要構造部：壁，柱，床，梁，屋根または階段をいい，建築物の構造上重要でない間仕切壁，間柱，附け柱，揚げ床，最下階の床，廻り舞台の床，子梁，庇，局部的な小階段，屋外階段その他これらに類する建築物を除くものとする．

（出典）A：建築基準法
B：国税庁法人税法基本通達
C：建築物修繕措置判定手法（国土交通大臣官房官庁営繕部）
D：建築保全業務共通仕様書（国土交通大臣官房官庁営繕部）
E：新・LC 設計の考え方（BELCA）
F：建築・設備　維持保全計画の作り方（改訂第 4 版）（BELCA）
G：ファシリティマネジメント・ガイドブック（FM 推進連絡協議会）
H：（社）高層住宅管理業協会

(5) メンテナンスマネジメントの契約形態

メンテナンスマネジメント契約は，管理のしくみや官公庁と民間の場合とで，かなり異なっている．

① 官公庁の例

ほとんどが指名競争入札で，最低価格で落札する方法がとられている．競争に参加する業者はあらかじめ登録しておき，その中から入札の都度，数社から十数社を選び，これを指名して入札に参加させる．契約は通常，清掃，設備といった業種別に行う場合や，これらを併せて一括契約も実施されている．

② 民間の例

個別管理契約，総合管理契約に大別することができる．

個別管理契約とは，建築物管理者が管理部門をもち，ここで清掃，警備，設備といった業種ごとに行う契約の方法である．建築物管理者の意思の伝達が速やかであり，管理，指導も徹底しやすいが，経費が高くつく場合もある．

総合管理契約は，建築物管理者が設備，清掃，警備といった個別の業務を特定の建築物の維持管理業者に一括発注する契約方法で，特定の建築物の維持管理業者が，建築物の管理を代行するような方法である．この方式によれば，特定の建築物の維持管理業者は，かなりの能力が要求されるが，一貫した考えで効率的に処理されることが期待できる．この場合，特定の建築物の維持管理業者が建築物所有者の子会社に変わることもある．

(6) 建築・設備の受取り

契約が終わって，本格的に建築・設備が稼動するまでの間，メンテナンスマネジメント業務を実施するための各種作業が行われる．この作業は，大別して，仕様書と契約内容の確認，現況図と現場の機器台帳との照合，点検情報記入帳票の作成，運用体制の構築，機器・設備の学習，設備の習熟運転と不具合箇所の直し等，多くの作業がある．

これらは，建築物の規模によって異なるが，担当者がしっかり身につけるためには，建築工事のように多くの作業者が同時に着手する場合や，設備工事のように，多くの作業者が同時に着手することが不可能な場合がある．大規模な建築物では最短，担当者数人が時系列に取り組むものとして2～4か月間の作業となる．**図5.3**に建築設備を事例とした運転立上げまでに必要な作業内容と手順を示す．

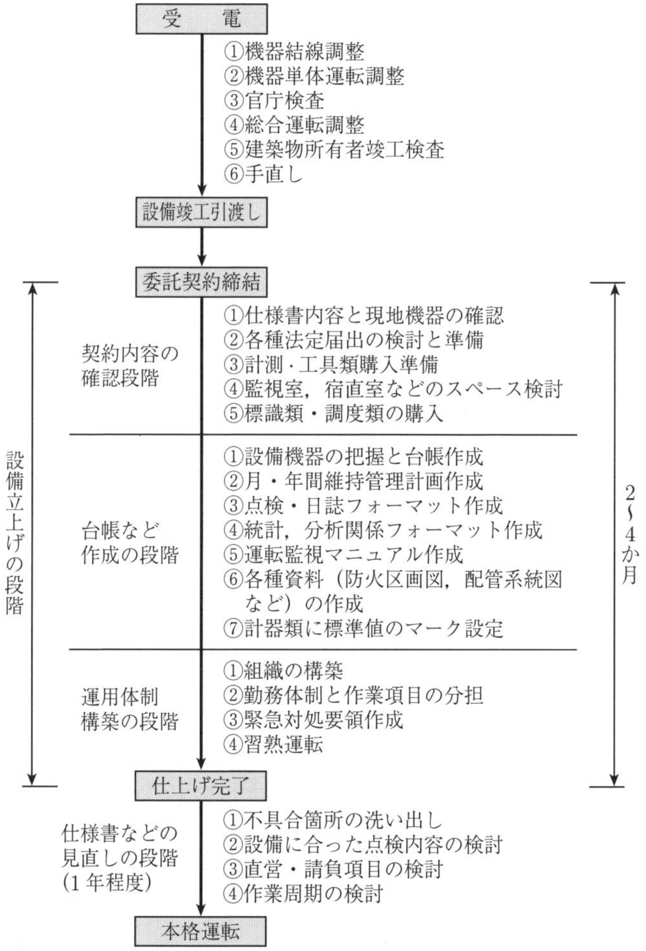

図 5.3　建築設備を事例とした運転立上げまでに必要な作業内容と手順

(7) コミッショニングとメンテナンスマネジメント

性能検証（コミッショニング，Commissioning）は，1970 年代に米英で始められたといわれており，主に，設備の品質保証のために行われる一連の過程といえる．

わが国では，1990 年代後半から，建物ストックの保全意識の高まりや環境・エネルギーの問題，品質確保などの要求から 2003 年 3 月の空気調和・衛生工学会性能検証指針には，以下のように性能検証が定義されている．

「対象システムを，環境・エネルギー並びに使いやすさの観点から，使用者の求める要求をとりまとめ，設計，施工，受渡しの過程を通し，その性能実現のための性能検証関連者の判断・行為に対する助言・査閲・確認かつ十分なる文書化を行い，機能性能試験を実施して受け渡されるシステムの適正な運転保守が可能な状態であることを検証するものである.」

性能検証の実行は，発注者，設計者，施工者のいずれにも属さない，認証された性能検証責任者の指揮の下で行われることが望ましいとされている. **図 5.4** に性能検証チームの組織図と指揮系統を示す.

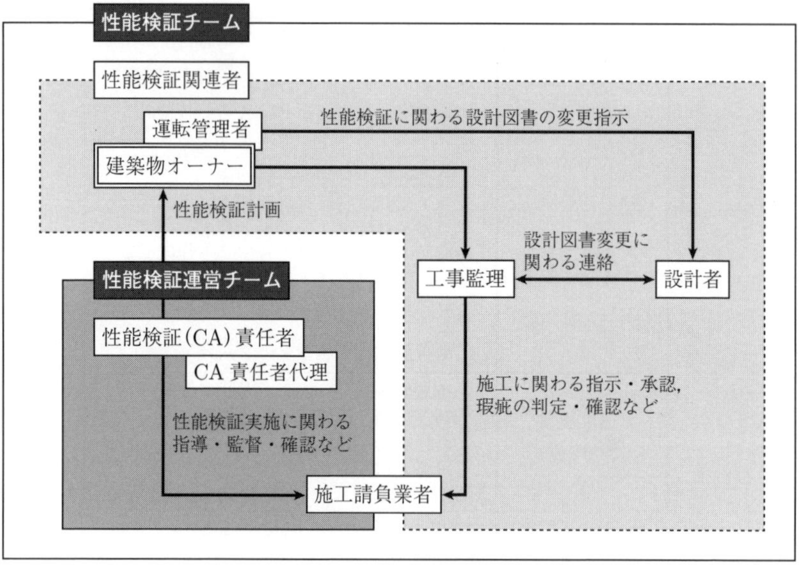

図 5.4　性能検証チームの組織図と指揮系統

(8) メンテナンスマネジメントの積算

メンテナンスマネジメント業務費の積算は①原価計算，②管理計画案の作成（管理条件の設定)，③歩掛り点数の算出，④技術者の月間費用の算出，⑤管理業務の積算，⑥管理体制のチェックの，主には 6 段階に分けることができる. **表 5.4** にそれらの概要を示す.

(9) 耐用年数

耐用年数は，メンテナンスマネジメントのうえで，第 1 章で取り上げた **LCC**, **LCM** の概念とともに，中長期計画を立案する意味で不可欠な内容といえる.

耐用年数は，**法定耐用年数**と**計画耐用年数**の 2 つに分けることができる.

表 5.4　維持管理業務費の積算における６段階の概要

(1) 原価計算	維持管理業務が具体化する過程では，受託側での管理費用を委託者側に提示し，両者間で契約を締結し，業務が始まる．受託側での費用積算において，原価計算が行われる．
(2) 管理計画案の作成（管理条件の設定）	この段階では，以下のような項目を明確に示すことが不可欠である． ①建築物の主たる用途の確認 ②運転監視の開始，終了時刻 ③建築物の営業日および年間営業日数 ④運転監視業務，日常業務を行うための常駐人数の指定の有無 ⑤法定上必要な資格者以外の資格などの条件の有無 ⑥標準設備管理業務仕様以外の業務内容の有無 ⑦管理者を代行する報告，立会い，障害業務などの要望範囲
(3) 歩掛り点数の算出	この段階では，従来の経験を踏まえて作成された歩掛り表から，作業に要する歩掛りを求める． 歩掛りは，同じ面積の建築物でも幅をもたせてあり，業務の量と技術レベルに応じて対応できるようにしてある．管理計画案を作成した後，内容を勘案し，この幅の範囲で調整することになる．
(4) 技術量の月間費用の算出	この段階では，適用する技術者を想定し，その人の月間費用を算出する作業を行う．たとえば，人事院給与局編による「民間給与の実態」から該当する平均給与月額を抽出し，その作業員にかかるすべての費用をもって技術者の月間費用とする．
(5) 管理業務の積算	この段階では，初めて管理業務の費用が計算される．計算は作業量を表した歩掛り点数と技術度を加味して計算した技術者月間費用とを掛けて算出する．ここで作業量の計算で考慮すべき点は，一般的には，作業に必要な技術者の人数と仕事に要する時間の積で表される．たとえば，建築設備における管理業務の場合，その特性上，建築物が稼動している間は継続的に実施する業務であるため，人数の増減によって時間の短縮を図ったり時間延長で処理することはできない．また，建築物の稼働時間と技術員の所定労働時間は必ずしも一致しないので，年間を通して１人で従事する作業であっても稼働状況によっては，技術者１人では，管理できない場合もあるので留意する必要がある． さらに技術度の計算で考慮すべき点は，管理業務を遂行するには，管理内容や委託者側の要望によって一定の資格および技術水準（これを技術度という）が要求される．この目安として技術者の知識・経験・資格などの区分が設定されている．
(6) 管理体制のチェック	この段階では，歩掛り点数から管理体制について費用的なチェックを行う．たとえば，業務の作業量について歩掛り点数を集計したときの合計がその業務に取り組む年間の人数となる．

①　法定耐用年数

法人税法等によって，年月の経過に伴う物理的な価値が減少することなどに対して，評価や残存年数，減価償却費を計算するために設定された年数や，経済的な価値が減少することなどに対する固定資産税法の建築物の評価に用いられる年数をいう．

② 計画耐用年数

所有者等が，自身の意思決定で，企業等組織体の経済活動に伴う収益を上げる目的等に深く関連し，物理的な性能，機能の陳腐化，社会的要因，そして，LCC による経済評価で判断される使用年限から設定される年数をいう．

特に，計画・設計段階において，耐用年数を検討しておくことは，中長期のメンテナンスマネジメント計画の立案や長寿命化の促進という見地からも重要であり，その際，検討すべき耐用年数の目安として，**表 5.5** に国税に基づく減価償却資産の耐用年数等に関する財務省令に定める耐用年数を示す．

表 5.5　国税に基づく減価償却資産の耐用年数等に関する財務省令に定める耐用年数

種類	耐用年数
〈建築物構造別（事務所）〉	
鉄骨・鉄筋コンクリート造	50 年
鉄筋コンクリート造	50 年
れんが造・石造・ブロック造	41 年
金属造　骨格材の肉厚 4 mm 超	38 年
金属造　肉厚 3 ～ 4 mm	30 年
金属造　3 mm 以下	22 年
木　造	24 年
木骨モルタル造	22 年
〈建築付属設備〉	
電気設備（照明設備を含む）	
蓄電池電源設備	6 年
その他	15 年
給排水・衛生・ガス設備	15 年
冷暖房・ボイラー設備	
冷凍機出力 22 kW 以下	13 年
その他	15 年

種類	耐用年数
昇降機設備	
エレベーター	17 年
エスカレーター	15 年
消火・排煙または災害報知設備および格納式避難設備	8 年
アーケード・日よけ	
主として金属製のもの	15 年
その他	8 年
店用簡易装備	3 年
〈構築物〉	
舗装道路路面	
コンクリート敷・ブロック敷・れんが敷または石敷のもの	15 年
アスファルト敷または木れんが敷のもの	10 年

5.2　ビルメンテナンスマネジメントの業務の分類

ビルメンテナンスの業務は，5.1 節でも述べたように，ビルマネジメント同様，建築物やそこで使用されている設備をつねに快適に利用できるように，最高の状態に維持することである．ビルメンテナンスは新築ビルの設計・施工と比較すると地味なイメージもあるが，建築物を安全に利用するためには不可欠で，なくてはならない重要な業務といえる．

ビルメンテナンスの業務を内容によって分類すると，環境衛生管理業務や設備管理業務，建築物・設備保全業務，保安警備業務，その他の業務に分けることができ

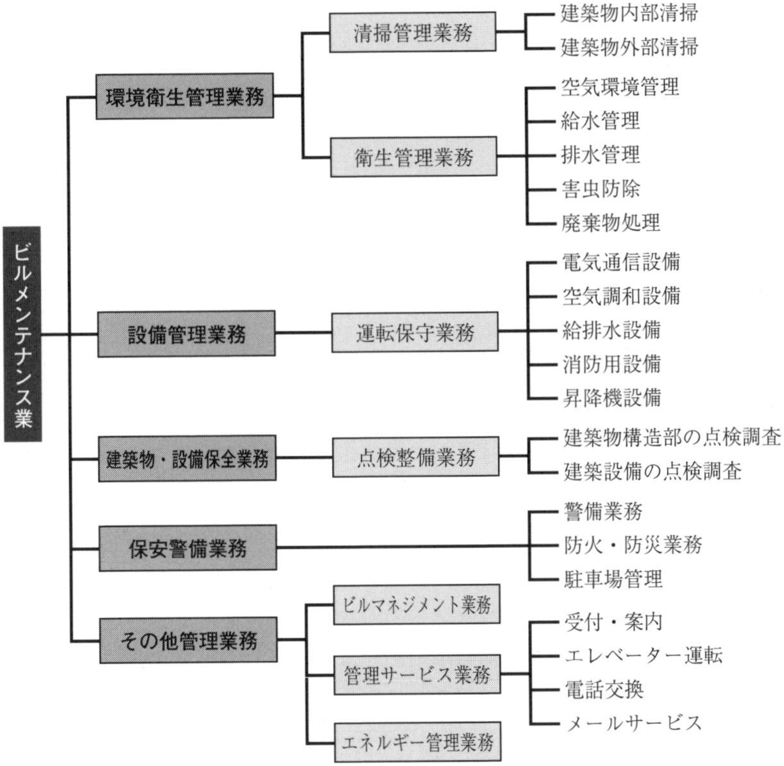

図 5.5　ビルメンテナンス業の業務体系

る（**図 5.5**）．また，関連した業務として，建築物のエネルギー管理がある．なお，本書では，第 8 章，第 9 章，第 10 章で，この業務分類にしたがって，それらの技術の概要を述べる．

(1) 環境衛生管理業務

環境衛生管理業務は，清掃管理業務と衛生管理業務に大別され，清掃管理業務は建築物内部清掃と建築物外部清掃に分けることができる．

また，衛生管理業務には空気環境管理や給水管理，排水管理，害虫防除，廃棄物処理といった業務がある．

(2) 設備管理業務

設備管理業務とは，各種の設備における運転保守業務を行う仕事である．具体的には，電気通信設備や空気調和設備，給排水設備，消防用設備，昇降機設備などの設備がある．

(3) 建築物・設備保全業務

建築物・設備保全業務は，点検整備を行う業務である．建築物構造部の点検調査と建築設備の点検検査に大別される．

(4) 保安警備業務

保安警備業務は，警備業務と防火·防災業務，駐車場管理に分けることができる．また，その他の業務として，ビルマネジメント業務，管理サービス業務，エネルギー管理業務がある．

5.2.1 環境衛生管理業務

(1) 清掃管理業務とは

環境衛生管理業務は，清掃管理業務と衛生管理業務に大別され，清掃管理業務には建築物内部清掃と建築物外部清掃がある．

清掃管理業務は，美しく衛生的な環境をつくるために欠かせない業務である．清掃を行うのは床面だけでなく，壁面や扉，什器・備品など立体面にも気を配る必要がある．各室の特性に合わせたバランスのとれた美観・衛生を維持することが必要で，建築物の用途によっても清掃管理の内容は違ってくる．また床材や壁材，金属材，石材などには多様な素材が使用されているため，これらの特性に合った清掃管理が大切になる．

清掃管理は，事後清掃から予防清掃に変わりつつある．つまり，建築物内に汚れを持ち込ませないことや，汚れる前に処置を行うことで定常的に美観・衛生を保持する清掃方法である．ロボットを使用した洗浄作業を排除したドライ方式は，近未来のビルにふさわしい清掃方法といえる．

清掃管理業務は単純な清掃作業の積み重ねではなく，専門的な知識と管理能力が要求される仕事である．清掃管理業務の専門資格として「ビルクリーニング技能士」があり，多くのプロフェッショナルが養成されている．

(2) 衛生管理業務とは

衛生管理業務は，人工的空間であるビル内環境を衛生的に維持管理して，快適な環境を提供するための仕事である．衛生管理においては，「建築物における衛生的環境の確保に関する法律」(以下，**建築物衛生法**) に維持すべき環境基準が定められているが (**表 5.6**)，これらの基準が実際に守られているかどうかを測定·点検し，基準に合致するよう調整することが重要な業務となる．

空気環境については，浮遊粉塵や温度・相対湿度・一酸化炭素 (CO)・二酸化炭素（CO_2）・気流などの項目について，定期的な測定を実施する．また，飲料水については，残留塩素の測定や水質検査を定期的に行い，貯水槽の清掃や給水管の洗浄なども行う．排水については排水槽・汚水槽の清掃や，排水設備の定期的点検を行う．さらに，ねずみや害虫の防除については，衛生害虫の生態を調べ，統一的に駆除している．

建築物衛生法では，清掃を含むこれらの業務を営業する者について，一定の基準を満たせば知事登録することができるとしており，登録されることは優良業者の指標となっている．

表 5.6　建築物環境衛生管理基準

		建築物環境衛生管理基準等	
空気環境の管理		1. 空気環境測定（機械換気設備は（4），（5）除く） （1）浮遊粉じん：0.15 mg/m³以下 （2）一酸化炭素（CO）：6 ppm 以下 （3）二酸化炭素（CO_2）：1,000 ppm 以下 （4）温　　度：18 ～ 28℃（冷房時は，外気との温度差を著しくしない） （5）相 対 温 度：40 ～ 70% （6）気　　流：0.5 m/s 以下 （7）ホルムアルデヒドの量：0.1 mg/m³以下	
空気環境の管理		2. 浮遊粉じん測定器の較正	
空気環境の管理		3. 冷却塔・加湿装置・空調排水受けの点検等	
空気環境の管理		4. 冷却塔・冷却水管・加湿装置の清掃	
給水等の管理	飲料水等の管理	1. 水質基準	（1）水道水のみ使用 消毒副生成物の検査 （2）地下水など使用 消毒副生成物 有機化学物質，フェノール類の検査
給水等の管理	飲料水等の管理	2. 給水栓末端の残留塩素	（1）平常時　：0.1 ppm　以上 （2）緊急時　：0.2 ppm　以上
給水等の管理	飲料水等の管理	3. 貯水（湯）槽の清掃等	貯水（湯）槽の点検・清掃
給水等の管理	飲料水等の管理	4. 防錆剤の濃度	
給水等の管理	雑用水の管理	1. 水質基準	（1）散水，修景，清掃用の水 pH 値：5.8 ～ 8.6 臭気：異常でないこと 外観：ほとんど無色透明 大腸菌：検出されないこと 濁度：2 度以下 （2）水洗便所用の水 （1）の「濁度」を除く全項目
給水等の管理	雑用水の管理	2. 給水栓末端の残留塩素	（1）平常時　：0.1 ppm　以上 （2）緊急時　：0.2 ppm　以上
給水等の管理	雑用水の管理	3. 雑用水槽の清掃等	容量，材質，水源に応じ，適正な方法によって実施
排水管理		排水に関する設備の掃除等	設備の補修，掃除等
清掃・廃棄物処理		清掃（日常・定期清掃）	適切な方法で行う
清掃・廃棄物処理		廃棄物処理	衛生的かつ効果的な方法で処理する
防除		ねずみ等の処理	ねずみ等の発生・侵入防止並びに駆除
その他		冷却塔などの使用水の管理	

5.2.2　設備管理業務

(1) 設備管理業務とは

設備管理業務とは建築物内の設備における運転保守業務のことで，電気通信設備，空気調和設備，給排水設備，消防用設備，昇降機設備など設備別に分類することができる（**図 5.6**）.

建築物内にある数多くの設備機器の運転・監視，点検，整備，保全および記録の分析・保存をする業務で，建築物を総合的に動かす力強い業務ともいえるであろう.

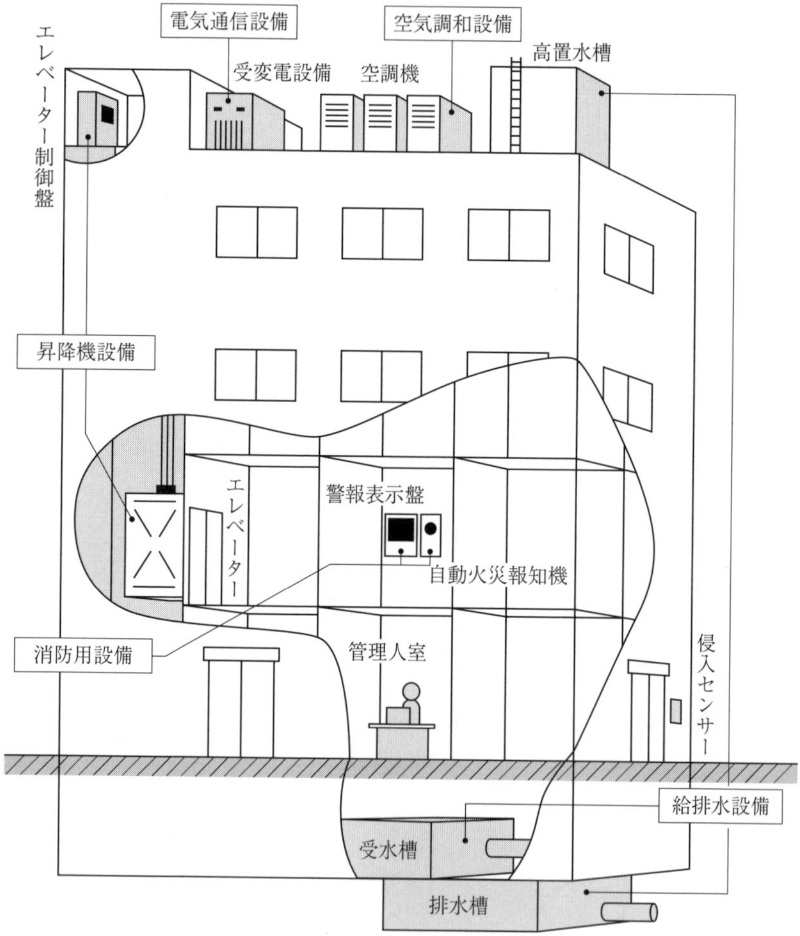

図 5.6　ビル設備の種類

(2) コンピュータ化される設備管理

ビル設備・機器は，そのほとんどがコンピュータによって管理され，自動的にコントロールされており，監視も中央監視盤で行われるようになっている．

電気，空気調和関係の設備を始めとした各種のビル設備を運転するためには，それぞれの設備に法定の資格者が必要とされている．しかし，このようにビル設備がコンピュータ化され，システム化されてくると，設備・機器全体に対する知識をもち，その有機的連関をコントロールする技能も必要になってくるであろう．

(3) ビル設備管理技能士

このような状況に対応するため，1997 年度から技能検定制度に基づく「ビル設備管理技能士」の検定が開始された．1 級と 2 級があり，2 級は実務経験 2 年以上，1 級は実務経験 7 年以上で受験が可能である．また，2 級については，高校・大学・専修学校などで専攻科を卒業することや，職業訓練の修了など一定の条件を満たした場合も受験資格を得ることができる．

これからの設備管理業務では各設備に対する専門的知識はもちろん，ビル設備全般についての知識をもち，それを制御する管理能力が不可欠になっている．そのための知識を身につけ，それを証明するために，資格取得が役立つであろう．

5.2.3 保安警備業務

(1) 保安警備業務とは

保安警備業務は，ビル内に警備員が常駐して日常的に防犯・防火業務に従事することで，建築物と人の安全を守る仕事である．保安警備業務を大別すると，警備業務，防火・防災業務，駐車場管理がある．

保安警備の自動化・システム化に伴って，立哨《りっしょう》や巡回などの業務の他，防災センターにおける防災監視装置の監視や制御，それに基づく異常事態への緊急対応業務が重要性を増している．

このような状況から，防災センター従事者には専門的で，管理的な知識・技術が求められている．ビルメンテナンスでは，これらの警備業務および防火管理業務を設備管理や清掃管理などの常駐管理と一体となって遂行している．

なお，警備業は警備員の教育など警備業法に定められた一定の基準を順守できる認定業者だけしか営業することができない．また，防火管理業務には，消防計画の作成や各種の消防用設備の点検・維持管理などの業務があるが，これらは消防法の規定に基づいて実施される．

(2) 警備業法における警備業務

警備業について定めた警備業法では，次の4つを警備業務としている．

① **施設警備業務**

ビルや一般住宅，遊園地や駐車場などの施設を警備するもので，「1号警備」と呼ぶ．センサーなどを設置して，離れたところで監視する機械警備業務も含む．

② **交通誘導警備業務または雑踏警備業務**

工事現場での誘導警備，祭礼や催しものなど大勢の人出がある場所での誘導警備で「2号警備」と呼ばれている．

③ **輸送警備業務**

現金や貴重品，核燃料などの運搬を警備するもので，「3号警備」という．

④ **身辺警備業務**

いわゆるボディーガードのことである．「4号警備」と呼び，携帯型の端末で身辺を見守るサービスなども含んでいる．

「権限」と「権原」の違い

「権限」は，広く用いられる法令用語で，国，地方公共団体，各種法人または個人の機関やその代理人が法律上もしくは契約上なし得る行為の能力またはその範囲をいう．

例：知事の権限に属する事務，代理人の権限

一方，「権原」とは，ある法律行為または事実行為をすることを正当とする法律上の原因をいう．民法上，所有権者に対して，地上権・賃借権などを有する者の法律関係を表す場合の用語として多く用いられる．関連法令では，主に消防法で用いられる．

例：ある土地の上に樹木を植栽することは，植栽者がその土地の所有権者や土地の利用権者（地上権者・賃借権者）の場合には，それは正当な権原である．

第5章の問題

5.1～5.5 の記述の正誤を答えよ.

□ **5.1** 維持管理計画書とは，業務別に作業の実施についてまとめたものである.

□ **5.2** メンテナンスマネジメントは，企画・計画，運転・運用，保全，評価，経営管理という5つの流れに分けることができる.

□ **5.3** 耐用年数は，法定耐用年数のみと規定されている.

□ **5.4** 維持管理の積算には，原価計算は必要ない.

□ **5.5** メンテナンスマネジメント業務を分類すると，環境衛生管理業務，設備管理業務，建築物・設備保全業務，保安警備業務に大別できる.

5.6～5.8 について説明せよ.

□ **5.6** メンテナンスマネジメントに関連した用語の定義のうち，修繕，修理，補修についてまとめよ.

□ **5.7** メンテナンスマネジメントの見地からコミッショニングについて説明せよ.

□ **5.8** 法定耐用年数について説明し，主な建築・設備の耐用年数をまとめよ.

【解答例】

5.1 × 維持管理計画書とは，維持管理を適正に進めていくために必要なものである.

5.2 ○

5.3 × 耐用年数は，法定耐用年数と計画耐用年数の2つに分けることができる.

5.4 × 維持管理の積算では，原価計算が不可欠である.

5.5 ○

5.6 表5.3を参照.

5.7 5.1節の本文を参照.

5.8 5.1節の本文と表5.5を参照.

参考文献

1) セコム，田中毅弘編著，リスクとセキュリティを考える―ビルマネジメントの新しい知識，技術書院，2007

2) 松浦房次郎，田中毅弘，建築設備の維持管理，技術書院，1998

3) 田中毅弘，合格対策 ビル管理技術者（建築物環境衛生管理技術者）試験，地人書館，2020

第6章

ビルメンテナンスマネジメントの実践

本章では，ビルメンテナンスマネジメントの実践として，ビルメンテナンスマネジメント計画の効果と検討事項，計画の立案方法とその評価，ビルメンテナンスマネジメントの管理技術について述べる．

6.1　ビルメンテナンスマネジメント計画の効果と検討事項

(1) 効果的な計画

メンテナンスマネジメントの現場では，その契約内容やテナント特性，建築物用途・規模，設備の種類などによって，定期点検や日常点検を実施する時期，方法などが異なり，それらは予算によって，大きく左右される場合もありうる．

メンテナンスマネジメント計画は，このような制約条件のなかで最大の効果を発揮できるように，人・物・金の流れとそれらの組合せを考え，それらのベストミックスによる立案を行う．人という面では，メンテナンスマネジメントの方法が決まり，合理的に作業ができ，それに伴う適切な人員計画を立て，必要な人材が揃えられる．物という面では取替え・修理・点検計画ができ，能率が向上し，適切な在庫管理などが可能となる．また金という面では工数が明確となり，作業の平準化ができ，関連会社，協力会社への発注ミスなども防止できるなどの利点と効果を生むものである．

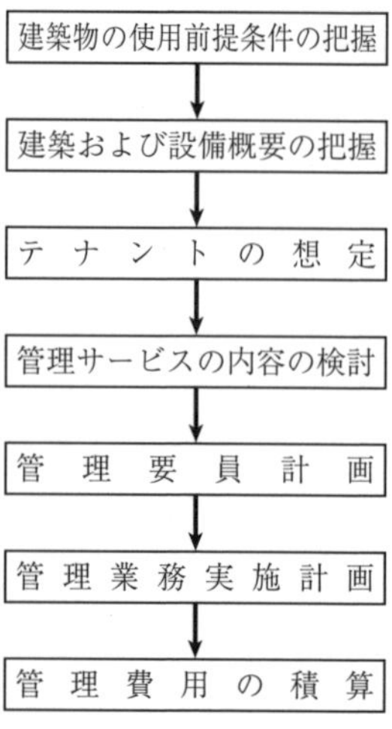

図 6.1　メンテナンスマネジメント計画のフロー

(2) 計画のフローと検討事項

メンテナンスマネジメント計画のフローを**図 6.1** に示す．各段階における検討内容や決定すべき事項を以下にまとめる．

①　建築および設備概要の把握

建築関係であれば，建築物の各種面積や，構造，内外装の材料，人の動線，各諸室の配置などであり，設備関係では熱源，空気調和，給排水・衛生，電気，防災のシステムや系統および各機器の仕様などである．これらのデータを設計図や機器リストによって，確実に整理・把握するとともに，管理上の諸問題や指摘事項をリストアップし，必要であれば設計内容を修正するように提案するべきである．

②　テナントの想定

具体的な入居テナントの業種やその構成，あるいは個々の入居者の執務形態（勤務時間帯，休日夜間体制，社員数，OA 機器の設置度など）や店舗の営業時間帯などを想定する．また，テナントとの工事区分，管理責任区分，費用負担区分を整理・作成しておかなければならない．特に，各種店舗および金融関係やコンピュータ関係のテナントは，自ら設備を設置したり，セキュリティに特別な配慮をすることが多く，上記の区分に関して厳密な基準が必要となる．また，テナントの想定には変更が生じやすく，フレキシビリティをもった計画とすべきである．

③　管理サービスの内容の検討

管理サービス内容の検討は，ビルの運用に関する事項として空気調和等の時間帯や期間等に関する事項，防災・防犯に関する事項，ビル内での禁止事項，その他届出事項などがある．これらのことは，テナントへのサービスに直結する部分とビルを利用するうえで守るべき規則である部分がある．

④　管理要員計画

運営管理を行うにあたっての組織・体制の基本として，係員の要員数・勤務時間帯・配置場所について検討する．また，自営か外注かという管理形態の選択もこの段階で検討しなければならない．

⑤　管理業務実施計画

日常の管理業務における詳細なメンテナンスマネジメント計画や保守点検仕様，あるいは清掃や警備業務の実施内容について，年間計画，月間計画，週間計画，個別工事計画などを立てることである．それとともに，委託会社への外注業務についても，その委託内容・委託方法の詳細を検討し，委託会社の選定や発注計画を作成する段階である．

⑥　管理費用の積算

以上によって作成された計画を前提として運営管理費用を計算し，設定された管理計画の費用面からの検証を行うとともに，コストの節約方法についても検討する必要がある．この作業は現実的には，前述した管理要員計画，管理業務実施計画のときにも，その都度行われているが，ここで算出された結果に基づき，管理サービス内容，管理要員計画および管理業務実施計画の見直しを行い，必要な部分は早急に修正していかなければならない．

6.2　計画の立案方法とその評価

(1) 保全方法の分類

メンテナンスマネジメントの計画を立てるうえで，どのような**保全方法**を取るかは重要なことである．メンテナンス方法は，基本的には次の3つに分類できる．

① 定期保全：適正な周期を決め，修理や取替えを行う．

② 予防・予知保全：点検で劣化の測定を行い，状況によって修理を行う．

③ 事後保全：故障，トラブルが発生してから修理する．

(2) メンテナンスマネジメント計画の種類

メンテナンスマネジメント計画は，その時期や特性によって，年間保全計画，月間保全計画，週間保全計画，個別工事計画の4つに分けることができる．またメンテナンス作業は，その内容によって，祝祭日等でないとできない作業，昼休みや残業時間等でできる作業，また設備等が運転中でもできる作業などに分類して検討する必要がある．なお，**図6.2**に建築設備を事例とした年間保全計画の一例示す．

① **年間保全計画**

据付けから廃棄までを見込んだ信頼性・保全性に関する維持管理計画である．特に予算がからみ，稼働率計画や外注，各種予備品の手配など，長期的な展望で点検，整備計画をする必要がある．年間保全計画の立て方としては，長期的展望に立った設備の信頼性・保全性保証計画なので，1年間の計画だけでなく，数年に一度の整備項目も，すべて網羅しておく必要がある．

② **月間保全計画**

年間計画に基づくもので，その都度，発生する故障対策や改善計画を織り込み，工事量と保全員数の平準化および手配の確実なフォローのために必要である．月間保全計画の立て方としては，年間保全計画を受けて，制約条件のなかで，どのように進めるかが重要であり，それが具体的な実行計画である．

③ **週間保全計画**

保全員個人単位の実施計画である．詳細は，次の（3）の進度管理のなかで説明する．なお，内容は月間保全計画に準じて作成する．

2○○○年度　○○○ビル　設備管理　年間保全業務スケジュール

件名＼月	4月	5月	6月	7月	8月	9月	10月	11月	12月	1月	2月	3月
受水槽 (年2回, 建築物衛生法)		●水質検査						●水質検査・清掃				
雑排水槽・汚水槽 (年3回, 建築物衛生法)		●清掃				●清掃				●清掃		
水質測定 (年2回以上, 建築物衛生法)		●清掃				●清掃				●清掃		
ビル管理審査報告 (年1回, 建築物衛生法)								●都道府県への報告				
吸収式冷凍機保守			●シーズン中		●シーズン中		●シーズン中			●シーズンオフ		●シーズンオフ
ボイラー性能検査 (年1回, 労働安全衛生法)							●日本ボイラー協会					
ボイラーバーナー保守			●					●			●	
ボイラー煤煙測定 (年2回, 大気汚染防止法)					●						●	
地下オイルタンク気密試験 (3年1回, 消防法)												
蓄熱槽清掃 (3年1回)											●	
中央監視制御盤保守				●―― BEMS, 制御機器 ――● (7月～9月)						●―BEMS, 制御機器―● (1月～2月)		
空気調和機 電気集塵器洗浄 (年1回, 建築物衛生法)								●―― 空調機31台 ――● (11月～12月)				
空気調和機 ロールフィルタ交換 (年2回, 建築物衛生法)		●						●				
休館日整備作業 (年1回)											●休館日	
誘導灯電池交換 (年1回, 消防法)							●					
消防法設備点検 (年2回, 消防法)						●機能：屋外消火栓, スプリンクラー, 防火用水, 泡消火, 粉末消火, 連結送水管, 厨房ガス警報, ボイラー中圧ガス等						●総合点検
防災設備点検 (年2回, 消防法)					●機能：自動火災報知器, 消火器, 排煙口, シャッター扉, ダンパ, 非常火災ベル等						●総合点検	
受変電設備保守 (年2回, 電気事業法)			●各機器点検整備(中央監視室)						●各機器点検整備(中央監視室)			

図 6.2　建築設備を事例とした年間維持管理計画書の一例

④　個別工事計画

個別工事とは，休止工事，定期修理工事，またはシャットダウン工事などのように，設備をある期間停止して行う工事を指す．設備・機器の定期修理や改造，オーバーホールなどのように，個別に日程計画を立ててフォローすべき工事計画のことである．なお，維持管理計画が決まると，保全資材や機器の応需計画が必要となる．特に外注する製品，大型の予備品，外国製部品などが問題となる．このような工事は，停止すると大きな損失となる場合が多いので，個別工事計画が必要とされる．

(3) 進度管理の方法

ここでは，**進度管理**の方法とその評価を週間計画の事例によって説明し，それらの作業指示およびフォローについて述べる．

週間計画において，個人別の作業割当てを行い，できるだけ1週間分が埋まるよう作業量を，まず準備する必要がある．メンテナンスマネジメントのリーダーは，下記のことに留意すべきである．

①　工数見積を行い，個人別の作業工数の山積みを作成する．
②　作業指示は，個人の技能にあわせる．
③　2～3人組作業は組合せを考え，人材育成を図る．
④　手配業務のフォローをする．
⑤　突発故障による手あき防止のため，改善作業や，いつまでもできる作業を用意する．
⑥　工数見積と実績の差異をつかみ，見積精度を上げるように努力する．
⑦　計画を変更させる要因を分析し，対策を立てる．

(4) メンテナンスマネジメントの計画の評価

メンテナンスマネジメントは，計画・設計，施工でつくり込まれた品質を十分に発揮させる活動ともいえる．その活動を効果的，経済的に実施するため，目標を定めて，その目標に対しての評価と，その評価を踏まえた新たなる計画・設計や次年度以降のメンテナンスマネジメント等への改善，フィードバックへと持続的に発展するような評価のしくみを構築することが望ましい．以下に，メンテナンスマネジメント活動の評価の主なねらいを挙げる．

①　維持管理活動の目標を明らかにし，その目標に対する成果を測定し，業績を評価する．
②　評価結果によって，技術上の改善点を発見し，対策を施すことによって，さらに効果的な活動につなげる．

③ 業績測定の難しさはあるが，効果測定等によって，担当した技術者の意欲向上にもつながる．

④ 評価における成果をステークホルダー（利害関係者）に伝達し，周知徹底するとともに，正当な評価を提示する効果がある．

なお，メンテナンスマネジメント評価指標の一例（空気調和設備の例）を**表 6.1** に示す．

表 6.1 維持管理評価指標の例（空気調和設備を一例とした）

種別	指標	内容
空気調和設備	信頼性	温度・湿度・じん埃などが決められた条件から逸脱した時間が，全体の運転時間のなかでいくらあったか．
		空気調和設備の故障で運転できなかった時間の合計が，全体の運転時間のなかでいくらあったか．
	保全性	空気調和設備の故障停止時間が何時間あったか．
管理活動	サービス	テナントからのクレームの件数はいくらあったか，クレームの平均修復時間はいくらかかったか．
	コスト	維持管理のコストはいくらかかったか，修繕費·更新費はいくらかかったか．
	エネルギー	電気，水道，ガスの使用量はいくらであったか．

6.3 ビルメンテナンスマネジメントの管理技術

ビルのメンテナンスマネジメントの管理技術の主な内容をまとめると，

① 環境管理

② エネルギー管理

③ 保全費管理

④ 資機材管理

⑤ 保全情報管理

に分けることができる．以下にそれらの管理技術の留意点をまとめる．

(1) 環境管理

① 環境管理の目標

環境管理の目標の定め方は，質と量との 2 つの視点がある．質の視点とは，各環境対象要素に関して，その最適値を決めることである．一方，量の視点は，一定の満足できる質の環境をどれだけ多数の居住者が享受できるかという見方である．環境の最適値というものは相対的なものであって絶対的に 1 つに定まるものではない．

このことは日常よく体験するところであり，ある個人を取ってみても年齢，健康状態，ふところ具合，社会・環境認識の変動に応じて，たとえば，冷暖房に対する要求も異なってくる．したがって，環境管理の基本は，量の視点，すなわち，最大多数の最大幸福という原理を満たすことが，まず第一である．そのなかでビルオーナー，テナント，さらには社会の要請にしたがって全体の質を高めることが必要といえる．

その次に発生するのは，環境との生理的心理的反応に対する個人差に対応することである．これは，たとえば，スマートビルの空気調和・照明などの整備環境に対する必要条件のようになっているが，本来はそれに限らず，いかなるビル環境にも適用されねばならない概念である．

② ビルメンテナンスと人間の生活環境基準

基本的には，ビルメンテンナンスは建築物衛生法の基準を遵守するべきものである．しかしながら，この基準は最低限遵守すべきものであり，元来，以下の3種類の人間の**生活環境基準**がある．

1） **環境生理基準**：環境に対して，人体の生理的反応もしくは感覚の度合いを定める条件の水準

2） **環境設計基準**：生理基準をもとに，経済性，技術上の水準など諸条件を考慮した設計上の水準

3） **環境維持基準**：在室者が健康的に作業・生活を続けるために室内環境の諸要素が維持されるべき水準

また，室内環境を質的レベルに分けると次のようになる．

1） 最適レベル：実現可能な最適の水準

2） 中間レベル：最適レベルと許容最低レベルとの中間の水準

3） 許容最低レベル：人間の安全，健康を確保するために必要な最低基準で，法的基準はこの段階である

以上3段階の基準と質的レベルの組合せによって環境づくりを行う必要があり，これにはフィードバック的要素を考え，設計変更，設備，運転方式の改善が行われるべきである．

③ 環境管理の主なマネジメント項目

本書では，ビルマネジメントを取り扱うという趣旨から，ビルの環境管理のマネジメント項目のみを以下に列挙する．なお，それらの数値等の詳細については，類書等を参照されたい．

1） 建築物衛生法の基準

2） 空気環境管理（空気汚染，換気基準）

3)　光の環境管理（日照・日射，採光，明視の要件，推奨照度）

4)　給排水・衛生の環境管理（給水の管理，排水の管理）

5)　公害防止関連法規に基づく環境管理

6)　自主的な環境管理

(2) エネルギー管理

①　通称，省エネルギー法に伴う届出と報告義務

通称，省エネルギー法によって，特に住宅・建築物分野では，一定規模以上の非住宅建築物の新築・増改築を行う場合に加え，住宅についても届出対象とするとともに，大規模修繕等を行う場合にも省エネルギー措置の届出を義務づける等の対策が強化された.

対象となる住宅・建築物は，所管行政庁へ省エネルギー措置の届出をし，届出を行った住宅・建築物については，所管行政庁へ届出に係る措置の維持保全の状況の定期報告書を提出することが義務づけられている.

主に，対象となる住宅・建築物において，新築・増改築とともに，外壁等の大規模修繕・模様替え，空気調和設備等の設置・大規模改修を行う場合には届出の対象となる．なお，ここでいう大規模修繕・模様替えは，建築基準法で規定されている内容に準ずるとされている.

②　ESCO（Energy Service Company）

ESCO 事業は，省エネルギー改修工事のひとつの形態であり，米国で 1970 年代に発祥し，わが国では 1990 年代後半から，新しい形のビジネスとして発展した. ESCO 事業の 3 つの特徴は，以下の通りである.

1)　光熱水費の低減分ですべての経費を賄う.

2)　低減エネルギー量，低減光熱水費を ESCO 事業者が保証する.

3)　省エネルギーに関する包括的なサービスを ESCO 事業者がすべて行う.

つまり，ESCO 事業者は，事業の遂行にあたり，顧客との間において，エネルギーサービス契約を締結し，一定期間の省エネルギー効果が保証される.

図 6.3 に ESCO 事業における光熱水費低減による利益配分イメージを示す. ESCO 事業の包括的なサービスは，以下の 5 点にまとめられるが，これらのすべてまたはそれらの組合せで構成される.

1)　省エネルギー方策発掘のための診断・コンサルティング

2)　方策導入のための計画立案・設計施工・施工管理

3)　導入後の省エネルギー効果の計測・検証

4)　導入した設備やシステムの保守・運転管理

5)　事業資金の調達・ファイナンス

ESCO事業の契約形態については，**ギャランティードセイビングス契約**および**シェアードセイビングス契約**の2種類が代表的である．**図6.4**に，これら2つの契約形態の資金フローを示す．

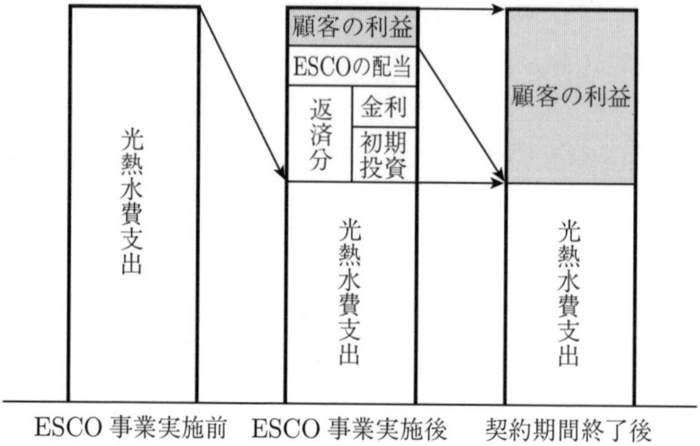

図6.3　ESCO事業における光熱水費低減による利益配分イメージ

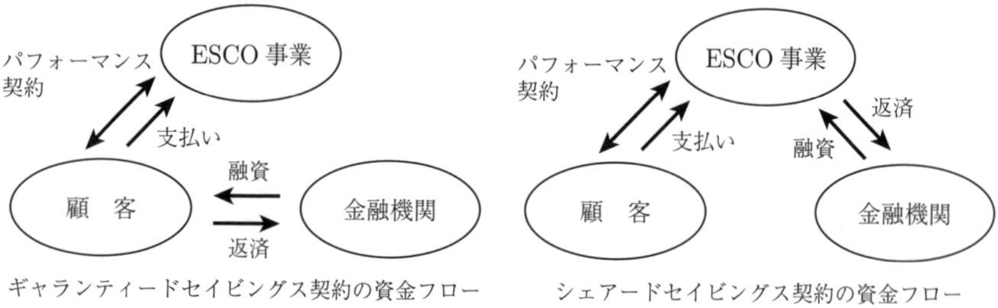

図6.4　ESCO事業における2つの契約形態の資金フロー

(3) 保全費管理

保全費とは，どのような費用を指すのであろうか．税務の取扱いにおける保全費は「設備の性能を維持復元させるための経費処分しうる範囲の支出である」とされている．保全費は，経理面では「経費支出」としており，一般には修繕材料費，修繕労務費および支払い修繕費（外注，協力会社修繕費）などに分類できる．予算管理面からみた保全費の分類を**図6.5**に示す．

保全予算の見積の代表的な方法を**表6.2**に示す．それらの見積方法によって，保

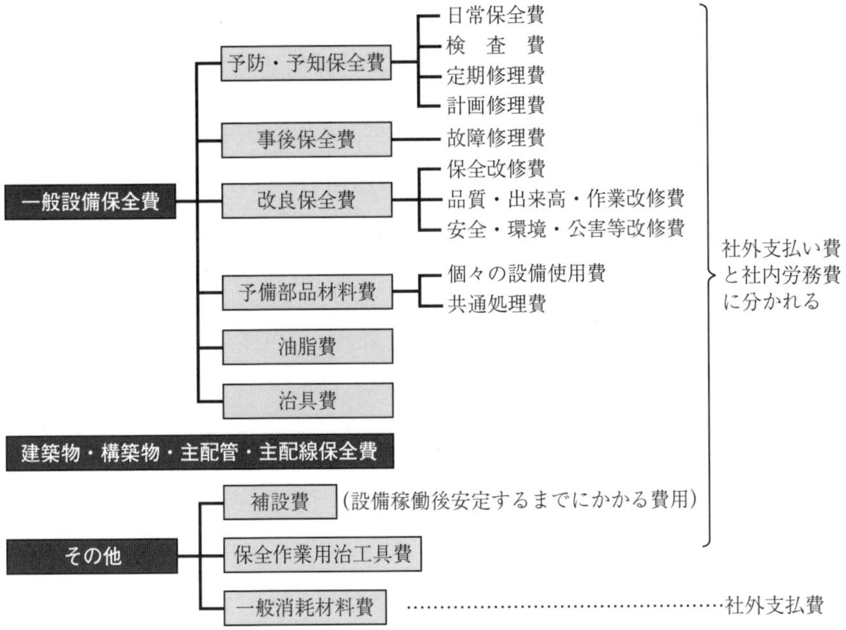

図 6.5　予算管理面からみた保全費の分類の一例

表 6.2　代表的な保全予算の見積方法

見積方法	内　　容
実績見積法	前期実績値をベースとして，稼働率などの条件変化を加味し，若干のプラス・マイナスをして見積る推定方法である．修繕費は，稼働率などに比例して増減させない場合に使われる方法である．
修繕費レート方法	設備価格に，過去の実績から求められた修繕費 % を掛けて求める方法である．たとえば，設備の取得価格の 6% であったとすれば 5,000 万円の設備の場合，$5000 \times 0.06 = 300$ 万円と見積る方法である．
原単位積算法	設備運転時間，エネルギー消費量（電力・ガス・油など）と修繕費との実績資料による相関図を作成し，それらを利用して見積る方法である．たとえば，$y = ax + b$ として，y を求める予算額，x を設備運転時間，エネルギー消費量などの尺度値，a を尺度値単位当たりの修繕費，b を固定金額として求めるものである．
ゼロベース方式	修繕費を構成する部品，工数など個々の部分ごとに詳細に見積り，合計として予算を組む技術的積上げ方式である．これには保全カレンダー（年間整備計画）をベースにして 1 件ごとに見積り，その積上げによる物量計算によって算出することが望ましい．経費節減の必要性から盛んに提唱されている．いわゆるゼロベース予算方式である．
混合方式	上記の混合方式で，それらを適宜，使い分ける方法である．

全予算の編成を行う．以下に，保全予算の編成作業，保全予算管理上の留意点をまとめる．

① 保全予算の編成作業

保全費は，経理上の扱いは経費支出であって，資本的支出である設備予算と区別して取り扱われる．すなわち税務会計上は，固定資産に計上される資本的支出と，経費処理される修繕費などの保全費とは明確に仕分けすべきである．しかし，技術上の取扱いとしては，改造・修理・更新などの混合した工事が多く，資本的支出を取り扱う設備予算に関連して，保全費予算を同時に検討することが必要となる．実際には，**図 6.6** に示すように経営方針・経営計画から予算割当額が示され，一方，個別の保全計画の積上げなどから算出した前述した見積方法による予算要求額が提出される．そして，この両者の調整が**予算編成作業**と呼ばれるものである．

② 保全予算管理上の留意点

〈計画段階〉

1） 予算についての考え方

設備性能・効率の向上・保全費用の低減による利益向上のために，どう資金をか

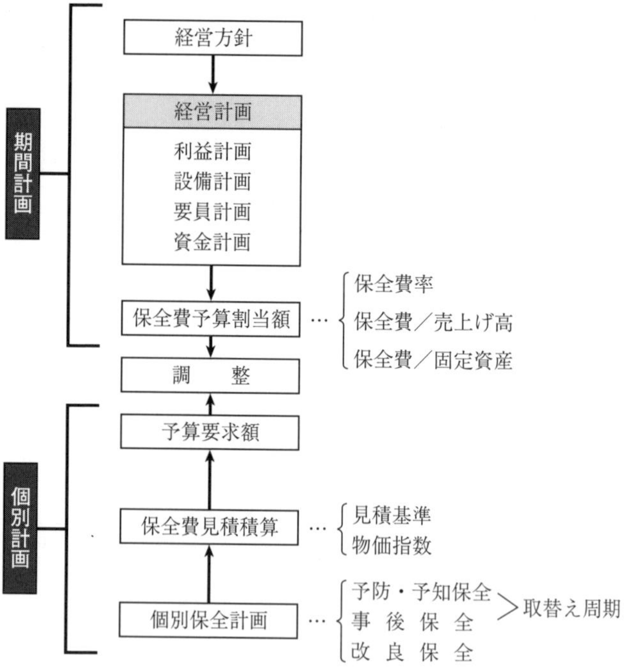

図 6.6　保全費の予算編成フロー

けるかは経理部門だけの仕事ではない．資金をどうかけて，どのように効果を上げるかの中・長期的な方針・計画をはっきりさせて，それに基づいた保全計画で予算枠をつくることが大切である．

2)　費用の使用目的区分を明確にする

上記 1）を実施するためには，予算編成だけでなく，支出実績について使用目的区分を明らかにし，そのなかで，特に改善に力を入れて全体額を下げていくことが大切である．一時的には特別予算による場合もありうる．

3)　投資採算計画を行う

改善計画については，個々に効果をはっきりさせて，投資採算計算（概算でもよい）を行うこと．

〈実施段階〉

1)　保全計画は確実に消化する

計画が忘れられたり，遅れたりでは意味がない．改善などの主要計画は，年間保全カレンダーに入れて，担当者・工程をはっきり決めておき，その実績を把握することが大切である．

2)　予算は固定ではない

稼働状況の変化や改善項目の追加・変更は日常行われる．予算がないから，人がいないからということでは前進はできない．つねに経営環境を考え，かける費用と期待効果，すなわち採算を武器に保全計画（カレンダー）の変更や予算変更の要求決断と実行障害の除去が大切である．

3)　保全の技術・技能のレベルを高める

計画の実行遅れや予想通りの効果が出ないのは，実行段階（準備を含む）での技術発揮不足が原因である場合が多い．関係部門技術者のレベルアップを図ると同時に，社内外の技術情報活用に努める．

〈評価段階〉

実施効果は必ず評価し，関係部門等に報告する．

(4)　資機材管理

①　保全資材管理の意義と目的

すべての材料を必要に応じて発注し，作業着手の直前に，信頼性の高い材料を入手することができるならば，在庫をもつ必要性がない．すなわち貯蔵倉庫をもつことなく運転資金や管理費が節約される．しかしながら在庫ゼロが理想であるが，現実には困難な面が多く，ほとんど維持管理現場の場合，ある程度の常備品は在庫している．

保全資材管理の目的は，保全を効果的に行うために，部品・材料などの諸資材を入手・保管・払出しを経済的に行うことにある．

② 保全資材管理の管理状態のチェック

管理状態を判断するには，必要な予備品を正常な状態で，どのくらいの時間（何分何秒）で必要な場所までもって来られるかをみればわかる．すなわち，保全員ひとりひとりが自分の担当する設備に関する予備品は，どの倉庫のどの棚にいくつあるかを常日頃から熟知しておく必要がある．

③ 常備品目の決め方

1) 現有予備品の調査整理

一般に管理が不十分だと，持ち過ぎになる場合が多い．これを**図6.7**の考え方をもとにして，常備の必要性を検討するとよい．もちろん検討した結果，余剰品，不良品，不用品と判断した場合には，それらを摘出処分することが先決である．

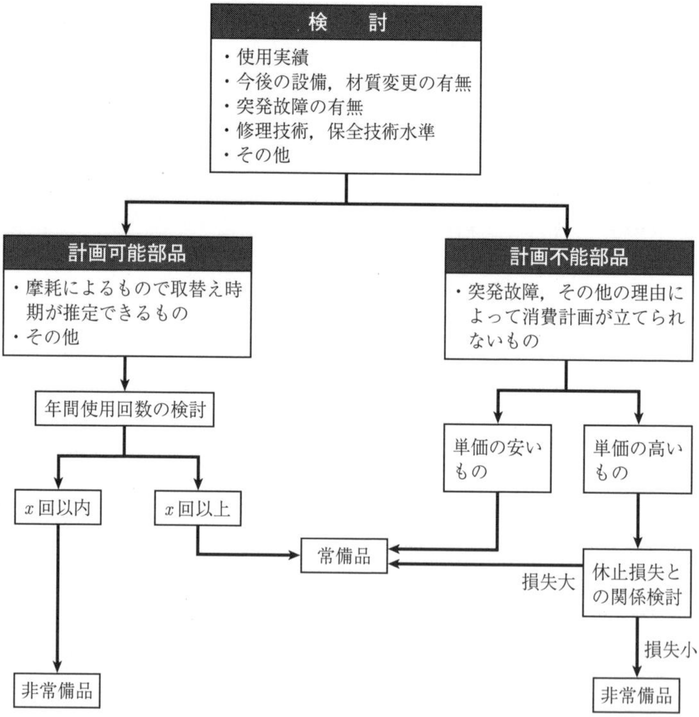

図6.7　常備品目決定の考え方

2) 保全常備品目の決定基準

保全資材で次のような特性がある場合は，常備品に指定したほうがよい．ただし，この基準は関係者が十分納得したうえで作成し，また一品ごとの検討過程で修正されるべき性質のものである．

・突発故障に備えるべき資材
・計画は可能であるが，年間払出し回数が3～4回以上
・計画は可能であるが，修理周期内で突発故障のおそれがある場合
・突発修理のための代替部品で，それが修理再生される場合
・計画は可能であるが，購入期間が計画修理間隔よりも長い場合

④ 予備品数量の決め方

1) 予備品数量の計算区分

全常備品を同一の方法で管理すると，在庫過剰になる場合が多い．したがって，予備品は消費のタイプによって3つの形式に分けられる．

・定量形：注文点に達すると一定量を注文する．注文量は経済ロットで決まる．年使用頻度の高いものに適用できる．
・定数形：使用すればその分だけすぐ注文し，一定数を常備する．この方法は注文回数が増加し，購入コストがかさむことから単価の高いものに適用できる．
・循環備品：修理，再利用を繰り返し使用される部品で，高価なものは中古品などの在庫回転率向上を図る必要がある．

2) 循環部品の標準

・再生品を含め，すぐ使えるものはいくつあったらよいか．
・在庫（新品＋再生品）がいくつ以下になれば注文するか．
・どれだけ注文するか．

⑤ 保管方法

管理コストのかからない管理状態を実現し，それを維持するための現物の保管方法の改善が最も必要となっている．この改善の良否が部品管理の成否を決定する．

⑥ 購入方法

都度発注方式と，業者との単価契約による方式がある．

⑦ 補充方式

つねに一定の在庫を保有し，必要量を出庫する常備品方式と，必要の都度購入請求を行う個別発注方式，すなわち非常備品とに分類できる．なお，常備品方式は，補充方式によって定量発注方式，定期発注方式，定数発注方式がある．

(5) 保全情報管理

保全記録は，日常の保全業務の情報源となり，しかも保全業務が多種多様であることから，保全記録の種類が多くなってしまい，記録だけに終止してしまうことが多いので注意しなければならない．したがって，保全記録をとる目的において，何を管理するか？　何に活用するか？を，明確にしておくことが必要である．つまり，現場の管理水準に合わせた種類と内容による保全記録の取り方が肝要である．

① 設備改善のための保全記録

1) 故障回数を減らすための保全記録

これは，突発故障を減らすため，発生した故障から，その原因把握と改善項目選定のために行う記録である．そのためには，日々発生した故障の1件ずつについて，その原因，処置，再発防止策および類似箇所への予防対策などについて，できるだけ詳しく記録することが大切である．

2) 短時間で修復するための保全記録

一般的に故障したシステム，設備や部位を修理し，正常運転（応急処置による場合もありうる）までに要する時間を分析すると，**図6.8**のように表すことができる．この図からもわかるように，故障したシステム，設備や部位を短時間で修理するためには，その修理方法の改善，予備品管理の徹底はもちろんのこと，その設備を取り扱っているオペレーターの的確な状況判断と情報伝達が強く要求される．

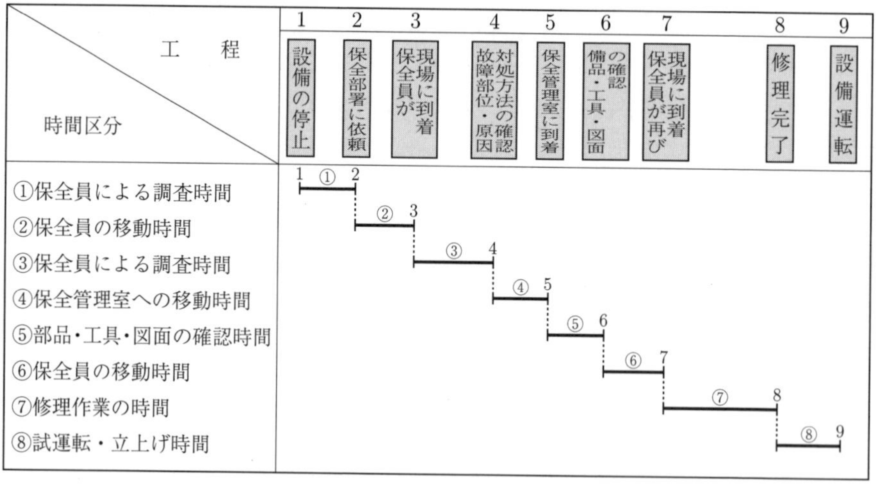

図6.8　故障から立上げまでの時間区分

②　保全費削減のための保全記録

保全記録は，保全費削減のために有効な手段となる大切な記録でもある．たとえば，点検，検査，潤滑油などの使用状況，故障の修理，計画整備，部品交換，設備改善などが，システム，設備，部位単位でどれだけ行われているかを把握し，保全費削減に用いるのである．

③　保全記録の取り方とそのポイント

1）　5W1H をもれなく記入すること

・When　：いつ記入するのか，毎日か，毎月か，その都度か
・Where：どこで記入し，管理するのか
・Who　：だれが記入するのか
・What　：何を記入するのか，その内容は何か
・Why　：なぜ記録するのか，その活用目的は何か
・How　：そのように，文字か，数字か，スケッチか

2）　故障記録の取り方の注意点

故障記録は，今後の故障を減らすため，また故障を短時間で修復するための改良改善計画に活用するなど，きわめて大切な記録である．以下，その記録の取り方についての注意点をまとめる．

・故障の現象を明確にする
・故障に至る異常兆候の把握
・スケッチで示す

④　保全記録の種類と目的

保全活動はつねに効率的に行い，その実施結果は，次の保全計画へフィードバックされ，活用されなければならない．つまり，Plan → Do → Check → Action の管理のサイクルを繰り返すことによって，進歩し，向上していくものである．特に Action → Plan の橋渡しが重要である．

保全記録を保全活動の機能と，管理サイクルの各段階に分けて，フローチャートで示すと，**図 6.9** のようになる．

⑤　保全情報の体系

保全情報を体系化することは大変難しいことであるが，基本的には，Plan → Do → Check → Action の管理サイクルをまわしながら，組織的かつ効率的に改善活動をする必要がある．

つまり，

1）　保全計画のもとである保全標準の設定

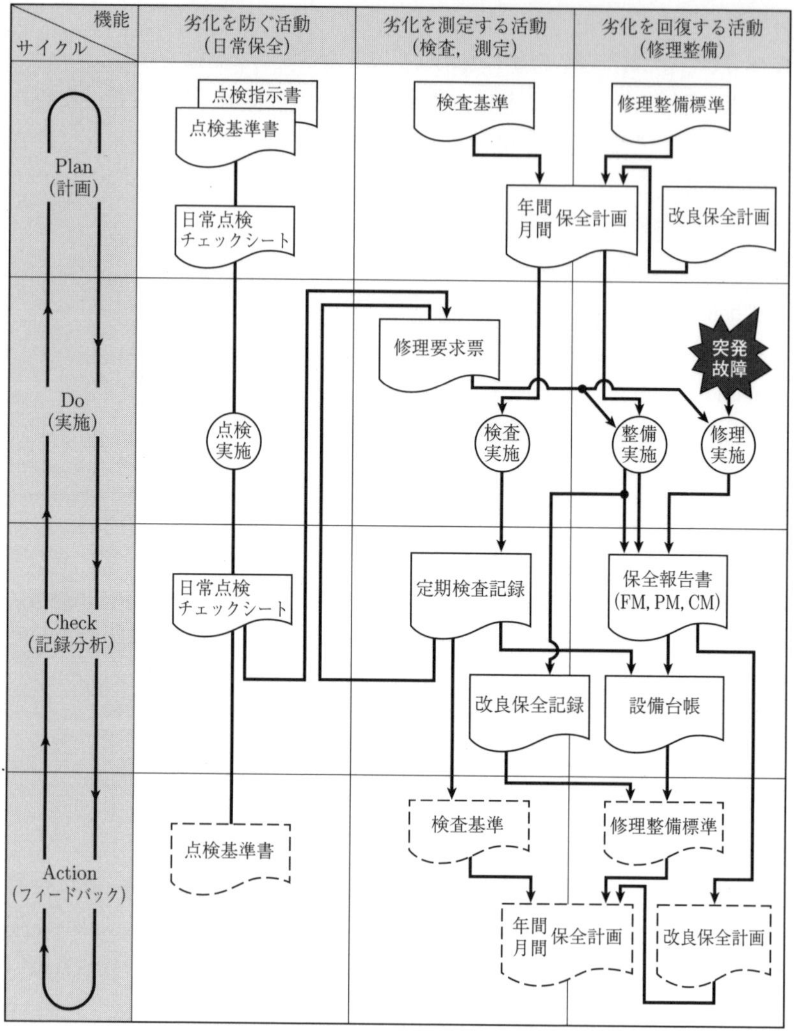

図 6.9　保全記録〜実施のフローチャート

2）　保全実施のための技術的な指導，援助

3）　保全効果の把握，改善計画の立案

4）　改善計画の実施

5）　新標準の設定

⑥　保全情報のデータベース化とその活用

ビルにおける **BEMS** 化やパーソナルコンピュータ，ネットワーク技術の向上，

市販ソフトの機能向上などで，保全情報管理も自動化されつつある．

保全情報の自動化には，大きく分けると設備状況をリアルタイムに把握する「モニタリング」と，設備履歴，故障履歴，予備品管理，安全実施記録などの「データ管理」がある．それらの必要性は，設備の状態をつねに把握し，異常を察知し，異常が発見された場合の早期回復，異常防止のための定期的な補修や計画管理など，多くの管理が必要であることによる．

6.4　メンテナンスマネジメントの展望

メンテナンスマネジメントの展望として，大きく2つの内容がある．ひとつは，メンテナンスマネジメントのシステム化であり，もうひとつは設計へのフィードバックである．

(1)　メンテナンスマネジメントのシステム化

第1章1.1節で示されているビルマネジメントにおける空間マネジメントのなかでも，メンテナンスマネジメントの占めるウエイトは大きい．しかしながら，そのシステム化がなされていないことが多く，メンテナンスマネジメントの高度化に対応できていない場合もある．システム化に際しては，第2章で取り上げたリスクマネジメントの内容を，メンテナンスマネジメントの視点に立って，円滑に運用・運営することはもちろんのこと，それらのマネジメントの要素を，P-D-C-A（Plan-Do - Check - Action）のいわゆる管理（マネジメント）サークルのしくみを保全情報管理と並行して行うことが望ましい．なお，**図 6.10** に，メンテナンスマネジメントにおける管理サークルの一例を示す．

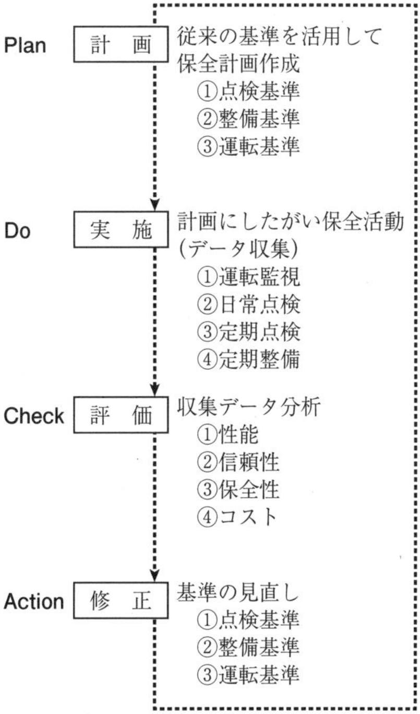

図 6.10　メンテナンスマネジメントにおける管理サークルの一例

(2)　設計へのフィードバック

建築・設備のメンテナンスマネジメントは，その設計段階において，ほぼ決定されてしまうといっても過言ではない．たとえば，設計段階で，システム，機器が発生する可能性がある故障の90%を検出できることを目標としたとすると，メンテナンスマネジメントでは残り10%の検出をめざすとともに，システム機器の稼働率を下げないように，日夜，日常点検や定期点検を励行する必要がある．メンテナンスマネジメントの基本は，故障などのトラブルへの事前検出，規定時間内の現状修復が大きな任務であるとともに，それらのトラブルを二度と繰り返さないために，設計へのフィードバックを積極的に行うことが，これからのメンテナンスマネジメントには不可欠といえる．なお，**図6.11**に保全性・信頼性を意識した設計実施手順をまとめる．

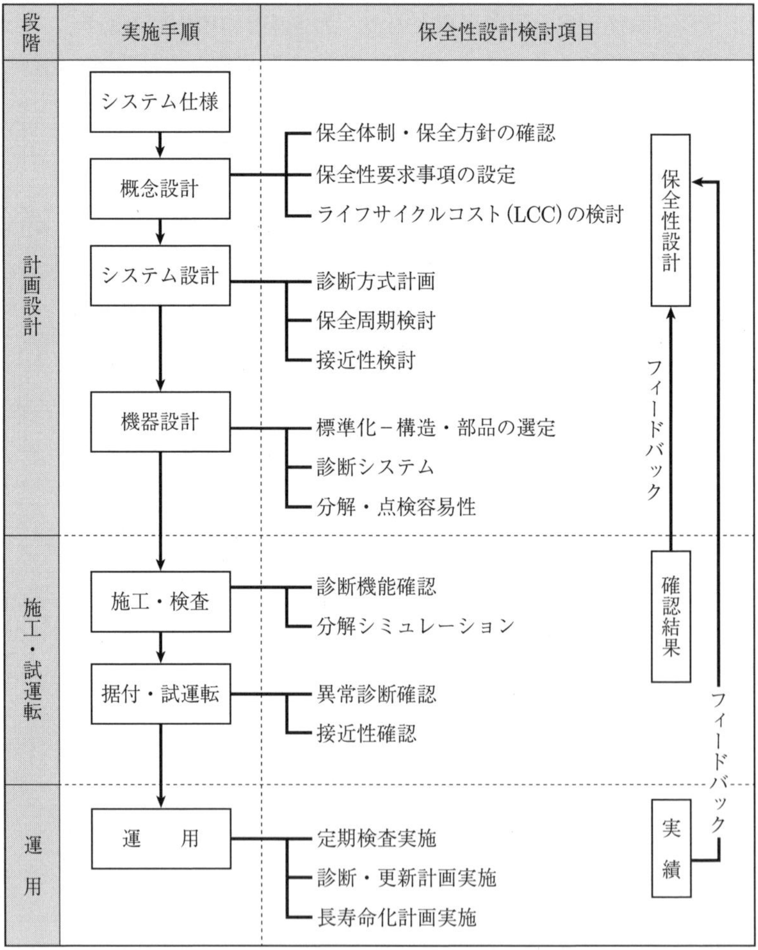

図6.11　保全性設計実施手順

第6章の問題

6.1 ～ 6.5 の記述の正誤を答えよ.

□ **6.1** 保全方法の分類は，定期保全，予防・予知保全，事後保全に大別できる.

□ **6.2** ビルのメンテナンスマネジメントの管理技術は，環境管理とエネルギー管理に大別できる.

□ **6.3** ESCO 事業は，省エネルギー改修工事のひとつの形態である.

□ **6.4** 保全記録の取り方では，5W1H が重要である.

□ **6.5** メンテナンスマネジメントにおいて設計へのフィードバックはきわめて重要である.

6.6 ～ 6.8 について説明せよ.

□ **6.6** メンテナンスマネジメント計画を種類別に分類し，説明せよ.

□ **6.7** 人間の生活環境基準について説明せよ.

□ **6.8** ビルのメンテナンスマネジメントにおける保全性・信頼性を意識した設計実施手順をまとめよ.

【解答例】

6.1 ○

6.2 × ビルのメンテナンスマネジメントの管理技術は，環境管理，エネルギー管理，保全費管理，資機材管理，保全情報管理に分類できる.

6.3 ○

6.4 ○

6.5 ○

6.6 6.1 節の本文を参照.

6.7 6.3 節の本文を参照.

6.8 図 6.11 を参照.

参 考 文 献

1) セコム，田中毅弘編著，リスクとセキュリティを考える―ビルマネジメントの新しい知識，技術書院，2007

2) 松浦房次郎，田中毅弘，建築設備の維持管理，技術書院，1998

第７章

ビルマネジメントを支える衛生行政

本章では，ビルマネジメントを支える衛生行政として，建築物衛生法と関連の法律をまとめたうえで，公衆衛生と衛生行政組織，建築物衛生法における特定建築物の定義，環境の管理に関する法律，生活衛生関連営業，その他の法律について解説する．

7.1　建築物衛生法と関連の法律

7.1.1　建築物衛生法の概要

(1)　建築物衛生法の目的と関連事項

建築物衛生法は,従来は「ビル衛生管理法」や「ビル管理法」とも呼ばれていた．

建築物衛生法の目的は，「多数の者が使用し，または利用する建築物の維持管理に関し，環境衛生上必要な事項を定め，その建築物における衛生的な環境の確保を図り，もって公衆衛生の向上および増進に資すること」である（法第１条)．

建築物衛生法は，建築物の維持管理の総合的な規制であり，運用にあたっては建築基準法,労働安全衛生法,学校保健安全法,環境基本法を始め,水道法,浄化槽法,廃棄物処理法，下水道法，感染症予防法，消防法等の多くの法規が関連している．

7.1.2　学校保健安全法

学校における児童生徒等および職員の健康の保持増進を図るため，学校における保健管理に関し必要な事項を定めるとともに，学校における教育活動が安全な環境において実施され，児童生徒等の安全の確保が図られるよう，学校における安全管理に関し必要な事項を定め，もって学校教育の円滑な実施とその成果の確保に資することを目的とした法律である．なお,「学校保健法等の一部を改正する法律」(平成 20 年 6 月 18 日法律第 73 号）によって，2009 年（平成 21 年）4 月 1 日，学校保健法から学校保健安全法に改題され，学校における安全管理に関する条項が加えられた．なお，学校保健安全法の所管は文部科学省である．

7.1.3　労働安全衛生法

(1)　目的

この法律は，「労働基準法と相まって，労働災害の防止のための危害防止基準の確立，責任体制の明確化および自主的活動の促進の措置を講ずる等その防止に関する総合的計画的な対策を推進することにより，職場における労働者の安全と健康を確保するとともに，快適な職場環境の形成を促進すること」を目的とする．

(2)　適用

労働安全衛生法は，労働者という集団を対象として工場等，特定の作業場における環境条件等を定めている．工場等は建築物衛生法の特定建築物から除外されているが，事務所の建築物の環境衛生管理については，労働安全衛生法と建築物衛生法の2つの規制を受けることになる．

労働安全衛生法に基づき，事務所衛生基準規則が定められており，この規則においても，建築物衛生法と同様に，事務室の空気環境や照度の基準が示されている．

7.2　公衆衛生と衛生行政組織

7.2.1　健康，公衆衛生，健康危機管理の考え方

(1)　健康の定義

公衆衛生の専門機関としては，**世界保健機関**（**WHO**：World Health Organization）がある．その世界保健機関（WHO）憲章は，1946年7月22日にニューヨークで61か国の代表によって署名され，1948年4月7日から効力が発生した．日本では，1951年6月26日に条約第1号として公布された．その中で，健康に関してのWHO憲章の定義は有名である．つまり，健康の定義は，「**身体的，精神的および社会的に完全に良好な状態にあることであり，単に病気または病弱でないということではない**」と，健康に関連する権利が不可分かつ相互依存であることを示している．

(2)　公衆衛生の考え方

アメリカの近代公衆衛生学の始祖といわれる**ウィンスロー**によって，「公衆衛生とは，環境衛生の改善，伝染病の予防，個人衛生を原則とした個人の教育，疾病の早期診断と治療のための医療と看護サービスの組織化，および地域社会のすべての人に健康保持のための適切な生活水準を保障する社会制度の発展のために，共同社

会の組織的な努力を通して疾病を予防し，寿命を延長し，肉体的・精神的健康と能率の増進を図る科学であり，技術である」と定義されている．

(3) 健康危機管理

健康危機管理とは，「医薬品，食中毒，感染症，飲料水その他何らかの原因により生じる国民の生命，健康を脅かす事態」のことである．さらに，この事態に対する発生予防，拡大防止，治療等に関することも健康危機管理という．

(4) 日本国憲法第25条

わが国の日本国憲法の条文の中で，第25条は，公衆衛生および衛生行政に関わりがある条文といえる．この第25条では，社会権のひとつである生存権と，国の社会的使命について，「国は，すべての生活部面について，社会福祉，社会保障及び公衆衛生の向上及び増進に努めなければならない」と規定し，すべて国民は，健康で文化的な最低限度の生活を営む権利を有することを示している．

この条文にいう健康とは，精神的にも肉体的にも病気でないことである．国民が，社会生活を営むうえで，その能力を最大限発揮するためには，最低限の生活環境が補償されなければならない．そのため，建築物衛生法や学校保健安全法の基準を定め，所有者や管理者に責務を課している．国民の社会の権利として重要な条文といえる．

7.2.2 地域保健法と保健所の事業

(1) 地域保健法の目的

この法律は，「地域保健対策の推進に関する基本指針，保健所の設置その他地域保健対策の推進に関し，基本となる事項を定めることにより，地域保健対策に関する法律による対策が地域において総合的に推進されることを確保し，もって地域住民の健康の保持および増進に寄与すること」を目的とする．

(2) 保健所の事業

建築物衛生法第3条においては，保健所の業務として，多数の者が使用し，または利用する建築物の維持管理について，①「環境衛生上の正しい知識の普及を図ること」，②「環境衛生上の相談に応じ，環境衛生上必要な指導を行うこと」を定めている．

地域保健法に定める保健所の業務は，次の事項についての企画・調整・指導および必要な事業を行うことである．

① 地域保健に関する思想の普及および向上に関する事項
② 人口動態統計その他地域保健に係る統計に関する事項
③ 栄養の改善および食品衛生に関する事項
④ 住宅，水道，下水道，廃棄物の処理，清掃その他の環境の衛生に関する事項
⑤ 医事および薬事に関する事項
⑥ 保健師に関する事項
⑦ 公共医療事業の向上および増進に関する事項
⑧ 母性および乳幼児ならびに老人の保健に関する事項
⑨ 歯科保健に関する事項
⑩ 精神保健に関する事項
⑪ 治療方法が確立していない疾病その他の特殊の疾病により，長期に療養を必要とする者の保健に関する事項
⑫ エイズ，結核，性病，伝染病その他の疾病の予防に関する事項
⑬ 衛生上の試験および検査に関する事項
⑭ その他地域住民の健康の保持および増進に関する事項

7.2.3 保健所の組織と業務

(1) 組織

わが国の衛生行政の組織としては，国（厚生労働省）→都道府県（衛生主管部局）→保健所→市町村（衛生主管課係）という一貫した体系ができている．

保健所には，都道府県が設置するものの他，政令市および特別区には直轄の保健所が設置されている．これらの政令市および特別区では，国→政令市・特別区→保健所という体系となっている．

保健所の組織は，住民に対する業務（**対人保健サービス**）と，建築物や，物品に対する業務（**対物保健サービス**）に分けることができる．

建築物に関するものとして，食品衛生，環境衛生，獣医衛生，薬事衛生からなるが，これらは，営業許可申請に基づく許可や不許可，許可後の監視指導，営業許可の取消しなど，強い権限をもっている．

(2) 健康危機発生時の対応

保健所は，広域災害・救急医療情報システムを活用し，患者の診療情報等，患者の生命に係る情報収集および提供を行う．あわせて健康被害者に対する適切な医療を確保するための支援措置等を図る．また，管内の市町村に対して法令に基づき，健康危機管理を適切に行う．

(3) 地域保健対策の推進

① 生活衛生対策：都道府県や特別区等は，生活対策の中で，浴場業，旅館業の営業者，建築物衛生法に規定する維持管理権原者に対して，規定を設けている．

② 食品衛生対策：生活衛生対策と同じように，健康危機管理機能を強化するとともに，食中毒等飲食に起因する事故に対して，関係部局と連携をとる．

③ 産業保健の連携：保健所が，医療機関や健康保険組合，労働基準監督署，地域産業保健センター等から構成する連携推進協議会を設置し，組織間の連携を推進する．

7.3 特定建築物の定義

7.3.1 法令による定義

(1) 特定建築物とは

建築物衛生法第２条において，特定建築物が定義されている．『この法律において「**特定建築物**」とは，興行場，百貨店，店舗，事務所，学校，共同住宅等の用に供される相当程度の規模を有する建築物（建築基準法第２条第１号に掲げる建築物をいう）で，多数の者が使用し，または利用し，かつ，その維持管理について環境衛生上，特に配慮が必要なものとして政令で定めるものをいう』．また，政令において，「建築物の用途，延べ面積等により特定建築物を定める」としている．

この建築物衛生法第２条に基づいた政令（建築物衛生法施行令第１条）では，次のように規定されている．「法第２条第１項の政令で定める建築物は，次の各号に掲げる用途に供される部分の延べ面積（建築基準法施行令第２条第１項第３号に規定する床面積の合計をいう）が 3,000 m^2 以上の建築物および専ら学校教育法第１条に規定する学校の用途に供される建築物で延べ面積が 8,000 m^2 以上のものとする」

次の建築物である．

① 興行場，百貨店，集会場，図書館，博物館，美術館または遊技場

② 店舗または事務所

③ 学校教育法第１条に規定する学校以外の学校（研修所を含む）

④ 旅館

なお，ここでいう「特定建築物」は，建築物衛生法上のものであり，他法令での定義や建築基準法の「特殊建築物」とは区別が必要である．

(2) 建築物とは

建築物衛生法および同施行令で定義される建築物とは，**建築基準法**第 2 条第 1 号で定める建築物のことである．ここで規定されている建築物とは，「土地に定着する工作物のうち，屋根および柱もしくは壁を有するもの（これに類する構造のものを含む），これに附属する門もしくは塀，観覧のための工作物または地下もしくは高架の工作物内に設ける事務所，店舗，興行場，倉庫その他これらに類する施設（鉄道および軌道の線路敷地内の運転保安に関する施設並びに跨線橋，プラットホームの上家，貯蔵槽その他これらに類する施設を除く）をいい，建築設備を含むもの」とする．

(3) 特定用途とは

建築物衛生法施行令第 1 条の各号に掲げる用途（興行場，百貨店，店舗，事務所等）を**特定用途**という．特定用途は，多数の人が使用・利用し，一般的な環境規制になじむものという観点から定められている．

一方，法の適用が除外されているものとしては，以下のような建築物である．

① 工場，病院，診療所，自然科学系の研究所

特殊環境のものとして除外される．

② 駐車場，倉庫，サイロなど

多数の人が使用・利用する要件を欠くものとして除外される．

③ 共同住宅

「個人住宅の集積であり，その維持管理が個人の責任で行われるべきもの」と規定され，建築物衛生法施行令で特定用途とされておらず，現在のところ，この法律の規制対象外である．

7.3.2　延べ面積の要件

延べ面積の要件は 1 つの建築物において特定用途に供される部分の延べ面積が 3,000 m^2（ただし，学校教育法第 1 条に定める学校では 8,000 m^2）である．この場合，特定用途に供される部分とは，特定用途そのものに用いられる部分の他，廊下，階段，洗面所等の特定用途に付随する部分，また，百貨店内の倉庫，事務所の付属の駐車場等特定用途に付属する部分も含まれる．また，同一敷地内に数棟の建築物がある場合には 1 棟ごとに計算して判断する．

7.4 環境の管理に関する法律

7.4.1 環境基本法

(1) 目的

環境基本法は，1993年（平成5年）に廃止された公害対策基本法に代わり制定された法律である．「環境の保全について，基本理念を定め，ならびに国，地方公共団体，事業者および国民の責務を明らかにするとともに，環境の保全に関する施策の基本となる事項を定めた．これにより，環境の保全に関する施策を総合的かつ計画的に推進し，もって現在および将来の国民の健康で文化的な生活の確保に寄与するとともに人類の福祉に貢献すること」を目的とする．環境問題に関する理念や政策の中心となる法律である．

(2) 公害の定義

公害とは，環境の保全上の支障のうち，事業活動その他の人の活動に伴って生ずる相当範囲にわたる大気の汚染，水質の汚濁，土壌の汚染，騒音，振動，地盤の沈下および悪臭によって，人の健康または生活環境に係る被害が生ずることをいう．

7.4.2 環境関連の法律

(1) 大気汚染防止法

大気汚染防止法は，事業活動や建築物の解体に伴う，ばい煙，揮発性有機化合物および粉じんの排出等の規制，また有害大気汚染物質対策の実施の推進，あるいは自動車排出ガスの許容限度の規定等である．これにより，大気の汚染に関し，国民の健康を保護するとともに生活環境を保全すること，大気の汚染に関して人の健康に係る被害が生じた場合における事業者の損害賠償の責任について定め，被害者の保護を図ることを目的とする．

(2) 悪臭防止法

悪臭防止法は，工場その他の事業場における事業活動に伴って発生する悪臭について必要な規制を行い，その他悪臭防止対策を推進する．これにより，生活環境を保全し，国民の健康の保護に資することを目的とする．

アンモニア，メチルメルカプタンその他の，不快なにおいの原因となり，生活環境を損なうおそれのある物質を特定悪臭物質といい，悪臭防止法施行令で物質が規定されている．

(3) 騒音規制法

騒音規制法は，工場および事業場における事業活動ならびに建設工事に伴って発生する相当範囲にわたる騒音について必要な規制を行うとともに，自動車騒音に係る許容限度などを定める．これにより，生活環境を保全し，国民の健康の保護に資することを目的とする．

(4) 環境基本法，大気汚染防止法，騒音に係わる環境基準

環境基本法，大気汚染防止法に関する環境基準を**表 7.1** に示す．

表 7.1　環境基本法，大気汚染に関わる環境基準

物　質	環境上の条件
二酸化硫黄 (SO_2)	1 時間値の 1 日平均値 0.04 ppm 以下，かつ，1 時間値が 0.1 ppm 以下
一酸化炭素 (CO)	1 時間値の 1 日平均値 10 ppm 以下，かつ，1 時間値の 8 時間平均値 20 ppm 以下
浮遊粒子状物質 (SPM)	1 時間値の 1 日平均値が 0.10 mg/m^3 以下，かつ，1 時間値 0.20 mg/m^3 以下
二酸化窒素 (NO_2)	1 時間値の 1 日平均値 0.04 ppm から 0.06 ppm のゾーン内またはそれ以下
光化学オキシダント (OX)	1 時間値が 0.06 ppm 以下

7.4.3 感染症予防法

感染症予防法は，正式名称を「感染症の予防及び感染症の患者に対する医療に関する法律」といい，1999 年（平成 11 年）4 月 1 日から施行された法律で，「感染症の予防および感染症の患者に対する医療に関し必要な措置を定めることにより，感染症の発生を予防し，およびそのまん延の防止を図り，もって公衆衛生の向上および増進を図ること」を目的とする．

7.4.4 水　道　法

(1) 目的

水道法は，「水道の敷設および管理を適性かつ合理的に行う．あわせて，水道を計画的に整備し，水道事業を保護育成することによって，清浄にして豊富低廉な水の供給を図る．水の供給を図ることにより，公衆衛生の向上と生活環境の改善とに寄与すること」を目的としている．

(2) 建築物環境衛生管理基準

建築物環境衛生管理基準において，飲料水を供給する場合は，水道法第4条の水質基準に適合しなければならないとされている．

(3) 水道法における水道の衛生措置

水道事業者は，水道法第22条によって，水道施設の管理および運営に関して，消毒その他衛生上必要な措置を講じなければならない．その具体的な内容は，水道法規則第17条で，以下のように規定されている．

① 取水場，貯水池，導水渠《きょ》，浄水場，配水池およびポンプ井《せい》の清潔の保持

② 上記①の施設には，鍵をかけ，柵を設ける等，みだりな人畜の立入り防止の措置

③ 残留塩素も基準が設けられている．

(4) 給水管理基準

建築物内で飲料水を供給する場合，水道法第4条の規定に定められた水質基準に適合する飲料水を供給しなければならないと規定されている．

7.4.5 その他の環境管理に関する法律

(1) 下水道法

下水道法は，「流域別下水道整備総合計画の策定に関する事項ならびに公共下水道，流域下水道および都市下水路の設置その他の管理の基準等を定めて，下水道の整備を図り，もって都市の健全な発達および公衆衛生の向上に寄与し，あわせて公共用水域の水質の保全に資すること」を目的とする．

公共下水道とは，主として，市街地における下水を排除し，または処理するために地方公共団体が管理する下水道で，終末処理場を有するもの，または流域下水道に接続するものであり，かつ，汚水を排除すべき排水施設の相当部分が暗渠《あんきょ》である構造のものをいう．また，**終末処理場**とは，下水を最終的に処理して，河川その他の公共の水域または海域に放流するために下水道の施設として設けられる処理施設およびこれを補完する施設をいう．

(2) 浄化槽法

浄化槽法は，「浄化槽の設置，保守点検，清掃および製造について規制するとともに，浄化槽工事業者の登録制度および浄化槽清掃業の許可制度を整備し，浄化槽設備士および浄化槽管理士の資格を定めること等により，公共用水域等の水質の保全等の観点から浄化槽による，し尿および雑排水の適正な処理を図り，もって生活

環境の保全および公衆衛生の向上に寄与すること」を目的とする．

浄化槽管理者は，環境省令で定めるところにより，毎年１回（環境省令で定める場合にあっては，環境省令で定める回数），浄化槽の保守点検および浄化槽の清掃をしなければならない．

(3)　水質汚濁防止法

水質汚濁防止法は，「工場などから公共用水域に排出される水の排出および地下に浸透する水の浸透を規制する．とともに，生活排水対策の実施を推進すること等によって，公共用水域および地下水の水質汚濁の防止を図る．よって，国民の健康の保護や生活環境を保全し，排出される汚水などに関して，健康にかかる被害が生じた場合の損害賠償の責任について定める．あわせて，被害者の保護を図ること」を目的としている．

公共用水域とは，河川，湖沼，港湾，沿岸海域その他公共の用に供される水域およびこれに接続する公共の溝渠《こうきょ》．また，かんがい用水路，その他公共の用に給される水路，公共下水道および流域下水道であって，終末処理場を設置しているものをいう．

特定施設とは，人の健康や生活衛生に対して害をもたらすおそれのあるものを含んだ水を流す施設で政令で定めるものをいう．

排水基準は，有害物質による汚染状態にあっては，排出水に含まれる有害物質の量について，有害物質の種類ごとに定める許容限度として，その他の汚染状態にあっては，項目ごとに定める許容限度とする．カドミウムなど，その他の健康にかかる被害を生ずる物質を規定している．

7.5　生活衛生関連営業に関する法律，その他の法律

7.5.1　生活衛生関連営業に関する法律

(1)　興行場法

興行場法の目的と主な内容は次の通りである．

①　興行場とは，映画，演劇，音楽，スポーツ，演芸または観せ物を，公衆に見せ，または聞かせる施設をいう．

②　業《なりわい》[†]として興行場を経営しようとする者は，都道府県知事（保健所を設置する市または特別区では，市長または区長）の許可を受ける．

† 展覧会，博覧会，公営の動物園．植物園・博物館は教育的配慮によって除外．キャバレーや旅館内のショーは，営業実態に応じて判断する．

③　興行場の営業者は興行場の，換気，照明，防湿および清潔その他入場者の衛生に必要な措置を講じること．

(2) 旅館業法

旅館業法の目的と主な内容は，次の通りである．

①　この法律は，「旅館業の業務の適正な運営を確保すること等により，旅館業の健全な発達を図るとともに，旅館業の分野における利用者の需要の高度化および多様化に対応したサービスの提供を促進し，もって公衆衛生および国民生活の向上に寄与すること」を目的とする．

②　旅館業とは，旅館・ホテル営業，簡易宿所営業および下宿営業をいう．

③　旅館業を経営しようとする者は，都道府県知事（保健所を設置する市または特別区では，市長または区長）の許可を受ける．

④　旅館業の営業者は，営業の施設の換気，採光，照明，防湿および清潔その他宿泊者の衛生に必要な措置を講じなければならない．

(3) 公衆浴場法

公衆浴場法の目的と主な内容は次の通りである．

①　公衆浴場とは，温湯，潮湯または温泉その他を使用して，公衆を入浴させる施設をいう．

②　業《なりわい》[†]として公衆浴場を経営しようとする者は，都道府県知事（保健所を設置する市または特別区では，市長または区長）の許可を受ける．

③　浴場業の営業者は公衆浴場の，換気，採光，照明，保温および清潔その他入浴者の衛生および風紀に必要な措置を講じなければならない．

(4) 食品衛生法

食品衛生法の目的と主な内容は次の通りである．

①　この法律は，食品の安全性の確保のために公衆衛生の見地から必要な規制その他の措置を講ずることにより，飲食に起因する衛生上の危害の発生を防止し，もって国民の健康の保護を図ることを目的とする．

②　飲食店・喫茶店その他食品製造業を営もうとする者は，都道府県知事（保健

---

† 普通公衆浴場は，銭湯ともいわれている（物価統制令，適正配置の対象．条例による銭湯間の距離制限あり（200 m））．なお，その他の公衆浴場はソープランド，サウナ，健康ランド等がある．寄宿舎（労働基準法），旅館内の浴場，もらい湯，コインシャワー（都道府県知事（保健所を設置する市または特別区では，市長または区長）に届出が必要）は除く．

所を設置する市または特別区では，市長または区長）の許可を受けなければならない．

(5) 理容師法・美容師法

理容師法・美容師法の目的と主な内容は次の通りである．

① 理容師・美容師の資格を定めるとともに，その業務が適正に行われるように規律し，もって公衆衛生の向上に資することを目的とする．

② 理容とは，頭髪の刈込，顔そり等の方法により，容姿を整えること．

③ 美容とは，パーマネントウェーブ，結髪，化粧等の方法により，容姿を美しくすること．

④ 理容師（美容師）試験に合格した者は，厚生労働大臣の免許を受けて理容師（美容師）になることができる．

⑤ 理容所または美容所を開設しようとする者は，理容所の位置，構造設備，管理理容師（美容師），その他の従業者の氏名その他必要な事項をあらかじめ都道府県知事（保健所を設置する市または特別区では，市長または区長）に届け出なければならない．

⑥ 理容所（美容所）は，つねに清潔に保ち，消毒設備を設け，採光，照明および換気を十分にしなければならない．

(6) クリーニング業法

クリーニング業法の目的と主な内容は次の通りである．

① この法律は，クリーニング業に対して，公衆衛生等の見地から必要な指導および取締りを行い，もってその経営を公共の福祉に適合させるとともに，利用者の利益の擁護を図ることを目的とする．

② クリーニング所を開設しようとする者は，クリーニング所の位置，構造設備および従事者数ならびにクリーニング師の氏名その他必要な事項をあらかじめ都道府県知事（保健所を設置する市または特別区では，市長または区長）に届け出る．

7.5.2 その他の健康関連の法律

(1) 健康増進法

① 目的

急速な高齢化，疾病構造の変化に伴い，国民の健康増進の重要性が増大している．このことにかんがみ，国民の健康増進の総合的な推進に関し基本的な事項を定めている．あわせて，国民の栄養の改善，健康の増進を図るための処置を講じ，もって国民保健の向上を図ることである．

その基本方針等は次の通り．

健康増進計画等：都道府県は，食生活，運動，喫煙等の健康増進の総合的な推進を定めた基本方針を勘案して，施策について計画を定める．

健康・栄養調査の実施：厚生労働大臣は，国民の健康の増進の総合的な推進を図るための基礎資料として，健康・栄養調査を行う．

②　特定給食施設について

特定給食施設：継続的に1回100食以上，または1日250食以上の食事を供給する施設のことをいう．届出は，特定給食施設を設置した者は，その事業の開始の日から1か月以内に，届け出なければならない．また，栄養管理については，設置者が，管理栄養士を置かなければならない．

③　受動喫煙の防止

受動喫煙とは，室内またはこれに準ずる環境において，他人のたばこ煙を吸わされることである．症状としては，流涙，頭痛等の症状や呼吸抑制や，心拍増加が見られる．受動喫煙防止のため，学校，劇場，事務所等の管理者は，受動喫煙を防止するために，必要な措置を講ずるように努めなければならない．

(2) 通称，円促法

①　目的

通称，**円促法**は，正式名称を「高齢者，障害者等の移動等の円滑化の促進に関する法律」といい，「高齢者，障害者等が，車両等，道路，路外駐車場，公園施設ならびに建築物の構造および設備を改善するための措置，一定の地区における旅客施設，建築物等およびこれらの間の経路を構成する道路，駅前広場，通路その他の施設の一体的な整備を推進するための措置などにより，高齢者，障害者等の移動上および施設の利用上の利便性および安全性の向上の促進を図り，もって公共の福祉の増進に資すること」を目的とする．

②　定義

特定建築物：学校，病院，劇場，観覧場，集会場，展示場，百貨店，ホテル，事務所，共同住宅，老人ホームその他の多数の者が利用する建築物またはその部分をいい，これらに附属する建築物特定施設を含むものとする．

建築物特定施設：出入口，廊下，階段，エレベーター，便所，敷地内の通路，駐車場その他の建築物またはその敷地に設けられる施設をいう．

(3) 石綿（アスベスト）対策

① 石綿（アスベスト）の種類と用途

1) 吹付け材は，天井などの吸音に使われた．2005 年に全面禁止．

2) 保温材は，煙突などの断熱に使われた．1991 年までに製造禁止．

3) 成型板等は，煙突などに使われた石綿セメント円筒など．2004 年に製造・使用が禁止．

4) 非建材として，クラッチ，ブレーキ，石綿テープ，パッキン等に使われていた．一部の例外を除き，2006 年に製造・使用が禁止．

② 石綿（アスベスト）による健康影響

目に見えないぐらい小さな繊維を吸い続けることによって，健康に影響がでる場合がある．病名として，肺癌，悪性中皮腫，アスベスト肺などがある．建材に，石綿（アスベスト）を使用している建築物などの解体や回収，吹付け石綿（アスベスト）材の経年劣化など石綿（アスベスト）の飛散が心配される．

③ 石綿障害予防規則について

1) 建築物に吹き付けられた石綿（アスベスト）の管理として，事業者は，労働者が石綿（アスベスト）による粉じんに暴露するおそれがあるときは，除去，封じ込め，囲い込み等の措置を講じなければならない．

2) 労働者を臨時に就業させる建築物の壁等に，吹き付けられた石綿（アスベスト）が飛散するおそれがあるときは，保護具などを使用させなければならない．

3) 除去時などの届出は，市長，特別区の区長，労働基準監督署長に届け出る．

第 7 章の問題

7.1 ～ 7.5 の記述の正誤を答えよ．

□ **7.1** 建築物衛生法の目的は，建築物の設備・構造について規制を行うことによって，環境衛生を確保することである．

□ **7.2** WHO 憲章の前文で，健康とは，身体的，精神的および経済的に完全に良好な状態にあることであり，単に病気または病弱でないということではないと定義されている．

□ **7.3** 企業の自社職員対象の事務系研修所は特定用途に該当する．

□ **7.4** 環境基本法に定められた大気の汚染にかかる環境基準に，二酸化炭素の濃度の基準がある．

□ **7.5** 飲食店の開設または営業にあたっては，都道府県知事（保健所を設置する市または特別区では市長または区長）の許可を要する．

7.6 ～ **7.8** について説明せよ.

□ **7.6** 保健所の組織と設置について説明せよ.

□ **7.7** 建築物衛生法における特定用途について説明し，特定用途の適用が除外されている建築物をいくつか列挙せよ.

□ **7.8** 環境基本法，大気汚染防止法に関する環境基準をまとめよ.

【解答例】

7.1 × 建築物衛生法の目的は，建築物の維持管理について総合的な規制を行うことによって，環境衛生を確保することである.

7.2 × WHO 憲章の前文で，健康とは，身体的，精神的および社会的に完全に良好な状態にあることであり，単に病気または病弱でないということではないと定義されている.

7.3 ○

7.4 × 環境基本法に定められた大気の汚染にかかる環境基準には，二酸化硫黄，一酸化炭素，浮遊粒子状物質，二酸化窒素，光化学オキシダントの基準がある.

7.5 ○

7.6 わが国の衛生行政の組織としては，国（厚生労働省）→都道府県（衛生主管部局）→保健所→市町村（衛生主管課係）という一貫した体系ができている．保健所は，都道府県が設置するものの他，政令市および特別区には直轄の保健所が設置されている．これらの政令市および特別区では，国→政令市・特別区→保健所という体系となっている.

7.7 建築物衛生法施行令第1条の各号に掲げる用途（興行場，百貨店，店舗，事務所等）を特定用途という．特定用途は，多数の人が使用・利用し，一般的な環境規制になじむものという観点から定められている．なお，特定用途の適用が除外されている建築物には，工場，病院，診療所，自然科学系の研究所，駐車場，倉庫，サイロ，共同住宅などがある.

7.8 表7.1を参照.

参考文献

1） 田中毅弘，合格対策 ビル管理技術者（建築物環境衛生管理技術者）試験，地人書館，2020

2） 田中毅弘，よくわかる計画 & 環境・設備 第2版，地人書館，2018

第８章

環境衛生管理の技術
——ビルクリーニング，廃棄物，ねずみ，昆虫等の防除対策

建築物は，完成後，厚生労働省が主管となる建築物衛生法に基づいて運用に供される．本章では，ビルメンテナンスマネジメントにおける環境衛生管理の技術について，建築物をつねに清潔に保つために，ビルクリーニング，廃棄物，ねずみ，昆虫等の防除対策は不可欠であり，それらの基礎的な内容について解説する．

8.1　ビルクリーニング

8.1.1　建築物清掃の位置づけ

(1)　清掃の意義

清掃は，建築物内外の異物を排除して建築物内外の環境を清潔に維持するために実施する．「ビルクリーニング」と「廃棄物の建築物内処理」の２つに大別され，前者の除去対象は「汚れ」,「ほこり」等, 後者の対象は「ごみ」などの廃棄物となる．

清掃は, 清潔感の追求のみならず, 建築物内外における汚染物質の除去を通じて, 直接的かつ継続的に環境衛生の維持改善を図る業務である．清掃作業は，快適で衛生的な空間を提供するだけでなく，より質の高い生産活動を生み出すためにも重要な意味をもっている．

(2)　清掃の目的と清掃の５原則

清掃の目的には，環境衛生の確保や建築物の長寿命化，美観の向上などがある．計画的かつ適切な方法で実施することが大切であり，そのためには以下のことを正しく知らなければならない．これを**清掃の５原則**という．

①　建材について：化学的性質，耐水性，吸水性，硬度など
②　汚れについて：原因，種類，付着状態など
③　洗剤について：働き，性質，種類，使用上の留意点など
④　作業方法について：部材別・場所別作業方法など
⑤　建材の保護について：床維持剤，防汚剤など

(3) 清掃業務の留意点

清掃業務は，つねに衛生的な観点に立って行うことが必要である．業務内容は建築物の用途や規模，また使用状況によって異なるが，どのような建築物であっても，綿密な作業計画と，建材などの条件に合った適切な方法，資機材の選定が必要であることに変わりはない．

また，清掃業務は作業者の能力に頼るところがあるので，適切で安全な作業実施のために，作業者に対して作業方法はもちろん，環境衛生に対する知識や安全に対する十分な教育が必要である．

8.1.2 ビルクリーニングの作業管理，各所清掃方法，安全衛生

(1) 作業場所による分類

同じ建築物であっても，汚れの程度や状況は場所によって大きな違いがある．そのため**清掃作業**では，作業場所を「共用区域」,「専用区域」,「管理用区域」,「外装区域」の４つに分けて考える（**表 8.1**）.

表 8.1 清掃作業の分類（作業場所による）

共用区域	専用区域	管理用区域	外装区域
トイレや玄関，階段などは汚れやすいので，つねに清潔維持に努める．	事務室などの専用区域は清潔に努める必要がある．	中央監視室などの管理用区域は，汚れは少ないが整理整頓が重要である．	建築物の外面は，定期的な清掃が必要である．

(2) 作業周期による分類

清掃作業は日常清掃と定期清掃に分けられる．**日常清掃**は，原則，毎日行う清掃作業をいい，**定期清掃**は，週に１回，月に１回，年に数回と，頻度が少ない清掃作業を指す．また，必要が生じた際に随時行う作業を**臨時清掃**という．

(3) 作業計画の作成

清掃における作業計画は，以下の手順で作成する．①作業仕様書の内容把握，②作業基準表の作成，③作業量の把握，④作業時間の算出，⑤作業人員の算出，⑥作業計画表の作成，⑦作業実施記録の作成，⑧品質評価，⑨フィードバックサイクル

(4) 便所・洗面所・給湯室の清掃

便所は使用頻度が高く，汚れやすい場所であるため，清掃作業として最も重要な場所である．日常清掃から見回りまで，つねにきれいに保たれるように注意しなけ

ればならない．作業上の注意点として，清掃用具は色分けをするなどして便所専用とすること，作業には保護手袋を着用すること，作業中は表示板などを立て，利用者に注意を促すことなどが挙げられる．

洗面所では，鏡と手洗い陶器まわりが汚れやすくなっている．鏡は水滴や，くもりがないように磨く．天井面まで鏡である場合など，手の届く範囲だけ行っていると拭きムラになり目立つので，注意が必要である．手洗い陶器は，水垢が残らないよう洗剤を使用し，パットで，こすり洗いをする．また，給湯室は人の飲食と直接関わる場所なので，つねに清潔を維持し，不快害虫の発生源にならないようにする．

(5) 昇降機設備の清掃

エレベーターは利用頻度が高いため土砂などの持ち込みが多く，季節や天候の影響も受けやすい場所である．また，ボタンまわりや扉は手垢などの油溶性の汚れが付きやすいため，注意が必要である．

エスカレーターでは日常の手入れとして，運転中のベルトを洗剤拭きか専用のシリコンで拭き上げる．スカートガードは，ダストクロスによる除じんと固く絞ったタオルで拭き上げる．踏み板，ライディングプレートは，真空掃除機による除じんを行い，専用洗剤または固く絞ったタオルで拭き上げる．

(6) 壁・柱・天井・階段の清掃

壁，柱，天井は高所と低所に分けて考える．高所は室内空気の汚れである粉じんや，たばこによるタール質などが，低所は人の接触による手垢などの汚れが多く，床面に近い壁面はヒールマークなどもある．

階段には持ち込まれた土砂が多く，け込み部分は特に汚れやすい部分である．日常清掃は，ダストクロス型モップや真空掃除機による除じんがメインであるが，定期清掃は建材によって方法が異なる．

(7) ビルクリーニングの安全衛生

建築物中での事故は，清掃などで働く人々と建築物を利用する第三者の両者に対して発生する．**労働災害**には，転倒，墜落・転落，はさまれ，巻き込まれ，衝突，切れ刺しなどがある．

ビルメンテナンス業の全国調査では，清掃作業における事故のうち，約 4 割が床洗浄作業時などの転倒事故，そして約 2 割が脚立の上からの落下などの墜落・転落事故となっている．

このような事故の発生割合は，従来からあまり変化することがなく，転倒・転落の事故で約 6 割を占める．

ビルメンテナンス業は中高年齢者の割合が比較的多いため，労働災害も約 70% を 50 歳以上が占めており，安全対策が重要になっている．

8.1.3 付着異物の発生原因と分類

(1) 汚れの原因と種類

建築物が汚れる原因には，自然的な原因と人為的な原因がある．また，汚れの種類は，粉状物質，親水性物質および疎水性物質，かさ高固着物，しみなどに分けることができる．

(2) 粉状物質

いわゆる「ほこり」のことである．ほこりの粒子は煙などの粒子よりもはるかに大きく，粒径は 10 ～ 100 μm 程度である．粒子が小さいほど空気中に長く浮遊しているが，徐々に沈降して床や家具などの上に付着する．なお，**図 8.1** に粒子の大きさと除去方法を示す．

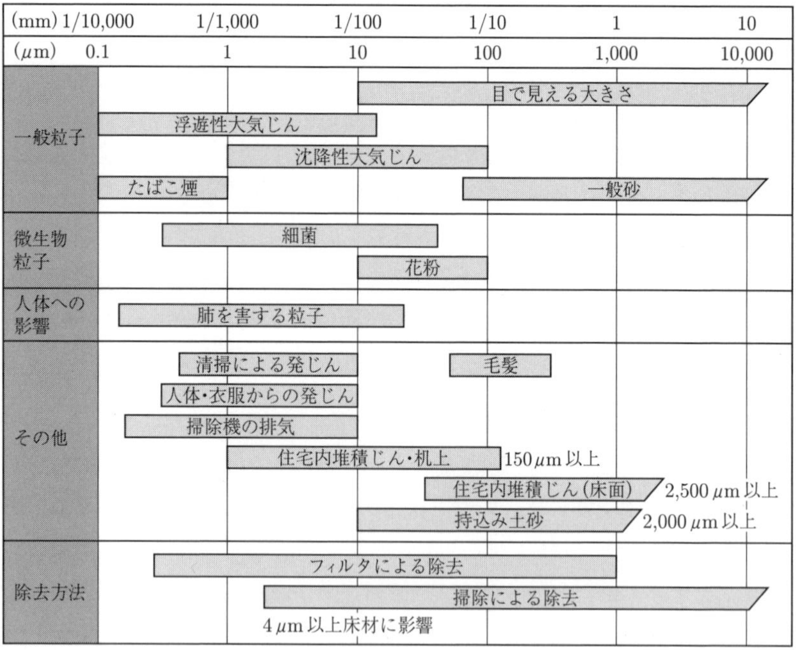

図 8.1　粒子の大きさと除去方法

(3) 親水性物質および疎水性物質

水になじむ汚れを**親水性物質**という．雨水や飲食物など，水分を介した汚れはほとんどが親水性物質で，比較的除去しやすいことが特徴である．一方，水になじまない物質を**疎水性物質**といい，その大部分が人の手垢などの油脂性物質である．油脂は水に溶けないため，**界面活性剤**を主剤とした洗剤や溶剤を用いて汚れを除去する．

〈汚れの除去〉

① 水溶性，親水性物質の除去

1) **水拭き**：タオルやモップに少量の水を含ませ，汚れの付着部分を擦るようにするものである．この場合，汚れを水に溶解させ，汚れた水を拭き取ることによって，汚れが除去される．注意点として，使用するタオルやモップは頻繁に濯《ゆす》ぐことと，水分をしっかり絞ることである．

2) **水洗い**：いわゆる**洗浄**と呼ばれるもので，水を使用し建材の汚れを洗い落とす方法である．ブラシや，たわしなどの物理的な力を加えて汚れを溶解し，汚水をスクイジーや吸水掃除機にて回収する．注意点として，水分はできるだけ少量とし，汚れた水は速やかに取り去ることである．

② 疎水性，油脂性物質の除去

油脂性物質は水に溶けにくいため，洗剤を使用して汚れを除去する．水に洗剤分を加えるが，その方法は水拭き，水洗いと同様である．ただし，洗剤使用後は，建材に洗剤が残留するのを防ぐため水洗い，または水拭きを十分行う．

(4) かさ高固着物

建材表面よりも盛り上がった状態の汚れで，ガムやモルタルなどが付着したものが代表的である．

(5) しみ

しみは，ある一部分などの局所的な汚れで，液体をこぼしたときなどに発生する．そのため，液体が染み込みやすい繊維系の建材に多く見られる．

(6) 汚れの付着状態

汚れの付着状態は，汚れ物質の性質や付着する建材の性質によって変わってくる．また，**表 8.2** に示すように，どの程度建材に付着しているかの状態によって，汚れの落ちやすさも変わる．

表 8.2　汚れの付着状態

	のっている	吸いついている	ベタついている 固まっている	入り込んでいる	生えている
付着状態	・重力のみの作用で付着 ・簡単に飛散する	・静電気や磁力などの作用で付着	・粘性のあるものが表面についている ・乾燥して固定している	・液体が中に入り込んだ状態	・カビなどの微生物が入り込んだ状態
例	・床のほこりなど	・テレビを始め家電についた，ほこりなど	・窓の外側の汚れ，キッチンの汚れ，浴室の皮脂や垢，トイレの尿石など	・トイレの床，壁の尿ハネなど	・室内窓パッキン，浴室のカビなど

(7) 汚れの予防

汚れを予防することを**予防清掃**という．予防清掃は，汚れを付きにくくすることや，除去しやすくすることによって衛生や美観を向上し，作業の効率化を図るものである．たとえば，建築物内のほこりは屋外から侵入したものが多く，屋外からの侵入を防ぐことができれば，建築物内のほこりを軽減できる．侵入を防ぐ方法として，入口に前室を設ける，入口に除じんマットを敷くなどが考えられる．

また，汚れの付着の予防として，汚れが付着しにくく除去しやすい建材を使用することが望ましい．既存の建築物では，建材を汚れが付着しにくく，除去しやすい物に加工する．床材への床維持材の塗布がその代表である．

(8) かさ高固着物の除去

かさ高固着物は，粘着物質などが固まった状態で建材に付着しているため，まず，パテナイフや，へらなどで物理的な力を加えることによって削り取る．その後，残った部分に対して，水や洗剤を用いて，除去する．

8.1.4 ほこり・汚れの除去

(1) 汚れ除去の基本

清掃対象となる，ほこりや汚れは，汚れ物質の性質や状態，原因を考慮し適切な方法で除去しなければならない．また汚れそのものだけではなく，汚れが付着している建材の性質も見極めなくてはならない．汚れの除去方法には，「水で洗う」，「洗剤液で洗う」，「水拭きする」，「薬剤で取る」，「吸収させて取る」，「削り取る」などの方法がある．また，汚れの性質によっても除去方法は変わるため，水溶性・親水性物質と疎水性・油脂性物質の除去に分けて考える．

(2) 粉状物質の除去

粉状物質（ほこり）は，種類によって粒子の大きさが異なる．除去方法には，「払う」，「たたき出す」，「掃く」，「吹き飛ばす」などの空気中に分散させる方法と，「水拭き」，「から拭き」，「湿らせたおがくずをまく」などの物に付着させて除去する方法がある．

(3) しみの除去

しみは時間が経つほど建材に強く染みつくため，早めに処置することが大切である．除去にあたっては，最初にその種類を見分ける．水溶性のしみであれば，湿ったタオルで軽く擦ると汚れがタオルに移るが，油溶性のしみの場合は汚れが移らないため判断ができる．具体的な除去の方法としては，**表 8.3** に示すように，チューインガムの，こびり付いたしみの場合は四塩化炭素を上に垂らし，軟らかくなったところをこそげ取る方法や，ドライアイスなどで固くして取る方法がある．また，コーヒーや紅茶などのタンニンを含むしみの場合は，中性洗剤で拭き取った後に，1% のシュウ酸の温液で拭き取る．

表 8.3　しみの種類と取り方

しみの種類	しみの取り方
チューインガム	チューインガムが，こびりついた上に四塩化炭素を垂らし，軟らかくなったところを，へらで取る．さらに，四塩化炭素を付けた布で拭き取る．また，簡便法として，ドライアイスでチューインガムを冷やし，硬くもろくなったところを機械で取る方法もある．
コーヒー，紅茶，コーラ	中性洗剤をスポンジやブラシなどに付けて軽くこすり，乾いた布で拭き取る．残ったタンニン分は，1% のシュウ酸の温液を付けた布で拭き取る．他に，グリセリンと水の等量混合液を使用して，硬めのブラシでこすり，その後，水で，ゆすぎ乾かす方法もある．
インク	中性洗剤の濃い液をつけて拭き取る作業をくり返した後，濡れたぞうきんで拭き取ると，次第に色が薄くなる．不用意にインク消しなどを使用すると，脱色を起こすこともあるので注意が必要．
肉汁，卵，血液	中性洗剤で拭き取った後，水で練ってのり状にしたタンパク質分解酵素（プロテアーゼ）を塗り，しばらく放置する．その後，温布で拭き取る．この作業をくり返すと，次第にしみが薄くなる．
アルコール性飲料（ビール，ワインなど）	中性洗剤かカーペットシャンプーでしみを取り，さらに水でゆすいで乾かす．その後，1：3 の食酢液で洗ってから水でゆすいで乾かす．

8.1.5　ビルクリーニング洗剤

(1) 洗剤・洗浄剤の種類

建築物で使用される主要な洗剤には，石けんと合成洗剤がある．**石けん**はアルカリ性で，水質公害のおそれがない点が特徴である．

合成洗剤は合成界面活性剤と助剤からなり，冷水や硬水にもよく溶ける．物体の表面張力を低下させることによって汚れを離脱させ，水中に混和することで汚れを除去して汚れの再付着を防止する効果がある．なお，**図8.2**に界面活性剤のしくみを示す．

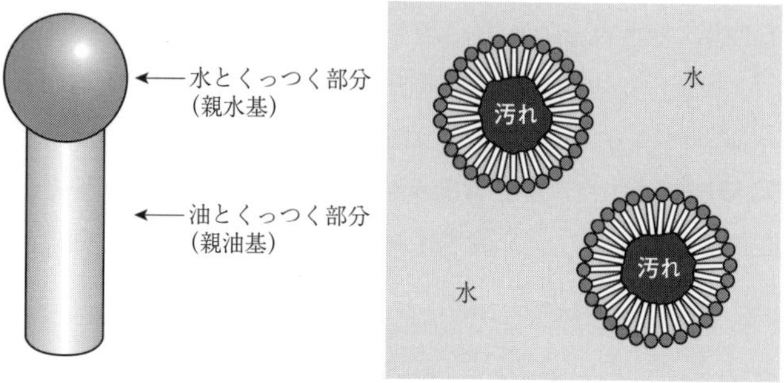

図8.2　界面活性剤のしくみ

(2) 中性洗剤の性質

pH値が6～8の洗剤で，洗浄力は普通であるが，塩化ビニル系・石材・陶磁器・リノリウムなど，どのような建材でも使用できる．建材を傷つける心配が少ない．

(3) 弱アルカリ性洗剤の性質

pH値が8～11の洗剤である．洗浄力は中性洗剤よりもやや強く，軽度の油などに使用できるが，建材によっては注意が必要である．

(4) 強アルカリ性洗剤の性質

pH値が11～14の洗剤で，強い洗浄力をもっている．特に油脂分の強い厨房などの汚れの除去に使用される．ただし，建材を傷めるおそれがあるため限定した用途で使い，使用後は，すすぎをする．

(5) 酸性洗剤の性質

pH値が3～6の弱酸性と，pH値が3以下の強酸性がある．主にトイレの尿石除去や浴槽まわりなどに使用され，汚れを酸で溶解させて落とす．建材を傷めることもあり，特に大理石やテラゾなどの石材類，またカーペットなど繊維系床材には絶対に使用してはならない．**表 8.4** に洗剤の pH 値による分類と長所，短所を示す．

表 8.4　洗剤の pH 値による分類と長所，短所

pH 液性	長所	短所	汚れの種類
強酸性 (pH 1～3)	・便器の尿石，石けんカスに対する効果が高い	・材質に与えるダメージが大きい（特に天然石タイル・金属には影響大） ・皮膚や目などに与える刺激が強い ・塩素系漂白剤と混ぜると有毒ガスが発生して危険	・尿石 ・こびりついた石けんカス ・水垢
弱酸性 (pH 3～6)	・汚れのひどくない石けんカスに効果		・湯垢 ・石けんカス
中性 (pH 6～8)	・どの場所でも安全に使用できる ・素材への影響も少ない	・洗浄力は弱い	・日常の軽い汚れ
弱アルカリ性 (pH 8～11)	・洗浄力が高く，いろいろな汚れに適用	・皮膚や目に与える刺激が強い ・素材に与える影響が大きい	・普通の汚れ ・皮脂汚れ ・タバコのヤニ
強アルカリ性 (pH 11～14)	・油汚れに対する効果が高い		・しつこい油汚れ ・しみ

(6) 床維持剤

床の損傷を防ぐと同時に美観を高め，汚れの付着を防いで除去を容易にするものである．なお，床維持剤には木製の床に使用するフロアオイル（床油）や油性ポリッシュ（油性ワックス），幅広い床材に使用できる水性ポリッシュ（水性ワックス）などの種類がある．

8.1.6　床材の特性と清掃

(1) 弾性床材の清掃

床材は，**図 8.3** に示すように，弾性床材と硬性床材に大別でき，**弾性床材**にはアスファルト系やリノリウム系，塩化ビニル系，ラバー系などがある．弾性床材の日常的な清掃では，主にウェット方式といわれる真空掃除機やダストモップによる除じんと，モップでの水拭きを行う．

一方のドライ方式は，ウェット方式による表面洗浄や剥離作業不要を目的とした管理方法で，安全性の高さや作業効率の良さがメリットであるが，きめ細かな管理が必要である．

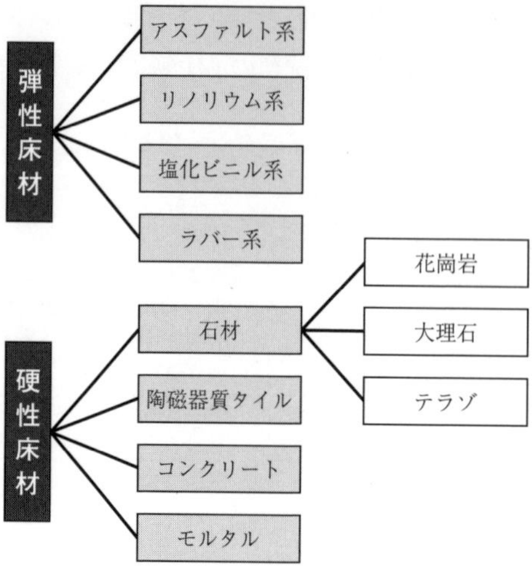

図 8.3　床材の種類

(2) 硬性床材の清掃

硬性床材には石材や陶磁器質タイル，コンクリート，モルタルなどがある．石材の場合，日常的な作業では真空掃除機やダストモップによる除じんと，モップでの水拭きを行う．通常は中性洗剤か弱アルカリ性洗剤を使用する．

コンクリートの床材の場合には，酸に弱い性質をもつため，中性洗剤か弱アルカリ性洗剤を使用する．また，陶磁器タイルではモルタル目地が洗剤に弱いため，強酸・強アルカリ洗剤の使用は注意が必要である．

(3) 石材の種類

硬性素材のうち石材は特に種類が豊富で，それぞれの種類によって扱いが異なる．**花崗岩**は，耐酸・耐アルカリ性に富んでいるが，目地に使用されている素材が酸に弱いため，注意が必要である．また，**大理石**はアルカリに対しての耐性はあるが，酸性洗剤は組織を破壊するため使用できない．通常は中性洗剤か弱アルカリ性洗剤を使い，強アルカリ性洗剤の使用は控える．

大理石の砕石とセメントを混合した**テラゾ**は，大理石と同様に石灰質であるため，酸に弱い特徴がある．そのため，酸性洗剤や強アルカリ性洗剤は使用できない．なお，**表 8.5** に各種床材に対する洗剤の適否を示す．

表 8.5　各種床材に対する洗剤の適否

床材＼洗剤	アルカリ性洗剤	粉末石けん	水石けん	(中性)陰イオン洗剤	(アルカリ性)陰イオン洗剤	非イオン洗剤	陽イオン洗剤	溶剤入洗剤	研磨剤入洗剤	酵素洗剤	酸性洗剤	カーペット用洗剤
アスファルト	×	×	×	○		○			×			×
リノリウム	×	×	×	○		○			×			×
塩化ビニル				○	○	○			×	○		×
ビニルアスベスト				○	○	○			×	○	×	×
ゴム	×	×	×	○		○		×	×			×
大理石				○	○	○		○			×	×
テラゾ				○	○	○		○			×	×
磁器	○	○		○	○	○		○	○		○	×
コンクリート	○			○	○	○		○			×	×
木材	×	×	×	×	×	×	×		×	×	×	×
カーペット	×	×	×		×	×		×	×	×	×	○

○：適当である　×：不適当である　無印：注意すれば使用できる

(4) カーペットの清掃

カーペットは他の床材と性質がまったく異なるため，高度なメンテナンス技術が必要である．定期的な作業には，スクラバー方式やローラーブラシ方式，エクストライター方式，スチーム洗浄方式，パウダー方式，バフィングパットなどの方法がある．

(5) 木質系床材の清掃

木質系床材は水に弱く，収縮や亀裂を生じることがあるため，表面処理されていない場合は特に水の使用に注意が必要である．

8.1.7　外装と外周の清掃

(1) 外装の汚れ

大気中の粉じんなどが外装に付着したところに雨水がかかり，乾燥すると，雨水に含まれる物質とともに粉じんが固着する．そのため，大気汚染の激しい大都市や工業地帯，海岸地方では，外装の汚れが強くなる傾向がある．

付着した汚れを放置すると強く固着して作業が困難になるので，年に１～２回程度，定期的にクリーニングを行う必要がある．外装も建築物内部と同様，仕上材の特徴を理解しておくことが重要である．

(2) 外装清掃の手順

外装部分の清掃では，最初に洗剤や薬品を使用してブラシで壁面をこすり，汚れを落とした後に水で洗い流す．また，窓ガラスの清掃ではガラス専用モップに洗剤または水をつけ，スクイジーで水を回収する．この際には，汚れた水が垂れて周囲の壁面などを汚すことのないように注意が必要である．また，金属製のスクイジーをガラス面にぶつけるとガラスを傷つけることがある．

(3) ゴンドラ作業の注意点

高所の清掃を実施するときは，建築物の外側に足場を組むか，あるいはゴンドラを降ろして行う．ゴンドラを用いる場合は，ゴンドラ構造規格に合格したものを使用しなければならない．

超高層建築物などで用いられる自動窓拭き設備は，**図8.4**に示すように，能率が良く作業者の危険もないが，仕上げは人に比べると十分ではない．外装清掃では，水が外側に落下することや，安全のため，事前に保安要員の手配や道路使用許可が必要である．

(4) 外周の清掃

建築物の外回りの清掃では，通路のごみや落ち葉などの掃き掃除，床にこびり付いたガムなどの除去，植栽に捨てられたごみやタバコの吸い殻の回収，植栽への水やりなどを行う．

8.2 廃 棄 物

8.2.1 廃棄物処理に関連する法律

(1) 廃棄物処理法

廃棄物処理法（正式には「廃棄物の処理及び清掃に関する法律」）は，生活環境の保全および公衆衛生の向上を図ることを目的とし，廃棄物の定義や，国民，事業者，国，地方公共団体の責務，一般廃棄物の処理，産業廃棄物の処理等について定めたものである．

この法律の目的は，第1条で，「廃棄物を抑制し，および廃棄物の適正な分別，保管，収集，運搬，再生，処分等の処理をし，ならびに生活環境を清潔にすることにより，生活環境の保全および公衆衛生の向上を図ることである」としている．

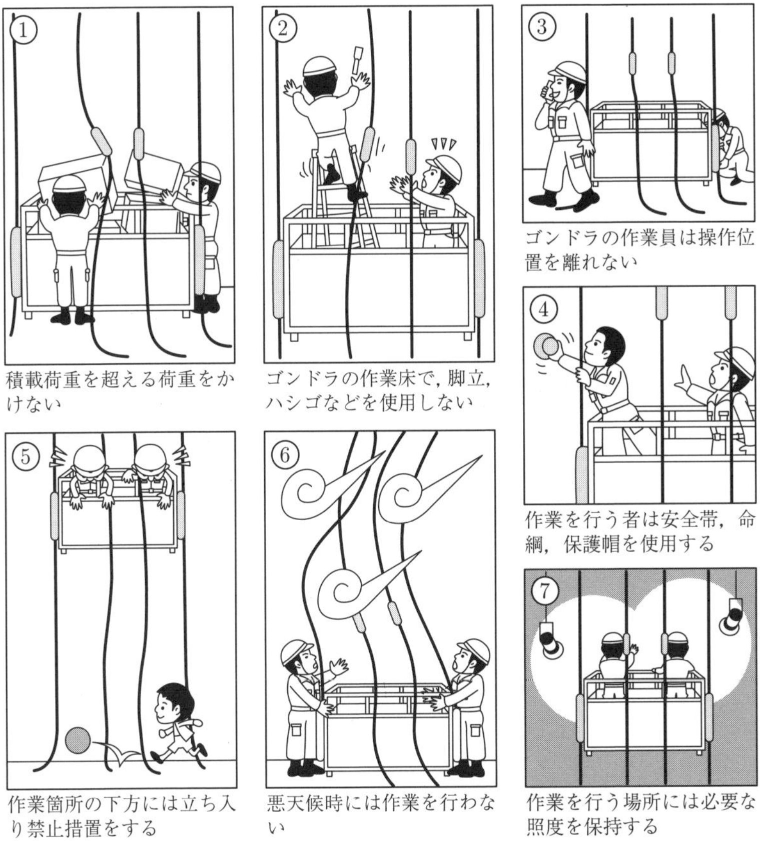

図 8.4　ゴンドラ使用時の注意事項

(2) 特定有害廃棄物の輸出入の規制等に関する法律

バーゼル条約の国内対応法として，「特定有害廃棄物の輸出入の規制等に関する法律」が 1992 年（平成 4 年）12 月に公布された．これは，廃棄物処理の国際的な取組みとして，特定の有害な廃棄物等の輸出入を適正に管理することを目的としている．

バーゼル条約とは，正式には「有害廃棄物の国境を越える移動及びその処分の規制に関するバーゼル条約」であり，わが国もこの条約に加盟している．

8.2.2 廃棄物の分類

(1) 廃棄物処理法における廃棄物の分類

廃棄物処理法では，**表 8.6** に示すように，廃棄物を「一般廃棄物」と「産業廃棄物」に分けている．このうち，爆発性，毒性，感染症など人の健康または生活環境に関わる被害の発生するおそれがあるものについては「特別管理一般廃棄物」もしくは「特別管理産業廃棄物」と定められている．

表 8.6　一般廃棄物と産業廃棄物

廃棄物の分類	廃棄物の種類
一般廃棄物	①ごみ ②粗大ごみ ③し尿およびし尿浄化水楼にかかる汚泥 ④その他
特別管理一般廃棄物	①ポリ塩化ビフェニル（PCB） ②ばいじん ③感染性一般廃棄物
産業廃棄物	①燃え殻 ②汚泥 ③廃油 ④廃酸 ⑤廃アルカリ ⑥廃プラスチック ⑦紙くず ⑧木くず ⑨繊維くず ⑩動植物性残さ ⑪くず ⑫金属くず ⑬ガラスくずおよび陶器くず ⑭鉱さい ⑮がれき類 ⑯動物のふん尿 ⑰動物の死体 ⑱ばいじん ⑲その他 ⑳輸入された廃棄物
特別管理産業廃棄物	①廃油 ②廃酸 ③廃アルカリ ④感染性産業廃棄物
特定有害産業廃棄物	①廃 PCB 等・PCB 汚染物 ② PCB 処理物 ③廃石綿等 ④その他の有害産業廃棄物等 ⑤ばいじん

(2) 一般廃棄物

一般廃棄物とは，産業廃棄物以外の廃棄物のことを指す．し尿や浄化槽汚泥，レストランの生ごみや事務所の紙ごみなどが該当し，このうち，特別管理一般廃棄物には，家電製品に含まれるポリ塩化ビフェニル（PCB）や感染性一般廃棄物などが指定されている．一般廃棄物の排出量は，地域や季節，天候によっても異なり，事務所ビルでは 12 月にごみの排出量が最も多いといわれている．なお，建築物における廃棄物の発生量は廃棄物発生原単位で表し，廃棄物の見かけの比重は，容積質量値で表す．

(3) 産業廃棄物

産業廃棄物は通称「産廃」と呼ばれ，汚泥や廃油，廃プラスチックや雑排水槽汚泥などが該当する．また，**特別管理産業廃棄物**には廃油，廃酸，廃アルカリ，感染性産業廃棄物が，**特定有害産業廃棄物**には廃 PCB および PCB 汚染物などがある．

(4) 医療廃棄物

医療廃棄物とは，医療行為によって排出された廃棄物であり，排出される内容物によって，「感染性一般廃棄物」と「感染性産業廃棄物」に分けられている．医療行為から排出されるという性質上，感染症の汚染源となる可能性があるため，適切に処分する必要がある．

8.2.3 建築物内の廃棄物処理と処理設備

(1) 建築物内の廃棄物処理

建築物内の廃棄物処理は，**図 8.5** に示すように，貯留，通常収集，運搬，処理という工程で行われ，それぞれの段階で分別，減量化，資源化などの対策がとられる．建築物内における廃棄物処理は，**図 8.6** に示すように，発生場所から廃棄物を運搬し，集積室（貯留室，保管室）に集め，必要に応じて中間処理した後，建築物外へ排出する作業で，ビルメンテナンス業者が実施する．なお，建築物外における収集や運搬，集積，保管については，主に免許をもった廃棄物処理専門業者が行う．

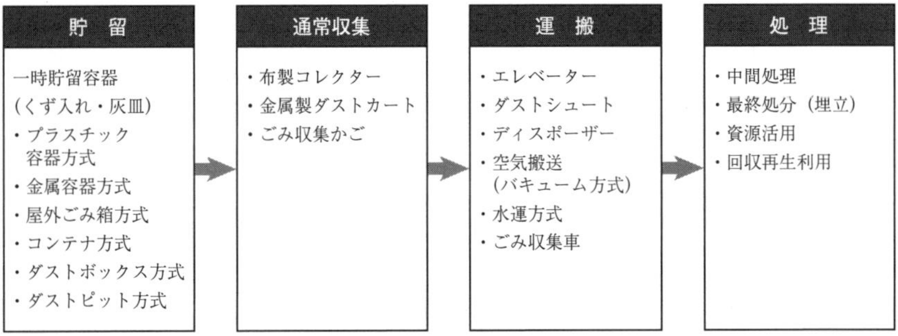

図 8.5　廃棄物処理の一般的な流れ

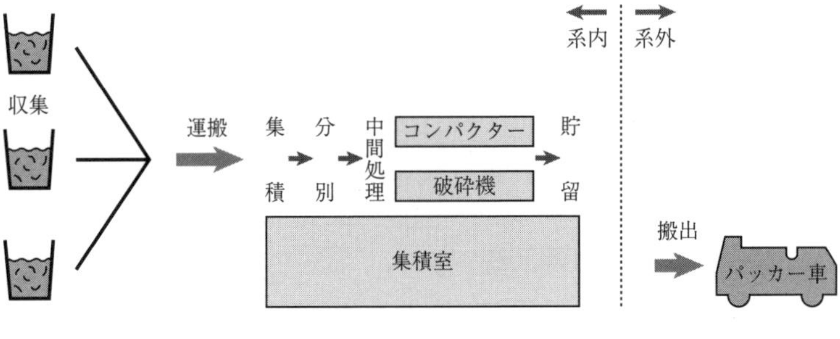

図 8.6　建築物内廃棄物処理の流れ

(2) 廃棄物の集積室

収集した廃棄物は，集積室に一時保管される．集積室は，他の用途とは兼用せず，種類ごとに分別収集保管できる密閉区画構造とする．また，臭気の洩れや粉じんを防止するため，第3種換気設備を設ける．床や壁は，衛生害虫の発生抑制のため，清掃しやすい構造とし，定期的に消毒や殺虫剤の散布を行う必要がある．さらに，**厨芥**《ちゅうかい》が多く出る建築物では，冷房設備または保管用冷蔵庫を設置する．両手がふさがっても出入りできるように，自動ドアがよい．

(3) 中間処理設備

排出された廃棄物は，ダストシュート方式やエレベータ方式で建築物内を搬送される．中間処理方法には，廃棄物の圧縮による減容化，脱水による減量化，混合による均質化などがあり，保管スペースの節約や搬出・運搬の効率化のために実施する．中間処理設備には，圧縮機や破砕機，梱包機，シュレッダー，厨芥などの冷蔵装置，プラスチック類の減容化のための溶融固化装置などがある．

(4) 廃棄物の搬出

廃棄物の搬出方法としては，清掃ダンプ車や機械式収集車，コンテナトラック，資源回収車などがある．なお，貯留・排出機は，貯留した廃棄物を収集車に自動的に積み替えることができる．

8.2.4　マニュフェスト制度

マニュフェスト制度（産業廃棄物管理票制度）とは，廃棄物排出業者が廃棄物の流通過程を管理する仕組みである．産業廃棄物を収集運搬業者や処分業者に引き渡す際，廃棄物の種類や数量，取扱い注意事項などを含めたマニュフェストを交付することが，義務づけられており，交付されたマニュフェストを運搬業者から処分業者へと回付および送付することによって，委託した廃棄物が間違いなく処分されたかを確認するためのもので，不法投棄の防止が図られる．

8.3　ねずみ，昆虫等の防除対策

8.3.1　建築物環境とねずみ・昆虫等

人間が，建築物を構築し，生活する環境では，その環境にうまく対応し，勢力を伸ばす動物がいる．これらを**衛生動物**と呼ばれ，居住環境を中心に，衛生的，経済的，また産業的側面で人間に害を与える動物であり，ねずみ，ゴキブリ，蚊，ハエといったものである．

これら衛生動物は，出入口やバックヤードあるいは配管の空間等，多くの開口部を通して建築物内に侵入してくる．さらに，建築物内では，大量の塵芥《じんかい》類が廃棄物となって存在する一方，家具・調度品，観葉植物等が，ねずみやゴキブリ等の隠れ場所となり，住みやすい．衛生動物の中には，人体に有害な影響を与えるものがある．主に以下のような害を与える．

① 媒介：食中毒やマラリアなどの疾病を感染させる

② 吸血：人の血を吸う

③ 刺咬《しこう》：刺したり咬んだりする

④ 皮膚炎：皮膚炎を起こす

⑤ アレルギー：刺されたりすることで体内の抗体反応によって症状が出る

これら衛生動物で感染症を媒介するものを**媒介動物**（ベクター），また，アレルギーや感染症を引き起こす動物を有害動物としている．**不快動物**（**ニューサンス**）は，人には直接的な害を与えるものではないが，不快感を与える動物であり，以下のような特徴がある．

① 不快感：その姿が不快

② 悪臭：動物から発生する悪臭

③ 集団で不快：集団で活動

これら衛生動物は，病原性微生物を媒介し，人に感染症をもたらすおそれがあることから，建築物の衛生的環境を確保する上，その防除が必要とされている．

このような衛生動物から建築物の健康的な環境を確保するためには，建築物を，ねずみや昆虫等の侵入を防ぐ構造に変え，定期的に調査・点検を，ねずみ等が生息している場合は，必要最小限の薬剤を使用することが重要で，これはまた，建築物の環境衛生にも，つながることになる．なお，**表 8.7** に建築物内に見られる衛生害虫の分類を示す．

建築物衛生法に基づく基準では，「ねずみ等の防除を 6 か月以内ごとに 1 回（特に発生しやすい食料を取り扱う区域および廃棄物の保管設備の周辺等の場所については 2 か月以内ごとに 1 回）定期に統一的に調査し，当該結果に基づき，必要な措置を講ずる」となっている．**表 8.8** に，ねずみ等の防除指針（東京都の例）を示す．

8.3.2　ねずみ類の防除

(1)　ねずみ類の生態

ねずみは，有害獣ともいわれ，文字通り，人に対して害を与える動物である．建

表 8.7　建築物内に見られる衛生害虫の分類

区分（発生・由来箇所）		該当する衛生害虫の種類
発生・定着	地下水槽	チカイエカ，チョウバエ
	室内の床・壁	チャタテムシ，シミ，ヒョウダニ
	食品	シバンムシ，カツオブシムシ，ノシメマダラメイガ，ケナガコナダニ
	家具・木材	ヒラタキクイムシ
	厨房主体	ゴキブリ，ショウジョウバエ，ネズミ
外部飛来侵入		イエバエ，オオイエバエ，ヒメイエバエ，クロバエ類，キンバエ類，アカイエカ，オオクロヤブカ，ユスリカ
人体の外部寄生		ノミ，シラミ，トコジラミ，マダニ
ねずみ・野鳥に由来		イエダニ，ワクモ，トリサシダニ
二次的発生		シバンムシアリガタバチ，ツメダニ，シラミダニ

表 8.8　ねずみ等の防除指針（東京都の例）

①生息状況調査	・月に 1 回
②点検項目	・廃棄物保管場所：ごみの保管，分別状況，清掃，ねずみ等の発生 ・汚水・排水・水槽施設：清掃・排水状況，ねずみ等の発生 ・厨房施設：食材・調味料の保管，ねずみ等の発生 ・事務室：休憩・給湯スペースの管理，ねずみ等の発生 これらの項目について，3 段階や 5 段階等の評価によって作成する
③判定の時期	・蚊やハエなどは，防除後から 1 週間の間に実施 ・ゴキブリや，ねずみは，1 ～ 3 週間の間に実施
④効果判定の内容	・捕獲器等の器具を用いた生息調査 ・糞や虫体，足跡等の調査 ・無毒餌を用いた喫食調査 ・聞き取り調査 ・目視による調査
⑤作業後の安全確認	・薬剤等の人体への影響防止のため入室制限や強制換気の実施 ・必要事項の記録

築物など人間社会に適応し，知能が高く学習能力もある．また，火災や感染症を引き起こす危険性ももっている．建築物に生息するねずみは，**表 8.9** に示すように，ドブネズミ，クマネズミ，ハツカネズミの 3 種類に分けることができる．

このうち，ドブネズミは体格が大きく，水平方向の行動を得意として，床下や地下，下水道，ごみ箱の下などに生息する．それに対してクマネズミは垂直方向の行動を得意とし，天井裏や壁などに生息する特徴がある．

(2)　ねずみ類の防除方法

ねずみが巣をつくる場所には，天井裏や壁の中，厨房機器内や空調機内部などが

表 8.9　ねずみの種類

名前	ドブネズミ	クマネズミ	ハツカネズミ
	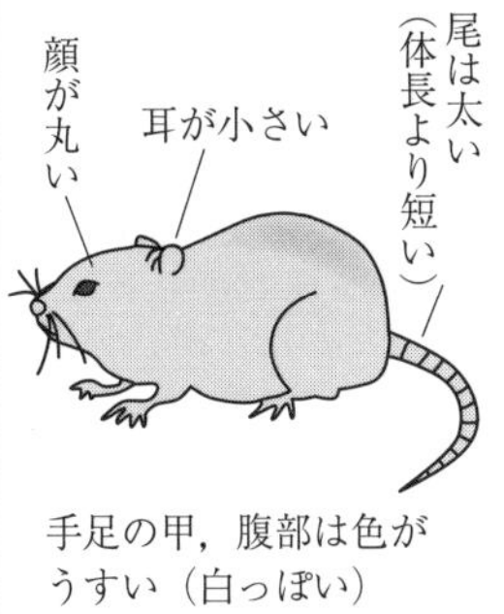	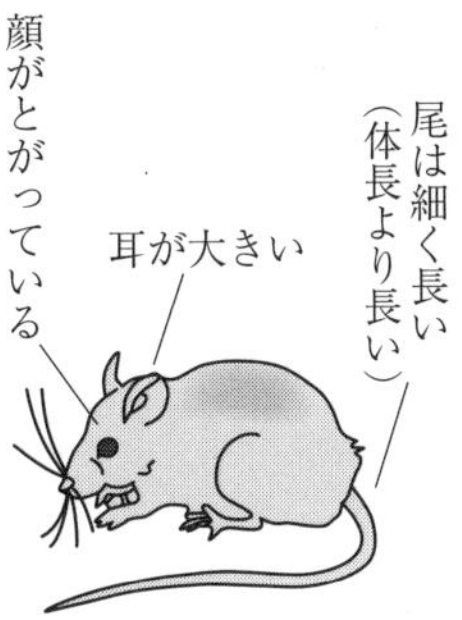	
体長	22 ～ 26 cm	15 ～ 23 cm	6 ～ 9 cm
生息場所	地表や建築物の下層部	屋根裏，梁，壁の隙間などに営巣，生息	家具のすき間などに生息
行動半径	30 ～ 70 m	50 ～ 100 m	——
食性	雑食性	種実食性	種子食性
行動習性	泳ぎが得意	立体的な動き	気まぐれ
警戒心	凶暴で大胆	非常に警戒心が強い	新しい物への警戒心がほとんどない

あり，これらの場所は定期的に点検を行う必要がある．ねずみの移動経路には，ラットサインと呼ばれる黒く脂っぽい汚れがある．

防除方法には，建築物をねずみが寄り付きにくい構造にすることや，ねずみの餌となるものをなくす環境的駆除方法，捕殺器や生捕かご，粘着紙を仕掛けて捕獲する機械的駆除方法，殺そ剤を用いた化学的駆除方法，天敵であるイタチなどを利用した生物的駆除方法などがある．

(3) 殺そ剤の種類と特性

殺そ剤には，摂取してから 10 時間以内にねずみが死亡する即効性と，10 時間以上経過してから死亡する遅効性，数日間連続摂取することで死亡するクマリン系がある．

このうち，クマリン系殺そ剤は，3 ～ 5 日の連続摂取で体腔内や皮下組織などに浸潤性出血を起こさせて死亡させるもので，自然死に近いため，他のねずみが警戒しない長所をもっている．

市販されている殺そ剤は，すべて経口毒（食毒）である．その区分と主な種類を**表 8.10** に示す．

表 8.10　殺そ剤の区分とその主な種類

区分と概要		種　類	対　象
急毒性	速効性 （摂取後 10 時間内に死亡）	黄リン，リン化亜鉛， ノルボルマイド	ドブネズミ
	遅効性 （10 時間以上経過して死亡）	硫酸タリウム，アンツー， シリロシド（海葱）	ハツカネズミ
累積毒	3 ～ 5 日間連続摂取で死亡 （クマリン系）	ワルファリン，クマテトラリル （エンドロサイド），クマリン	

①　抗凝血性殺そ剤

少量を 3 ～ 5 日間摂取すると，血液凝固阻止作用によって，ねずみが失血死する．クマリン系殺そ剤と称する，ワルファリン，フマリンなどの化合物がある．

②　急性殺そ剤

ノルボルマイドはドブネズミに，シリロシドはハツカネズミに効果が高い．

③　有機リン系殺虫剤

成分にリンをもつ薬剤である．防疫用殺虫剤として優れているが，動物体内では，コリンエステラーゼ阻害剤として作用する場合がある．

8.3.3　ゴキブリ，蚊の防除

(1)　ゴキブリの生態

ゴキブリは夜行性で暗いところや狭いところを好んで生息する．トイレ・排水口・下水道・台所などあらゆる場所を歩くことで病原菌などを拡散させるので，衛生管理のためには防除が欠かせない．**図 8.7** に示すように，建築物内でよく見られるのはクロゴキブリとチャバネゴキブリで，生態や駆除方法もそれぞれ異なる．

(2)　ゴキブリの防除方法

ゴキブリの防除方法には，餌となる食品などを残さないことで繁殖を防ぐ環境的防除と，粘着トラップや誘引剤付きのゴキブリ捕獲器で捕獲する物理的防除，薬剤を使用する化学的防除がある．

化学的防除では，ゴキブリが徘徊する場所に残効性の高い有機リン剤やピレスロイド剤を散布する方法などがある．効能や使用量，使用方法，注意事項などがそれぞれ異なるため，適切な選択が必要になる．

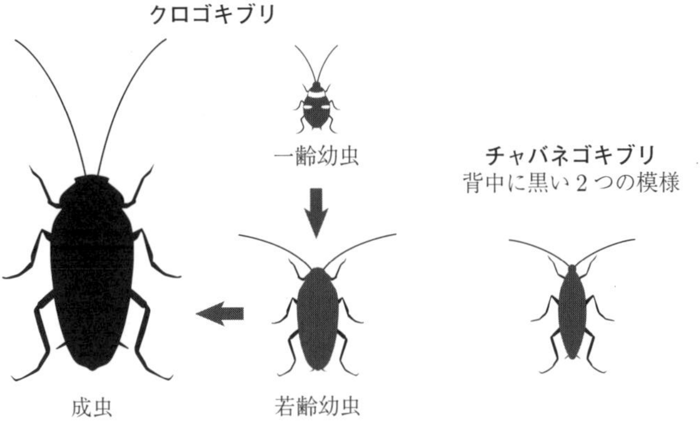

図 8.7　クロゴキブリとチャバネゴキブリ

(3) 蚊の生態

蚊は，吸血によって「腫れ」や「かゆみ」を与える代表的な害虫である．日本には 100 種余り生息しているが，その中でも建築物に生息する代表的な蚊は，チカイエカ，コガタイエカ，アカイエカ，ヒトスジシマカ，シナハマダラカの 5 種類である．

(4) 蚊の防除方法

防除方法は，幼虫対策と成虫対策に分けられる．幼虫対策では，排水槽や浄水槽，湧水槽を一時的に排水することで，水中に生息している幼虫を排出する．

成虫対策には，汚水槽などに設置されている通気孔の点検や防虫網の破損の確認·補修を行う環境的防除，粘着トラップや電撃殺虫器を使って捕獲する物理的防除，薬剤を使用する化学的防除がある．

化学的防除では，ゴキブリと同じように，有機リン剤やピレスロイド剤，昆虫成長制御剤などを使用する．なお，殺虫剤にクレゾールが含まれていると浄化微生物に影響するので，浄化槽には使用できない．

8.3.4　ハエ類，ダニ類の防除

(1) ハエ類の生態

ハエには多くの種類があり，イエバエなどの大型のハエだけでなく，チョウバエのような小型のハエ（コバエ）も存在する．いずれも菌を運ぶ害虫だが，特にコバエ類は汚水や腐敗物など汚い場所に生息して大量に発生することから不快昆虫とも呼ばれ，微生物の運搬が問題となることもある．**表 8.11** に示すように，建築物内でよく見かけるハエとしては，チョウバエやイエバエなどである．

表 8.11　ハエの種類

	形態	生息地	食性	建築物内での繁殖	生活環
チョウバエ	体長 2～3 mm	台所，風呂場，浄化槽など	腐敗した動植物	トイレ，ごみ置き場	雌は5～6日の生存期間に20～100個の卵を産む
イエバエ	体長 6～8 mm 前胸背には4本の黒縦線がある	ごみ，堆肥，畜舎など	植物性食物	ごみの集積場所	成虫が産卵するまでは20日ぐらいである

(2) ハエ類の防除

防除方法は，大型のハエ類とコバエ類で異なる．イエバエ，クロバエ，ニクバエ類などの大型のハエ類は，厨芥などの処理が完全に実施されていれば幼虫は発生しない．コバエ類の場合は，発生防止，侵入防止，殺虫対策に分けて実施する．

捕獲方法には，粘着リボンを使ったものや，有機リン剤やピレスロイド剤，昆虫成長制御剤などの薬剤を使用した方法がある．また，ノミバエやショウジョウバエ類は走光性を示すので殺虫機器で捕獲できる．

(3) ダニ類の生態

ダニの発育経過の基本は卵，幼虫，若虫，成虫の4期で，シラミダニのように，直接成虫を産み落とすものもいる．建築物内で見られ，アレルギー性疾患の原因となる代表的なダニ類は，**表 8.12** に示すように，ヒョウヒダニ，ケナガコナダニ，イエダニの3種類に分類できる．

(4) ダニ類の防除

ダニの防除方法には，湿度のコントロールによってダニの繁殖を抑える環境的防除，ダニの餌となるタンパク質の多い箇所で清掃頻度を高くしたり，カーペットなどの交換を定期的に実施したりして，アレルゲン量を減らす物理的防除，有機リン剤やピレスロイド剤などの薬剤を使用する化学的防除などがある．

8.3.5　害虫の防除用具と薬剤

(1) 害虫の防除用具

害虫の防除に使用する機器には，噴霧器やミスト器，煙霧器，粘着トラップなどがある．噴霧器は加圧によって，ミスト器は圧力や風力によって，煙霧器は加熱揮発機によって薬剤を拡散させる．また，粘着トラップは種類が多いので，目的に合ったものを選択する．

表 8.12　ダニの種類

種類	 ヒョウヒダニ	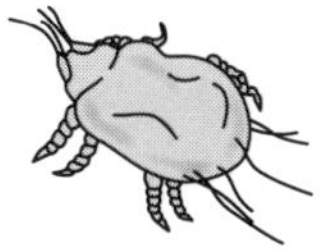 ケナガコナダニ	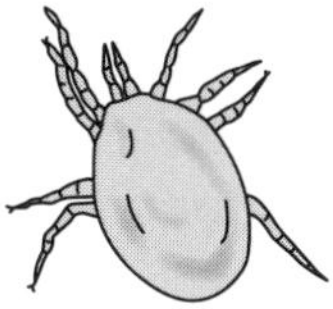 イエダニ
発生場所	カーペット・畳など	畳・食品など	ねずみに寄生など
エサ	人やペットなどのフケや垢，食べ物かすなど	ワラ・貯蔵食品・カビなど	動物や人の血液
被害	気管支ぜんそく，アレルギー性鼻炎，アトピー性皮膚炎など	穀物などを食害する	ねずみなどから人に移って吸血する

(2) 薬剤の種類

殺そ剤として代表的なものには，8.3.2 項 (3) で前述した通り，少量を 3 ～ 5 日間摂取することでねずみが失血死する**抗凝血性殺そ剤**，ドブネズミに高い効果がある**急性殺そ剤**などがある．また，殺虫剤には，成分にリンをもつ有機リン系殺虫剤，家庭用殺虫剤として使用されるピレスロイド系殺虫剤，昆虫の羽化や，さなぎになることを阻害する昆虫成長制御剤（IGR）がある．殺虫剤は原体をそのまま使うことなく，希釈剤や補助剤を混ぜて使いやすいように製剤化してある．

(3) 殺虫剤の効力

殺虫剤の濃度は，その効力や中毒を理解するうえで大切な概念である．殺虫剤に必要な特性は殺虫力・即効性・残効力の 3 つで評価される．殺虫力を示す単位は，**中央致死濃度 LC50**（median lethal concentration），**中央致死薬量 LD50**（median lethal dose），**中央ノックダウン時間 KT50**（median knock-down time）を用いる．ここで，LC50 は生物の半数が致死する有効成分の濃度のことで，Mg/L で表す場合が多く，LD50 は生物の半数が致死する有効成分の量のことで，μg で表す場合が多い．また，KT50 は生物の半数が仰天するのに要する時間で，薬剤の即効性の指標であるが，致死ではないので蘇生する場合もありうる．なお，殺虫剤を繰り返し使用すると害虫に効かなくなることがあるが，このことを抵抗性がついたといい，それの評価指数が LD50 である．通常の値の数倍～ 10 倍になったとき，抵抗性がついたと表現する．

つまり，害虫の致死率が50%のときの薬量をLD50［μg/匹］という．それぞれの値が小さいほど殺虫力が強いことを示している．

① **ピレスロイド系殺虫剤**

ピレスリンと，これに似た合成化合物をピレスロイドと呼んでいる．一般に，ピレスロイド系化合物は，家庭用殺虫剤として使用され，追い出し（ブラッシング）効果をもつ．

② **昆虫成長制御剤（IGR）**

昆虫の脱皮や変態には，脱皮ホルモンなどが関与していることがわかっている．つまり，羽化や，さなぎになることを阻害する．蚊類の防除に有効である．

③ **殺虫剤の剤型と毒力**

殺虫剤は原体をそのまま使うことなく，希釈剤や補助剤を混ぜて使いやすいように製剤化されている．なお，**表8.13**に殺虫剤の剤型の種類と特徴を，**表8.14**に殺虫剤の比較毒力をそれぞれ示す．

表8.13 殺虫剤の剤型の種類と特徴

種類	特徴・用途など
油剤	有効成分を白灯油（ケロシン）に溶解したもので，直接噴霧，残留噴霧，煙霧などに用いられる．ジクロルボス0.3%，ダイアジノン0.5%のように原体量は少ない．
乳剤	原体（有効成分）を有機溶媒（キシロール，ケロシン，ソルベントナフサなど）に高濃度に溶かし，乳化剤（界面活性剤）を加えた製剤で，油剤と同様，透明な液体だが，水に混ぜると白濁液となる*．発生源散布や残留塗布に用いる．
粉剤	原体をタクル，クレー，酸性白土などに均一に混合した製剤で，そのまま使う．しみのつく心配がなく，濡れることを嫌う場所に用いる．
くん煙剤	原体に発熱剤と増煙剤が加えられ，燃焼によって，有効成分を揮散，拡散させる．蚊取線香はこの一種．
蒸散剤	ジクロルボス（DDVP）をポリエチレンや塩化ビニルに融合加熱成型した製剤．
その他	水和剤，エアゾール，フローティングダスト，食毒剤などがある．

*一般に，油剤に比べて，安価である．

表8.14 殺虫剤の比較毒力（天然ピレトリンのシロネズミに対する毒力を1としたときの相対値）

殺虫剤	イエバエ	シロネズミ	安全比
天然ピレトリン	40	1	40
パラチオン	600	100	6
有機塩素系（DDT）	170	5	34
レスメトリン	2500	0.1	25000

* DDT：Dichloro-diphenyl-trichloroethane（ジクロロジフェニルトリクロロエタン）の略

(4) 安全管理

殺そ剤や殺虫剤は，薬事法の承認を受けた医薬品または医薬部外品を用い，「用法・用量」および「使用上の注意」を遵守する．また，作業終了後は必要に応じ強制換気や清掃などを行うことによって，屋内に残留した薬剤を除去し，安全確保の徹底を図る必要がある．なお，**表 8.15** に殺虫剤の取り扱い上の注意事項を示す．

表 8.15　殺虫剤の取り扱い上の注意事項

	注意事項概要
散布前	使用法の十分な理解と準備
散布時	正しい服装で，散布は風上から行い，かかった薬剤は洗い落とす
散布後	器具の手入れ，体を洗う，服を着替える
保管時	幼児の手が届かない場所に保管し，容器の処理は安全に行う

8.3.6　ペストコントロール

公益社団法人日本ペストコントロール協会の資料によると，**ペストコントロール**のペストとは，病名のペスト以外にも有害生物全般を意味している．また，コントロールは，文字通り制御を意味する．つまり，「ペストコントロール」とは有害な生物の活動を制御することをいう．

建築物は，構造，用途，規模等によって，利便性や快適性を考慮して年々多様化している．結果として，害虫に対しても快適な環境を与えることになる．しかし，害虫の撲滅目的として強い薬を使用することは，居住者に対する環境に影響が懸念される．このため，害虫を全滅させることは不可能であり，したがってある空間の害虫の密度を制御し，害のない程度にするということにある．

8.3.7　IPM

IPM（Integrated Pest Management）とは，「総合防除」という意味である．「総合」とは，さまざまな防除対策を組み合わせて行うことである．薬剤偏重による環境への悪影響を低減するとともに，より効果的な防除を目的とした手法である．

IPM は，防除効果を，より安定させ，環境への負荷も少ない防除方法としての意義は大きく，生息調査と防除後の効果判定の把握などの防除法が主流となっている．具体的には，**表 8.16** に示すようなものがある．

IPM 実施にあたっては次のガイドラインが定められている．

表 8.16　IPM 実施のガイドライン

①事前調査	・生息調査（種類の同定，生息密度等） ・環境調査（発生源，生息場所，進入路等） ・被害調査（発見場所，被害状況等）
②防除計画の策定	・防除目標の設定 ・防除方法の選択 ・作業手順の決定 ・作業期間 ・注意事項（安全対策）の確認 ・関係者，利用者への周知
③防除の実施	・環境的防除（発生源対策，進入防止対策等） ・物理的防除（粘着トラップ等捕獲器） ・化学的防除（殺そ剤，殺虫剤，忌避剤）
④効果判定	・確認調査（生息，証跡，喫食） ・防除の有効性の評価・判定 ・今後の防除計画の資料作成
⑤実施後の措置	・再作業の実施 ・使用資材の回収 ・死骸等の回収・廃棄

第 8 章の問題

8.1 ～ 8.5 の記述の正誤を答えよ．

□ **8.1**　清掃知識の 5 原則とは，建材，汚れ，洗剤，作業方法，建材の保護である．

□ **8.2**　ほこりの粒子の大きさは粒径 1 mm 程度である．

□ **8.3**　廃棄物の集積室の換気には，第 3 種換気設備を設ける．

□ **8.4**　人の健康に害を及ぼすねずみや昆虫等は，すべて媒介動物である．

□ **8.5**　イエバエの成虫の食物は，植物性食物である．

8.6 ～ 8.8 について説明せよ．

□ **8.6**　pH 値（水素イオン指数）の見地からビルクリーニングで使用される洗剤について説明せよ．

□ **8.7**　通称，廃棄物処理法における廃棄物の分類を説明せよ．

□ **8.8**　殺虫剤の効力について説明せよ．

【解答例】

8.1 ○

8.2 × ほこりの粒子の大きさは粒径 10 ～ 100 μm程度である.

8.3 ○

8.4 × 衛生動物には媒介動物（ベクター）, 有害動物, 不快動物（ニューサンス）がある.

8.5 ○

8.6 ビルクリーニングで使用される洗剤は, pH 値（水素イオン指数）により, ①中性洗剤, ②弱アルカリ性洗剤, ③強アルカリ性洗剤, ④酸性洗剤に大別できる.

①中性洗剤は, pH 値が 6 ～ 8 で, 塩化ビニル系・石材・陶磁器, リノリウム等, どの建材でも使用でき, 用途は非常に幅広い, ②弱アルカリ性洗剤は, pH 値が 8 ～ 11 で, 中性洗剤同様, 用途は広い, ③強アルカリ性洗剤は, pH 値が 11 ～ 14 で, 強い洗浄力をもっている. 特に, 油脂分等の強い厨房などの汚れの除去に使われる. なお, 樹脂系ワックスの被膜除去に使用される剥離剤は強アルカリ性洗剤と同じく, pH 値は 11 ～ 14 である, ④酸性洗剤は, pH 値が 3 ～ 6 の弱酸性と, pH 値が 3 以下の強酸性がある. 主にトイレの尿石除去や浴槽まわりに使用され, 汚れを酸で溶解させて落とす. なお, 大理石, テラゾなどの石材類, カーペットなど繊維系床材には絶対に使用してはならない.

8.7 本文 8.2.2 項と表 8.6 を参照.

8.8 殺虫剤の効力は, いくつかの殺虫力の評価によって行われる. たとえば, 50% 致死薬量である LD50（単位：μg）, 50% 致死濃度である LC50（単位：μg/L）, また速効性の指標としては KT50（単位：分）などがある.

参 考 文 献

1) 田中毅弘, 合格対策 ビル管理技術者（建築物環境衛生管理技術者）試験, 地人書館, 2020

2) 田中毅弘, よくわかる計画＆環境・設備 第 2 版, 地人書館, 2018

3) 田中毅弘監修, しくみ図解 ビルメンテナンスが一番わかる, 技術評論社, 2015

第 9 章

設備管理の技術
——空気環境調整，給排水，衛生設備，電気設備・自動制御

本章では，ビルメンテナンスマネジメントにおける設備管理の技術として，空気環境調整，給排水，衛生設備，電気設備・自動制御に関する基礎的な内容について解説する．なお，空気環境調整，給排水，衛生設備，電気設備・自動制御の，より詳細な原理や各種機器等については，本ライブラリの別の巻を始め，数理工学社等で出版されている専門書で詳細に解説されているので，そちらを参照されたい．

9.1 空気環境調整

9.1.1 空気調和設備と空調方式，室内環境の測定

(1) 空気調和設備の構成

空気調和設備の構成について**図 9.1** に示す空気調和方式（**単一ダクト方式**という）を例に説明する．まず，室内還気と換気のための新鮮外気を導入し，エアフィルターを通して空気中のじん埃を除去する．この混合空気を，冬期は加熱・加湿，夏期は冷却・減湿して適度な調和空気として，空気調和する場所の条件を満たす風量の空気を送風機によってダクト，吹出し口を通して送風する．

空気を加熱，冷却するには，蒸気，温水，冷水，冷媒ガスなどを熱交換設備のコイルに送り込む．そして，この空気調和負荷に見合うだけの熱量を供給するため，熱源設備，付属機器が設置されている．熱源設備において，温熱源はボイラーで蒸気か温水，冷熱源としては冷凍機で冷水，冷媒ガスがつくり出される．ボイラーには，付属装置として，油タンクや循環ポンプおよび配管，冷凍機には，冷却水を循環使用するための冷却塔，ポンプおよび配管が必要となる．

また，自動制御装置は室内の温湿度を一定に調節したり，空気調和設備の監視，制御や，経済的な運転を行うため設置されている．これらの空気調和設備の構成機器，機能などを**表 9.1** にまとめる．

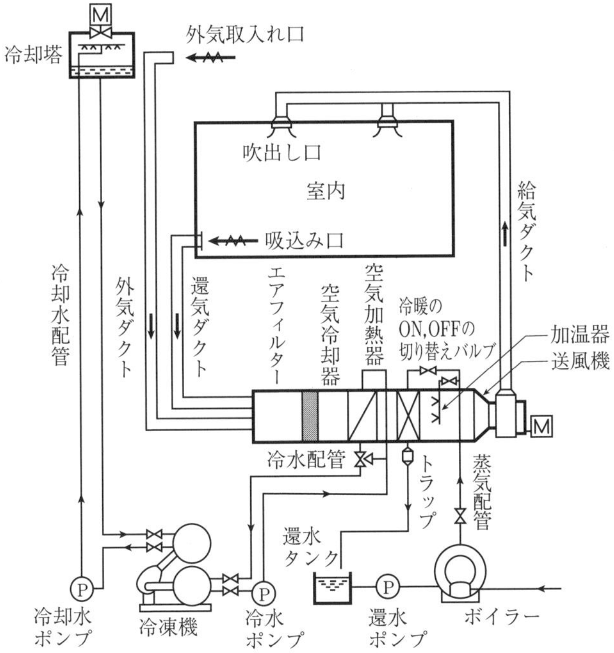

図 9.1　空気調和設備の基本構成

表 9.1　空気調和設備の構成機器と機能

項　目	機　器	目　的
熱源設備	ボイラー，温風炉，ヒートポンプ，冷凍機（同付属機器）	空気調和負荷に応じた加熱および冷却を行うために，蒸気，温水または冷水をつくる設備
熱交換設備	空気調和機，熱交換器	空気調和する室へ送る空気の温度・湿度を調整する設備空気調和する室へ送る冷・温水の温度を調整する設備
熱媒輸送設備	送風機，エアダクト（同付属機器）ポンプ，配管（同付属機器）	空気調和する室へ熱媒（空気または水）を送るための設備
室内ユニット	吹出し口，吸込み口，ファンコイルユニット，誘引ユニット，ヒーティングパネル，その他の放熱器	室内へ調和空気を供給する装置室内の空気を加熱冷却・減湿・加湿する装置
自動制御・ 中央監視設備	自動制御用機器，中央監視設備，遠隔操作盤等	温度・湿度・流量などの自動制御監視・記録，機器の遠隔操作・監視等

(2) 空気調和設備の方式と設置方法による分類

① 空気調和設備の方式

空気調和設備の方式は，建築物の規模･構造･用途，設備費･運転費の経済性，ゾーニング・負荷変動への適用，室内条件のグレードなど，多くの条件によって決めることが必要である．また，維持管理の容易な方式を採用することが望ましい．

② 設置方法による分類

空気調和設備の設置方法を大別すると，中央方式と個別方式とに分けられる．**中央方式**（**セントラル方式**）は地下室，別棟などの中央機械室に空気調和機や熱源設備を設置し，ダクトまたは配管などによって各室に熱を分配する方式であり，主として中規模以上の建築物に用いられる．この方式は，熱交換設備，熱源設備などを集約化することができ，熱回収，蓄熱運転など省エネルギー技術を容易に適用できる利点がある．

一方，**個別方式**（**ユニット方式**）は，個別に空気調和機を室内に設置する方式で，中・小規模建築物や住宅に適している．室内における要求条件のグレードは，中央方式に比較してやや劣るが，限定されたスペースで，個別の条件のもとで運転できる利点がある．また，個別方式は，大規模建築物の部分的な空気調和や電算機室の24時間運転などの特殊用途に中央方式と併用して採用されることもある．

(3) 熱の運搬方法による分類

表9.2に熱の運搬方法による分類と，それらの概要と特徴をまとめる．

① 全空気方式

冷・温風によって，熱を供給する方式で，主に3つの方式がある．ダクトスペースを要するが，機器がまとまっており，性能の良いフィルターの設置や冷・暖房運転しない中間期における換気が容易であるという特徴がある．

1)　**単一ダクト方式**

機械室の空気調和機から冷風または温風を一本の主ダクトによって分岐して，各室に給気する．映画館や各室の負荷条件に差のない中・小規模建築物や工場に適しており，システムが単純で，設備費が安い．一方，併用方式では，劇場の客席，デパートの売場，中規模以上のインテリア（内部）ゾーンに採用例が多い．また，送風動力の節減を図る省エネルギーシステムのひとつである．

VAV（変風量）方式は，送風機の風量を変えることによって冷暖房能力を調整できるシステムである．

なお，CAVとVAVの送風量と送風温度との関係を**表9.3**に示す．

2)　二重ダクト方式

冷・温風の2本のダクトで給気し，各室には混合ボックスで調整して吹き出す方式である．一般に高速ダクトとし，混合ボックスは消音を兼ねる場合が多く，湿度制御は困難であるが，温度の調整は個別制御が可能である．他の方式と比較して，ダクトスペースを広く必要とし，設備費，運転費が高く，小部屋の多いホテルの客室系統では不向きであるが，高級事務所建築物に採用されることが多い．

表 9.2　熱の運搬方法による分類

全空気方式	ダクトの冷・温風によって熱を供給する方式	
単一ダクト方式（大空間に適している）	**定風量方式** CAV（Constant Air Volume）	送風温度を変えることによって室温を調整する．室ごとの温度調節が難しい．
	変風量方式 VAV（Variable Air Volume）	送風量を変えることによって室温を調整する．送風動力が節減できる．
二重ダクト方式	温風と冷風を別々のダクトで給気し，各室の天井裏の混合ボックスで温風と冷風を混ぜ，適温にして室内に吹き出す．高級事務所建築物向き．	
マルチゾーンダクト方式	マルチゾーン空調機でゾーン別のダクトで給気する．数ゾーンの中規模建築物向き．	
空気・水方式	空気（ダクト）と水（配管）で，各室に熱を供給する方式	
各階ユニット方式	各階に二次空調機を設け，一次空調機から送られた冷・温水を階ごとに異なる熱負荷に応じ，ダクトで室内に送る方式.	
誘引（インダクション）ユニット方式	1次空調機からダクトで送られた高速空気を室内ユニットで吹き出す際に室内から誘引する空気を，負荷に応じてコイルで調整し，高速空気と混合して空調する．	
ダクト併用ファンコイルユニット方式	ファンコイルは，一般に，換気機能がないので，ダクトから外気を導入し，ファンコイルユニットから冷・温風を吹き出す．	
水・冷媒方式	水または冷媒配管のみで，ダクトは不要	
ファンコイルユニット方式	ボイラーや冷凍機から冷・温水の供給を受け，各室に設けた小型ユニットで熱を供給．ファンコイル・フィルターを内蔵．	
パッケージユニット方式	冷凍機・ファンコイルを内蔵した中型の空調ユニットで熱を供給．	
ルームエアコン方式	空冷の冷凍機を有する1.5 kW以下の小型ユニットで熱を供給．住宅・小店舗向き．	

表 9.3　CAV と VAV の送風量と送風温度との関係

	送風量	送風温度
CAV	一定	変化
VAV	変化	一定

3)　**マルチゾーンダクト方式**

冷・温風コイルを並列に設け，ゾーン別にダンパーで吸気を混合するマルチゾーン空気調和機で，方位別，ゾーン別のダクトで給気する．数ゾーンの中規模建築物向きの方式として，広く採用されている．

②　**空気・水方式**

空気と水，つまり，ダクトと配管で，各室に熱を供給する方式である．大きく3つに分類できる．この方式は，全空気方式と比較して，ダクトスペースは小さくてすむが，機器が分散して，維持管理がやや困難であるという短所がある．

1)　**各階ユニット方式**

各階に空気調和機を設けて，ボイラーや冷凍機から冷・温水配管で熱の供給を受け，ダクトで各階に熱を供給する方式である．各階に外気を取り入れれば，ダクトは不要あるいは少なくて済み，各階で空気調和機の運転が可能で，業務時間が異なる中規模以上の高層事務所建築物や官公庁建築物などに適した方式である．

2)　**誘引（インダクション）ユニット方式**

図9.2に示すように，一次空気調和機からダクトで送られる高圧空気と，窓際などに設けられている小型ユニットで吹き出す際に誘引する空気を，ユニット内のコイルで各室の負荷に応じて調整する方式である．除じんには問題があるが，小部屋単位での制御が可能で，ホテルの客室，病院の病室に適し，中規模以上の建築物におけるペリメーター（外周）ゾーンにも採用されている．

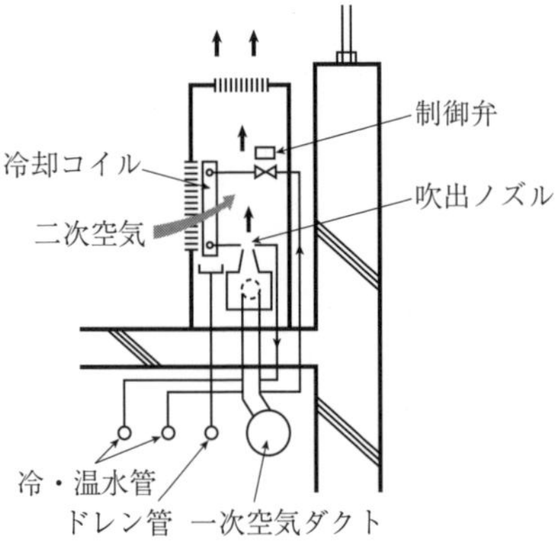

図9.2　誘引（インダクション）ユニット方式のしくみ

3)　**ダクト併用ファンコイルユニット方式**

ファンコイル方式（次頁③1）参照）の欠点である換気の対策としてダクトを設けたもので，ダクトスペースが必要であるが，長所が多く，事務所建築物，ホテル，病院などに採用されることが多い．ただし，除じんに多少問題があり，食堂や病院の手術室は別方式とする必要がある．

③　水・冷媒方式

水または冷媒配管のみの方式であり，大きく 3 つに分類される．ダクトは不要であるが，換気や除じんが困難な場合が多いという欠点がある．

1)　ファンコイルユニット方式

図 9.3 のように，ボイラーや冷凍機から冷・温水の供給を受けて，各室に設けたファンとコイルおよびフィルターを内蔵した小型ユニットで空気調和する方式である．小部屋ごとに温度調節ができ，換気や湿度調整に留意すれば，床置型ユニットを窓際に設置でき，設備費も安くすむ．ホテル，病院，住宅および大規模建築物のペリメーターゾーン向きの方式であるといえる．

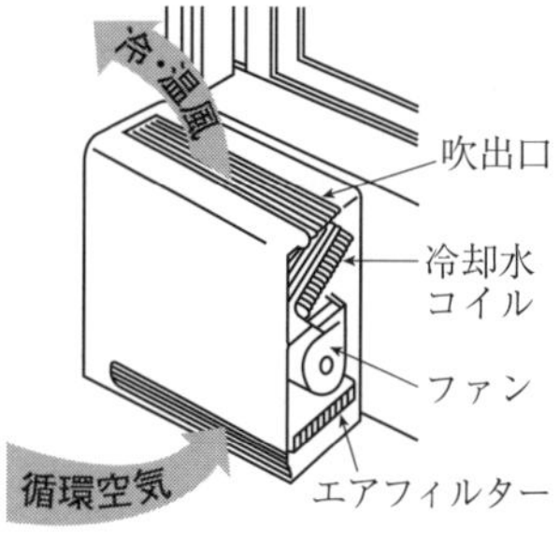

図 9.3　ファンコイル
ユニット方式

2)　パッケージユニット方式

図 9.4 のように，冷凍機を内蔵した中型の空気調和ユニットで，室内に設置して直接吹き出せば，ダクトは不要で，ヒーターを電熱あるいはヒートポンプとすれば，ボイラー室も不要で，配管は冷却水だけでよい．小売り店舗や建築物内にあるレストランなどに採用されることが多い．間仕切りがある場合や天井高が低い場合は，ダクトを設置して，空気・水方式によって，使用時間や空調期間が異なる複合建築物や中・小規模の事務所建築物，貸ホール，電算機室向きの方式である．

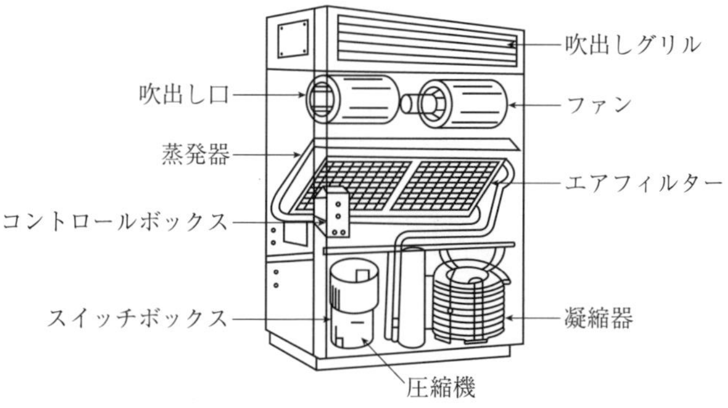

図 9.4　パッケージユニット

3)　**ルームエアコン方式**

空気冷却できる冷凍機を有する1.5 kW以下の小型ユニットによって，空気調和する方式である．個室ごとの冷房，ヒートポンプ式であれば暖房もできるが，寒冷地には不向きである．ウィンドウ型は配管が不要である一方，セパレート型は設置場所の自由度が大きく，住宅，小売り店舗向きの方式である．

9.1.2 ガス設備

(1) 供給ガスの種類

給湯設備などの熱源として利用されるガスには，都市ガスとLPガスがある．**図9.5**に都市ガスとLPガスの性質を示す．

都市ガスは，天然ガスやナフサ，石炭などを原料として製造されている．空気よりも軽い性質があり，比重は空気を1とすると都市ガスが0.5～0.7である．

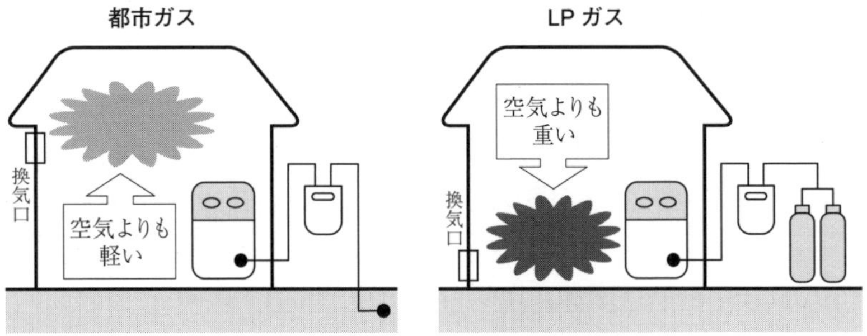

図9.5　都市ガスとLPガスの性質

LPガス（LPG）は，液化石油ガスとも呼ばれ，プロパンガスを主成分としている．常温・常圧では気体だが，圧力を加えたり冷却したりすれば，容易に液化させることができるため，タンクや容器に充てんしての貯蔵や輸送が可能である．比重は1.5～2.0と空気よりも重く，凹部に溜まりやすい性質がある．そのため，風呂釜の着火時に火傷や爆発のおそれがあり，換気口は最下部に設ける必要がある．

(2) 配管と設置の留意点

ガス配管には**隠ぺい配管**と**露出配管**があるが，隠ぺい配管はガス漏れの発見や修理が困難であるため，できるだけ露出配管とする必要がある．また，ガス配管と電気のコンセント・スイッチなどは近接させてはいけない．

都市ガスの場合，ガスメーターは高温や低温，腐食などに留意し，検針が容易な場所に設置する．また，LPガスの場合は，ボンベ置き場は，原則として，屋外または別棟とする．火熱からは 2 m 以上離すか遮へいして設置し，低温や腐食，転倒に留意する必要がある．

(3) ガス機器の給・排気方式

ガス機器の給・排気設備には，**表 9.4**（次頁）に示すように，屋内に機器を設置する場合に使用する密閉式や半密閉式，開放式と，屋外に設置する場合の屋外式などがある．設置の際には，ガス機器の設置場所や設置方法などを考慮して，最も適した給・排気設備を選択することが必要である．

9.1.3 室内環境の測定

建築物衛生法および**建築基準法**で，**室内環境基準値**が定められている．**表 9.5** に主な室内環境基準の測定項目・計器・原理等を示す．

表 9.5　主な室内環境基準の測定項目・計器・原理等

測定項目	測定計器（または方法）	測定原理・摘要・問題点など
温度	①液体封入ガラス温度計	封入液体はアルコールよりも水銀の方が誤差が少ない．
	②バイメタル温度計	2 種の金属による膨張率の違いを利用する．
	③抵抗温度計	白金，ニッケル，銅などの金属を用いる．
	④熱電対温度計	使用する金属材料によって，PR,CA,CRC,IC,CC などの熱電対がある．熱電対は，金属の温度による起電力の差を利用する．
湿度	①アスマン形湿度計	湿球温度の測定に用いる．3 ～ 5 m/s の風速中で測定する．
	②毛髪湿度計	相対湿度を直接測定する．精度はあまり良くない．
	③電気式湿度計	湿気による電気伝導度の変化を利用する．露点温度を測定する．
体感温度	①グローブ温度計	黒色つや消しの薄銅板球（直径 15 cm）の中にガラス温度計を挿入．放射の影響を測る．無風状態がよい．
	②カタ計	通常，微風速の測定に用いられる．水の蒸発熱を利用する．
流速 風速	①ピトー管	管内，ダクト内の流(風)速を測定．ベルヌーイの式の応用したもの．
	②熱線風速計	白金，タングステンなどを用いる．風速によって，奪われる熱による電気抵抗の差を利用する．
	③ウォルトマン流速計	翼車の回転数を利用する．
粉じん濃度	①低流量質量法	ローボリューム法．質量濃度を測定する．一般的で安価．
	②ディジタル粉じん計	相対濃度を測定して質量濃度に換算する．やや高価．
	③労研ろ紙じん埃計	相対濃度，光学濃度を測定して質量濃度に換算する．高価．
炭酸ガス 一酸化炭素	①ガスクロマトグラフ法	CO の分析が容易である．比色法と測長法がある．
	②検知管法	一般に用いられる．比較的安価．
	③光干渉計	CO_2 濃度による光干渉じまを利用．自動のものは高価．
	④水酸化バリウム法	CO_2 濃度測定に用いられる方法．あまり用いられない．

表 9.4　主なガスの機器の給・排気方式

<table>
<tr><th colspan="3">方　式</th><th>特徴と用途</th></tr>
<tr><td rowspan="3">屋内用</td><td>開放式</td><td>機械換気式
（ガス調理器具など）
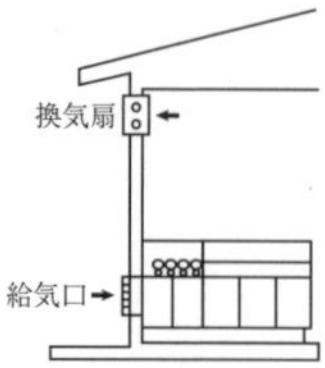

自然換気式
（ガスストーブなど）
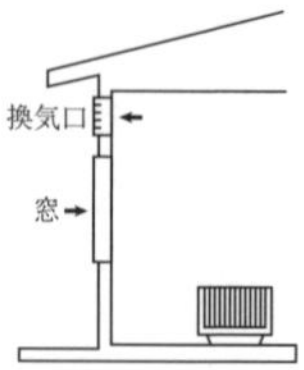
</td><td>・燃焼用の空気を屋内からとり，燃焼廃ガスをそのまま屋内に排出する方式のガス機器である．
・取付けにあたっては，換気が十分に行えるように給気口と換気扇などの設置を適切に行う必要がある．</td></tr>
<tr><td>半密閉式</td><td>自然排気式（CF 式）
（ガス風呂釜など）
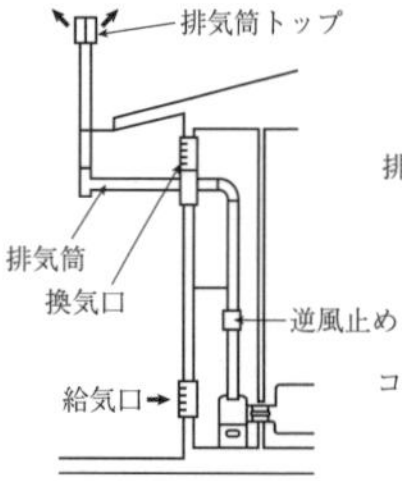

強制排気式（FE 式）
（ガス瞬間湯沸し器など）
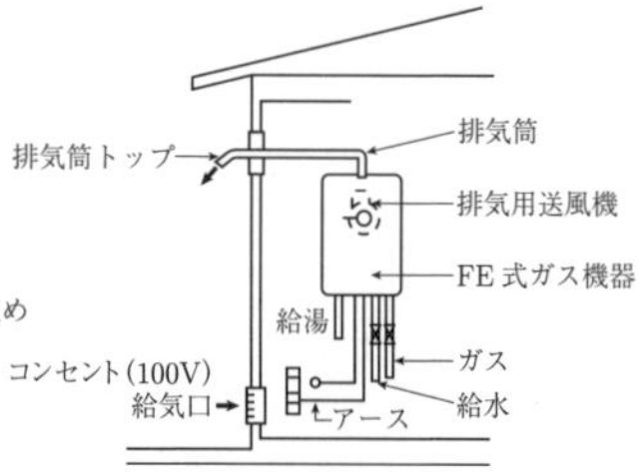
</td><td>・燃焼用の空気を屋内からとり，燃焼廃ガスを排気筒で屋外に排出する方式のガス機器で，自然の排気力による自然排気式（CF 式）*1 と排気ファンを用いる強制排気式（FE 式）*2 とがある．
・取付けにあたっては，給気口と排気筒および換気口の設置を適切に行う必要がある．</td></tr>
<tr><td>密閉式</td><td>自然給・排気式（BF 式）
（ガス風呂釜・ガス瞬間湯沸し器など）
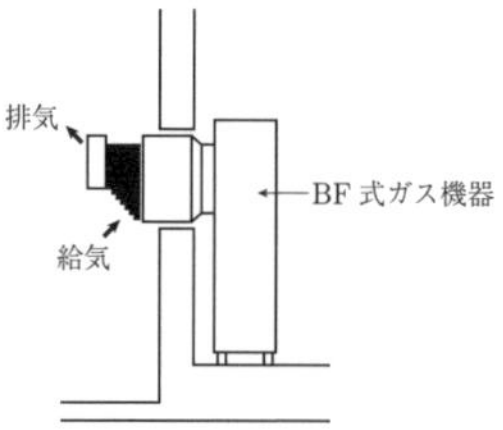

強制給排気式（FF 式）
（ガスストーブなど）
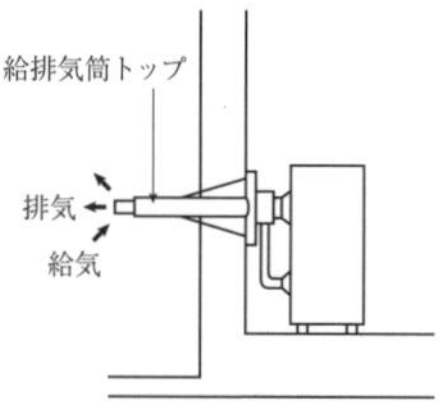
</td><td>・屋内空気と隔離された燃焼室内で，屋外から取り入れた空気によって燃焼し，屋外に燃焼廃ガスを排出する方式のガス機器で，給・排気を自然の通気力によって行う自然給・排気式（BF 式）*3 とファンにより強制的に行う強制給・排気式（FF 式）*4 がある．
・取付けにあたっては，外気流の乱れがなく，かつ，排気の滞留しない外壁などに面した位置を選ぶようにする．</td></tr>
<tr><td colspan="2">屋外用</td><td>屋外設置式
（ガス風呂釜・ガス瞬間湯沸し器など）
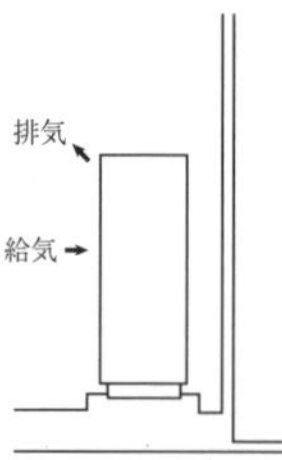

パイプシャフト設置式
（ガス風呂釜・ガス瞬間湯沸し器など）
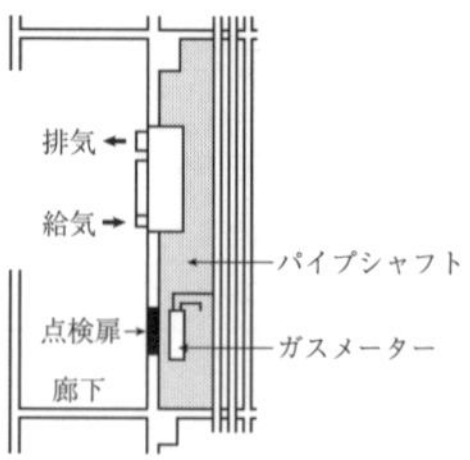
</td><td>・機器本体を屋外に設置し，屋外で給・排気する方式のガス機器である．
・取付けにあたっては，強風や渦流の生じない開放された位置とし，周囲に防火上の措置を講じる必要がある．</td></tr>
</table>

*1 conventional flue の略　*2 forced exhaust の略　*3 balanced flue の略　*4 forced draught balanced flue の略

9.2　給排水，衛生設備

9.2.1　水道水の水質基準

(1) 水道水の分類

水道水は，上水や雑用水，下水などに分類することができる．このうち上水は，飲料や人体に直接触れる水のことで，有毒・有害物質の含有量や大腸菌などの水質基準がある．水道水の殺菌には，強い酸化作用をもつさらし粉などの塩素剤を使う．

雑用水とは，生活排水や産業排水を処理して循環利用するものである．中水道（再利用水）とも呼ばれ，用途によって必要な水質が異なる．主な用途としては，水洗便所用水や消火用水，屋外清掃用水，機器冷却水，修景用水，融雪用水などがある．

(2) 飲料水の水質基準

水道によって供給される水は，水道法の水質基準省令等によって基準が定められている．2020 年に改正が行われ，さらにその後も最新の情報を元に頻繁に改正されている可能性がある．なお，**表 9.6** に 2020 年（令和 2 年）4 月 1 日施行された水道水質基準を示す．

① 遊離残留塩素

給水栓末端において，遊離残留塩素濃度を 0.1 ppm 以上（結合残留塩素の場合は 0.4 ppm 以上）にすることが定められている．検査は 7 日以内ごとに 1 回実施する．

② 大腸菌・一般細菌

赤痢や急性胃腸カタルなどの原因となる大腸菌は「検出されないこと」と定められている．また，一般細菌は「1 mL の検水で形成される集落数が 100 以下」であることが求められており，いずれも 6 か月以内に 1 回の検査を行う．

③ 金属等

鉛や亜鉛，鉄といった金属とその化合物にも基準が定められており，6 か月以内に 1 回検査を実施する．

④ 消毒副生成物・揮発性有機化合物

シアン化物やクロロホルムといった物質は 1 年以内に 1 回の検査を行う．また，トリクロロエチレンやベンゼンなどの揮発性有機化合物は，3 年以内に 1 回の検査が必要である．

表9.6　水道水質基準（51項目）[2020年（令和2年4月1日施行）]

基準項目	基準	基準項目	基準
一般細菌	1 mLの検水で形成される集落数が100以下であること	総トリハロメタン	0.1 mg/L以下
大腸菌	検出されないこと	トリクロロ酢酸	0.03 mg/L以下
カドミウムおよびその化合物	カドミウムの量に関して，0.003 mg/L以下	ブロモジクロロメタン	0.03 mg/L以下
水銀およびその化合物	水銀の量に関して，0.0005 mg/L以下	ブロモホルム	0.09 mg/L以下
セレンおよびその化合物	セレンの量に関して，0.01 mg/L以下	ホルムアルデヒド	0.08 mg/L以下
鉛およびその化合物	鉛の量に関して，0.01 mg/L以下	亜鉛およびその化合物	亜鉛の量に関して，1.0 mg/L以下
ヒ素およびその化合物	ヒ素の量に関して，0.01 mg/L以下	アルミニウムおよびその化合物	アルミニウムの量に関して，0.2 mg/L以下
六価クロム化合物	六価クロムの量に関して，0.02 mg/L以下	鉄およびその化合物	鉄の量に関して，0.3 mg/L以下
亜硝酸態窒素	0.04 mg/L以下	銅およびその化合物	銅の量に関して，1.0 mg/L以下
シアン化物イオンおよび塩化シアン	シアンの量に関して，0.01 mg/L以下	ナトリウムおよびその化合物	ナトリウムの量に関して，200 mg/L以下
硝酸態窒素および亜硝酸態窒素	10 mg/L以下	マンガンおよびその化合物	マンガンの量に関して，0.05 mg/L以下
フッ素およびその化合物	フッ素の量に関して，0.8 mg/L以下	塩化物イオン	200 mg/L以下
ホウ素およびその化合物	ホウ素の量に関して，1.0 mg/L以下	カルシウム，マグネシウム等（硬度）	300 mg/L以下
四塩化炭素	0.002 mg/L以下	蒸発残留物	500 mg/L以下
1,4-ジオキサン	0.05 mg/L以下	陰イオン界面活性剤	0.2 mg/L以下
シス-1,2-ジクロロエチレンおよびトランス-1,2-ジクロロエチレン	0.04 mg/L以下	ジェオスミン	0.00001 mg/L以下
ジクロロメタン	0.02 mg/L以下	2-メチルイソボルネオール	0.00001 mg/L以下
テトラクロロエチレン	0.01 mg/L以下	非イオン界面活性剤	0.02 mg/L以下
トリクロロエチレン	0.01 mg/L以下	フェノール類	フェノールの量に換算して，0.005 mg/L以下
ベンゼン	0.01 mg/L以下	有機物（全有機炭素（TOC）の量）	3 mg/L以下
塩素酸	0.6 mg/L以下	pH値	5.8以上8.6以下
クロロ酢酸	0.02 mg/L以下	味	異常でないこと
クロロホルム	0.06 mg/L以下	臭気	異常でないこと
ジクロロ酢酸	0.03 mg/L以下	色度	5度以下
ジブロモクロロメタン	0.1 mg/L以下	濁度	2度以下
臭素酸	0.01 mg/L以下		

表 9.7　主な給水方式

方　式		特徴と用途
水道直結直圧方式	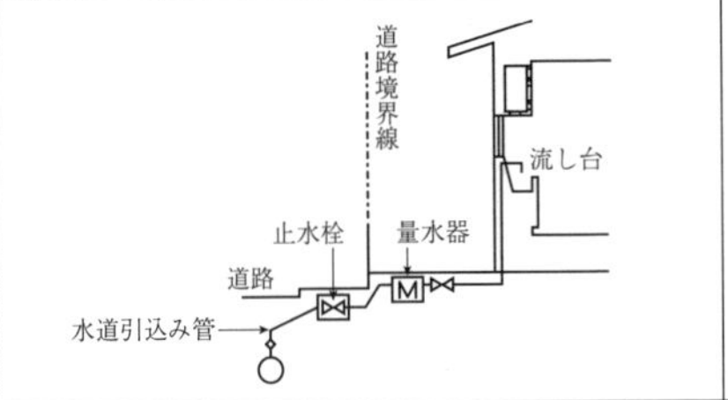	水道本管の水圧を利用して給水する方式. 設備費や維持管理費は安価であるが，高所への給水や断水時の給水が期待できない. なお，水道本管の水圧は，一般に 150 ～ 200 kPa 程度である. **（住宅・集合住宅など）**
水道直結増圧方式	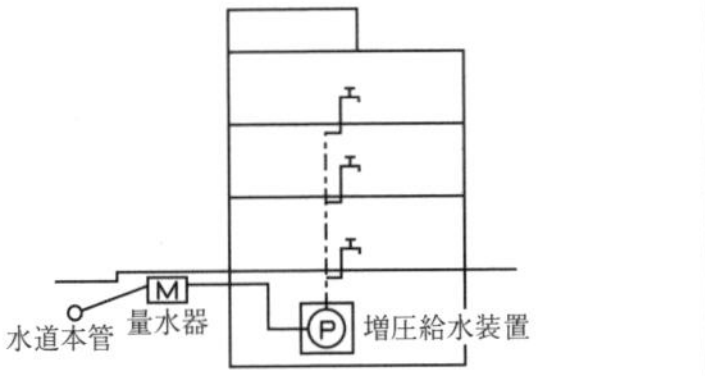	水道本管に増圧給水装置（ポンプ＋逆流防止機器）を，直接，接続して給水する方式. 水道直結直圧方式では水圧不足で給水できないような高所の水栓などにも給水できる. 受水槽や高置タンクが不要のためスペース的に有利で，また，空気に開放されないので，水質が低下しにくい.
高置タンク方式	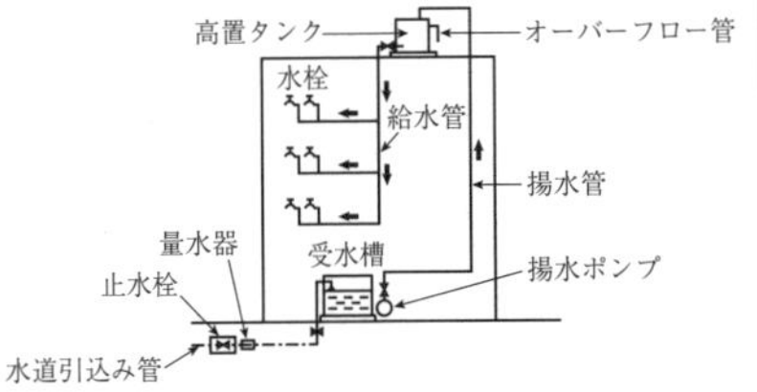	水道引込み管から受水タンクに貯水し，それを揚水ポンプで高置タンクに揚水した後に，水の重力によって，必要な箇所に給水する方式. 設備費や維持管理費が高価となるが，高所に給水でき，また，停電時や水道本管の断水時にも高置タンクや受水タンクの容量分の給水が可能である. **（中・高層の集合住宅や事務所建築物など）**
圧力タンク方式	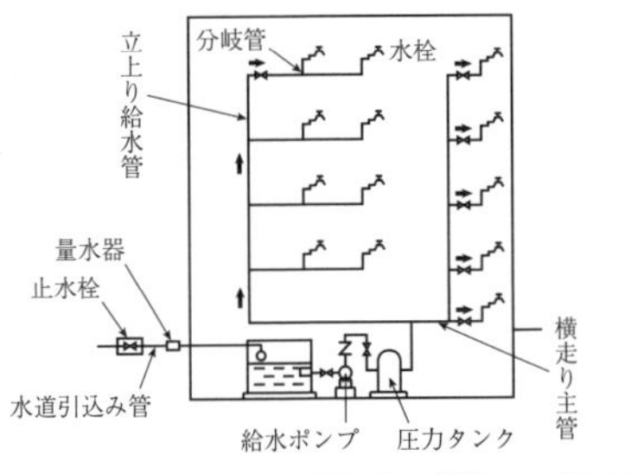	受水槽から給水ポンプで圧力タンクに給水し，タンク内の空気を圧縮・加圧させ，その圧力で必要な箇所へ給水する方式. 高所にタンクを設置しないので建築構造上有利であるが，水圧の変動が大きく，また，停電時の給水が期待できない. 建築物の構造上や外観などの理由により，高置タンクが設置できない場合に用いられる. **（低層の集合住宅や事務所建築物など）**
タンクなしブースター方式（ポンプ直送方式）	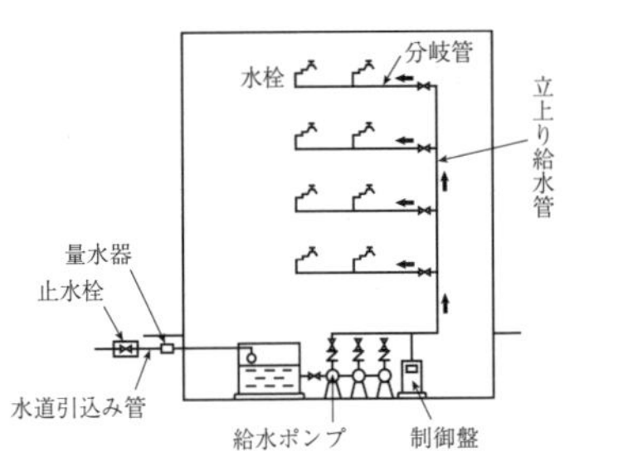	受水槽から給水ポンプで，直接，建築物内の必要な箇所へ給水する方式. 設備費や維持管理費が高価であるが，水の使用状況に応じて，給水ポンプの運転台数や回転数の制御を行って給水するので，水圧の変動が少ない. 高所にタンクを設置しないので，建築構造上有利であるが，停電時のために非常用電源設備を設ける必要がある. 建築物の構造上や外観などの理由により，高置タンクが設置できない場合に用いられる. **（中・高層の集合住宅や事務所建築物など）**

9.2.2 給水設備と方式

給水設備は，われわれの日常生活に必要不可欠な水を，建築物内の必要な箇所に供給するための設備である．したがって，それぞれの給水箇所の機能を果たすのに必要な水量を，適正な水圧で供給できる給水方式や機器を選択することが大切である．

建築物内の衛生器具や水栓に水道本管から給水するには，**表9.7**（前頁）のような**水道直結直圧方式**，**水道直結増圧方式**，**高置タンク方式**，**圧力タンク方式**，**タンクなしブースター方式（ポンプ直送方式）**などがあり，建築物の種類や規模によって選択される．

9.2.3 受　水　槽

図9.6に示すように，**受水槽**は，鋼板製やステンレス鋼板製，プラスチック製，木製などがある．飲料用の受水槽は，汚染を受けないように，**6面点検**できるように，保守点検が容易に行えるように配置（タンクの周壁と底部は60 cm以上，上部は100 cm以上のスペース確保）することが必要である．なお，床下ピットに受水槽を設置することは禁止されている．

受水槽の容量は水道管の給水能力との関係で決定される．水道管の給水能力が高ければ水槽容量は小さく，給水能力が低ければ容量は大きくなる．受水槽の容量を過大にすると残留塩素が消費されて，水が腐敗性を帯びてくる．そのため，受水槽の容量は1日の使用水量の半日分（50%）程度とされている．また，受水槽は水槽内の清掃を考慮して2層に分けるか，中間仕切りを設けるのがよい．

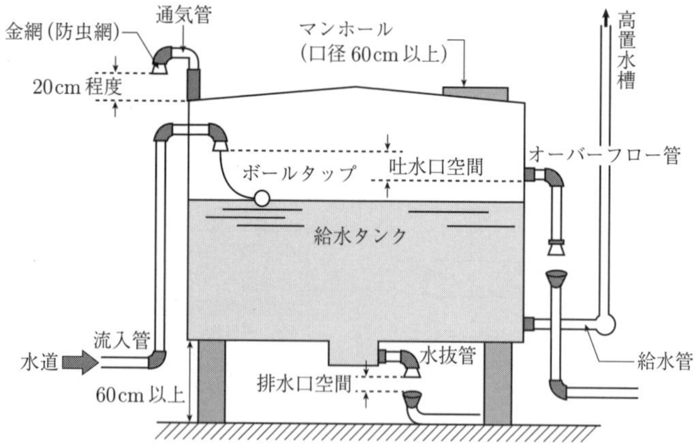

※受水槽の上部，底部，周壁は6面点検が可能であることが義務づけられている．
6面のうち，上部は100 cm以上，その他5面は60 cm以上必要

図9.6　受水槽の構造

9.2.4　使用水量と必要圧力

(1)　使用水量

使用水量は，年間，月間および週間を通じて変化するが，1日と時間当たりの最大使用水量を予想して計画を進める．また，機器の容量計算をする場合などには，使用水量を建築物種別によって，**表9.8**が用いられる．さらに，受水槽は1日の使用水量の4/10～6/10，高置槽は1/10程度の容量が適切といえる．

表9.8　各種建築物別使用水量

建築物種別	使用水量 L/（人・日）	基準
事務所	60～100	在勤者
デパート	3	客
ホテル（客室部）	350～450	宿泊客
集合住宅	200～350	居住者
小・中学校	70～100	生徒
住宅	200～400	居住者
病院	1500～3500	病床数

(2)　必要圧力

水栓などの給水器具は，適当な水量の供給とともに，一定以上の給水圧力が必要である．また，水圧が高過ぎると，管内流速が増加することによって，水撃作用が生じる．

必要最低圧力は，一般水栓で20～30 kPa，大型ガス湯沸し器で60～70 kPa，洗浄弁やシャワーで50～70 kPaとされている．なお，高置タンクが設置されている場合は，最上階の器具の必要最低水圧に配管の抵抗を加えた高さとする．

一方，**必要最高圧力**は，ホテルや住宅で300～400 kPa，一般の建築物では400～500 kPaにするのが望ましいとされている．

さらに，超高層建築物における給水では，高層建築物の下層階で給水圧力が大きくなるため，水撃作用による種々の問題が起こりやすくなる．そこで，給水圧力を400～500 kPa以下になるように給水系統を2つ以上に区切った**ゾーニング**を行う．

水栓・器具などは適正な水圧が得られないと，その機能が十分に発揮できずに使用勝手に支障をきたす原因となる．器具の最低必要圧力について，**表9.9**に示す．

一方，水圧が高過ぎると，水栓・器具などの使用勝手に支障をきたすのみではなく，流速が速くなりやすくなるので，流水音，ウォータハンマー，管内面の腐食などが生じやすく，水栓や器具などの接水部の寿命が短くなる．水圧の上限は，集合住宅やホテル客室など人間の私的な生活の場においては300～400 kPa程度，その他の場においては400～500 kPa程度に制限する．

表9.9　器具の最低必要圧力

器具	必要圧力（kPa）
一般水栓	30
大便器洗浄弁	
一般大便器	70
小便器洗浄弁	70
シャワー	50
ガス瞬間湯沸器	30～50

(3) 節水こま入り給水栓

節水こま入り給水栓は，こまの底部の大きさを，普通こまよりも大きくした節水こまによって，ハンドルの開度が小さいときの吐水量を少なくして，節水を図る水栓である．**図9.7**のように，節水こま入り給水栓は，ハンドルの開度が小さいときの吐水量が少なくなっている．なお，普通こまと比較すると30～40%の節水を図ることができる．

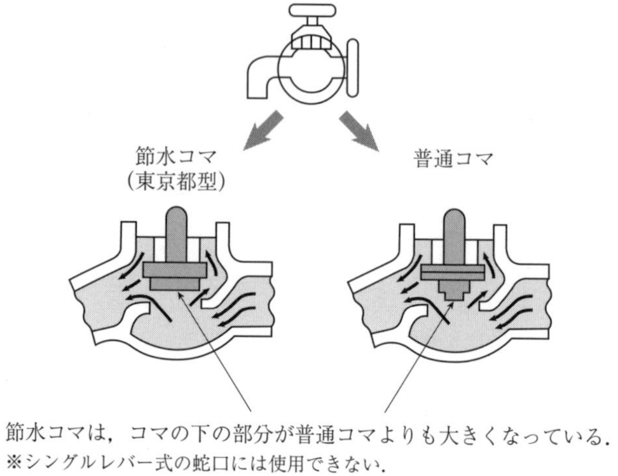

図9.7　節水こま入り給水栓と普通こま給水栓との違い（東京都型の場合）

9.2.5 排水設備

(1) 排水の種類

建築物および敷地内の排水は，使用目的によって，次の4種類に分けられる．

①汚水，②雑排水，③雨水《うすい》，④特殊排水

(2) 排水方式

排水方式には**合流方式**と**分流方式**とがあり，下水道と敷地内排水系統とでは，排水方式の区分の仕方に違いがある．すなわち，下水道では，「雨水《うすい》」を「汚水＋雑排水」と一緒にするか分けるかで，合流方式か分流方式かに区分される．つまり，汚水と雑排水は一緒のものとして扱うことを前提としている．これに対して，敷地内排水系統では，「汚水」と「雑排水」を一緒にするか分けるかによって，**図9.8**で示す排水方式の種類のように，合流方式か分流方式かに区分される．

① 排水の種類による区分

排水の種類による区分は，次の4種類に分けられる．

・汚水系統　・雑排水系統　・雨水系統　・特殊排水系統

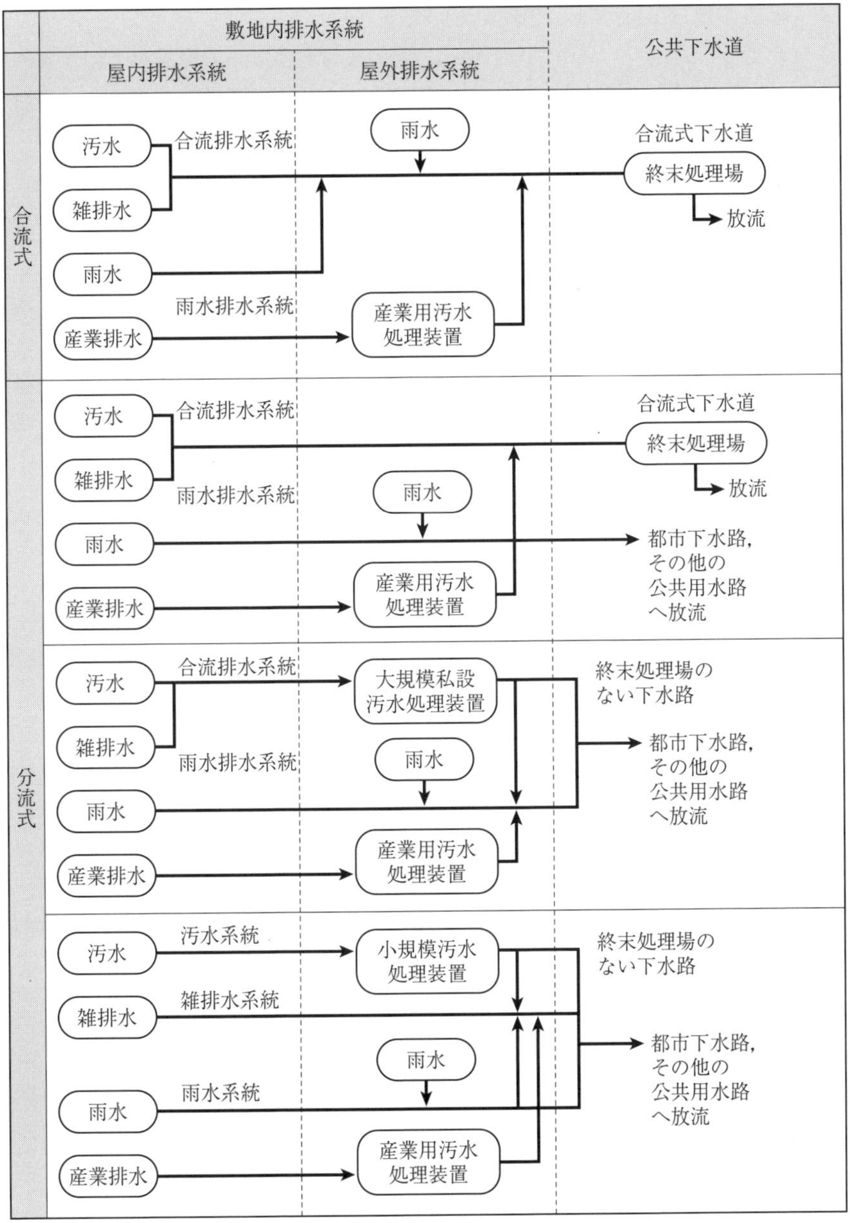
敷地内排水系統
屋内排水系統
屋外排水系統
公共下水道
合流式
汚水
雑排水
合流排水系統
雨水
雨水排水系統
産業排水
雨水
産業用汚水処理装置
合流式下水道
終末処理場
放流
分流式
汚水
雑排水
合流排水系統
雨水排水系統
雨水
産業排水
雨水
産業用汚水処理装置
合流式下水道
終末処理場
放流
都市下水路，その他の公共用水路へ放流
汚水
雑排水
雨水
産業排水
合流排水系統
雨水排水系統
大規模私設汚水処理装置
雨水
産業用汚水処理装置
終末処理場のない下水路
都市下水路，その他の公共用水路へ放流
汚水
雑排水
雨水
産業排水
汚水系統
雑排水系統
雨水系統
小規模汚水処理装置
雨水
産業用汚水処理装置
終末処理場のない下水路
都市下水路，その他の公共用水路へ放流

図 9.8　排水方式の種類

② 排水と放流先との高さの差による区分

水は，重力によって，高所から低所に向かって流れる．この原理をそのまま利用した排水方法を**重力式排水**という．この原理に逆らい，低所から高所へポンプなどの機械装置によって，排水をくみ上げる方法を**機械式排水**という．

図 9.9 に示すように，通常，建築物内の地上部分よりも上からの排水は重力式排水とし，地下部分等で生じた排水は機械式排水によって，建築物の外へ排出する．

重力式で水平方向に排水を流す際には，必ず排水管に勾配をもたせなければならない．当然のことながら重力式排水では，まったくエネルギーを必要としないが，機械式排水では動力源としてのエネルギーが必要となる．

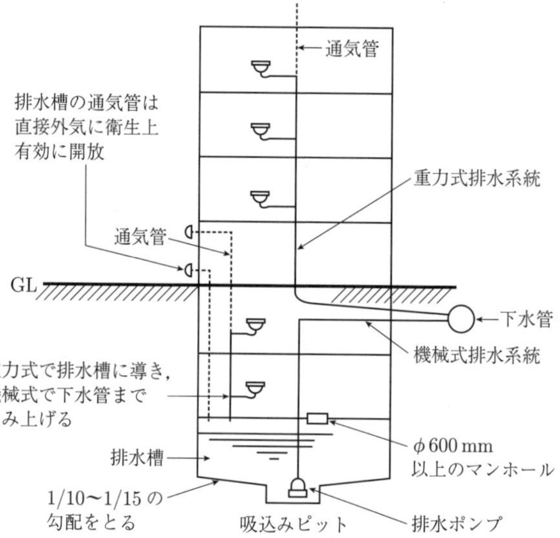

図 9.9　重力式排水と機械式排水

(3) 間接排水

間接排水は，汚染防止の目的で，特に衛生上配慮すべき機器に対して他の器具からの排水が逆流したり，その下水道，ガスが浸入したりすることを防止するために，排水管に直接排水せずに，所要の排水口空間を設けて排水する方式のことをいう．

間接排水を必要とする機器や排水管は，建築基準法において，冷蔵庫，食器洗浄機，水飲み器，洗濯機，消毒器，給水ポンプ，空気調和機その他これに類する機器，貯水タンクなどのオーバーフロー管，皮むき機などの厨房用調理機器や流し，水泳用プールの排水管，オーバーフローまたはプールの，ろ過装置からの逆洗水と定められている．

9.2.6　トラップと阻集器

(1)　トラップ・阻集器の目的，構造条件

①　トラップの目的

トラップは，排水系統中の内部に封水部をもち，排水の流れに支障なく，排水管中の空気が排水口から室内に侵入してくるのを防止するものである．

排水管を通じて排出される水には，液状，固形状のさまざまな汚物が混入している．これら汚物は，排水管や排水ピットなどの内壁に付着して腐敗し，悪臭をもつ有毒な排水となりうる．また，この排水，ガスなどが排水管内を上昇気流に乗って，室内に侵入してくる場合がある．これらを的確に防止することが，トラップを設置する目的である．

トラップの**封水深**は，浅いと蒸発，深いと自掃性が失われるので，50 ～ 100 mm とする必要がある．またオーバーフロー管の接続は，トラップの上流側に接続する．

さらに，冷蔵庫や空気調和機の凝縮水排水，飲料水のタンクのオーバーフローなど，排水配管に直接してはならない排水を**間接排水**という．つまり，トラップの封水が蒸発し失われると，下水ガスや昆虫類が侵入し，飲食物が汚染あるいは悪臭の原因となることから，排水管とは，一旦縁を切り，排水口空間を設け，流出させるものである．

②　トラップの構造条件

トラップの代表的な形のものを例に，各部の名称を**図 9.10** に示す．この図でもわかるようにトラップは，排水通路の一部を凹ませ，水を溜め，その水で排水通路に空隙間部ができないように閉塞（封水ともいう）する構造である．

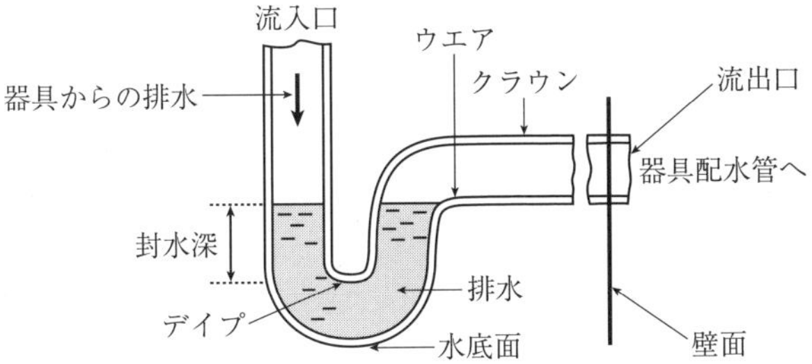

図 9.10　トラップ各部の名称

トラップの機能・構造は次の条件を満足する必要がある．

1）排水管内の臭気を有効に遮断できる構造であること．
2）阻集器を兼ねたものを除き，汚物などが付着または沈殿しない構造とし，排水に接する面は平滑で汚物が停滞せず，排水の流れで洗い落とされるよう自浄作用があること．
3）容易に内部の清掃ができる構造であること．
4）封水の深さは50 mm以上100 mm以下であること．

③　二重トラップの禁止

1つの排水系統に直列に2個以上のトラップを設けることを**二重トラップ**といい，これは禁止されている．二重トラップは，衛生器具には各個にトラップが設けられているが，その先の配管の途中にトラップを設けた場合，2つのトラップに挟まれた排水管内は閉塞状態になり，器具から排水とともに流入した空気は逃げ場がなくなり，器具のトラップ封水や排水の流れに悪影響を及ぼすためである．

④　阻集器の目的

阻集器の設置目的は，排水中の有害物質である土砂，油脂などをできるだけ阻集して，排水系統の機能障害・損傷などを防ぐことにある．

阻集器とは，排水中に含まれる有害・危険物，望ましくない物質，または再利用できる物質の流下を阻止，分離，収集して，残りの水液のみを自然流下によって，排水できる形状・構造をもった器具または装置をいい，それらの種類には，厨房などに用いる**グリース阻集器**，駐車場やガソリンスタンドなどに使用する**オイル阻集器**，**毛髪阻集器**，**砂阻集器**などがある．

(2) トラップの種類

トラップの基本的な種類は，管トラップ（P形・S形・U形），ドラムトラップ，ベル（わん）トラップなどがある．**図9.11**にいくつかのトラップの基本形の例を示す．

(3) 阻集器の種類

①　**グリース阻集器**：**図9.12**に示したように，厨房などからの排水中に含まれる脂肪分を，いくつかの隔壁が設けられた容器内で冷却，凝固させて阻集するもの．

②　**オイル阻集器**：自動車の修理工場や洗車場，給油場など，ガソリンや油類が排水系統に流れ込み，引火，爆発などの事故を起こす危険性がある場所に用いる．

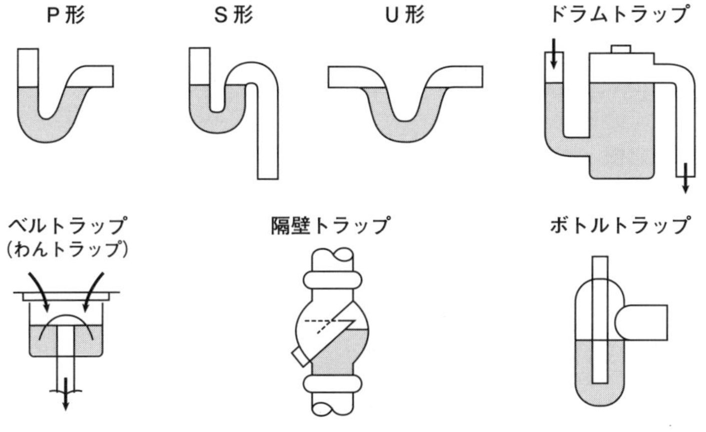

図 9.11　トラップの基本形の例

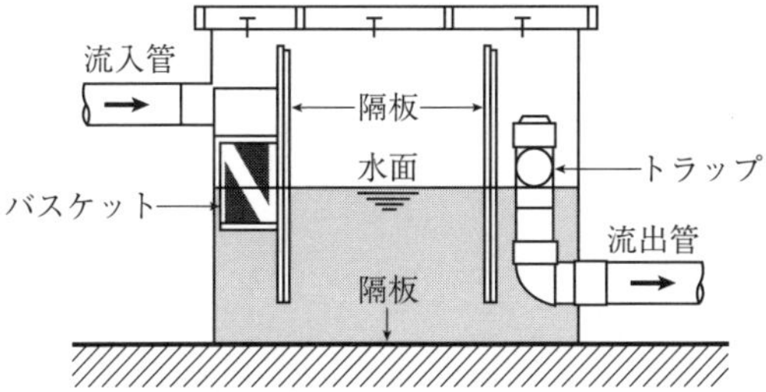

図 9.12　グリース阻集器の例

また，洗車場などでは，土砂の流入もあるので，その阻集も考慮した構造とし，設置場所も配慮する必要がある．

③　その他の阻集器：その他の阻集器としては，土砂，セメントなどの重い物質が流入して，排水管を詰まらせないための砂阻集器や美容院，理髪店などの排水管に設ける毛髪（ヘア）阻集器，歯科病院，整形病院の処理室などの排水系統に設け，貴金属や水に不溶性のギプス用石膏（プラスチック）などを阻集する目的で設けるプラスタ阻集器などがある．その他にも以下のような阻集器がある．

1）　**ランドリー阻集器**

大きさ 13 mm 以上の不溶性物質（糸切れ，ボタン等）が排水系統に流入することを防止できる構造とし，取り外しが可能なメッシュ 13 mm 以下の金網バスケットが設備されている．

2)　砂阻集器

土砂など比重が大きいことを利用して,器内で沈殿,対流されるような構造になっている．泥留めの深さは 150 mm 以上としなければならない．

9.2.7 通気管（ベントパイプ）

通気管（ベントパイプ）の目的は，排水管を水が流れるとき，この水流によって管内の空気圧が変動を起こすので，この変動幅がある限度を超えると，トラップの封水が破られる．そこで排水管内の必要箇所を大気に開放して変動圧力を逃がしたり，または空気を補給して管内の圧力を大気圧と同じようにする．この排水管内のあらゆる部分に空気をいきわたらせることを目的とするのが通気管(ベントパイプ，vent pipe）であり，あわせて排水管の換気も行う．排水系統の通気管内で空気循環が不十分な部分があると，菌類が成長したり，ぬめりを生じることになる．

通気管の設置目的は，次の通りである．

①　排水系統内の排水および空気の流れを円滑にする．

②　トラップ封水がサイホン作用および背圧によって破られるのを防止する．

③　排水系統内の換気を図り，管内を清潔にする．

排水設備と通気設備の構造については，**図 9.13** に示す．

9.2.8 衛 生 器 具

(1) 衛生器具設備とは

衛生器具設備とは，水まわりにおいて，給水，給湯，排水などに使用する水受け容器，排水器具などの衛生器具や，これらを組み合わせて設置する設備のことをいい，複合化されたユニット類まで含めた水使用機器・設備などの総称である．衛生器具設備は，多種多様であり，それらを構成する器具を衛生器具と称している．衛生器具は,給水器具,水受け容器,排水器具および付属品の 4 つに大別され,耐久性,安全性，衛生性などのあらゆる性能を満たしていなければならない．

衛生器具は，給水と排水の接点にあり，人体に有害なものであってはならず，給水を汚染しないものでなければならない．

JIS に定めらている衛生陶器種別は，大便器，小便器とストール小便器，洗面器と手洗器，洗浄タンク，料理流し，掃除流しの 8 種類となっている．

陶器の素地は，溶化素地質（主原料は長石，陶石，けい石，陶土，磁土）が使用され，インキ試験の透過度 3 mm 以下で，吸水性が少ない．なお，主な衛生器具の取付高さを**表 9.10** に示す．

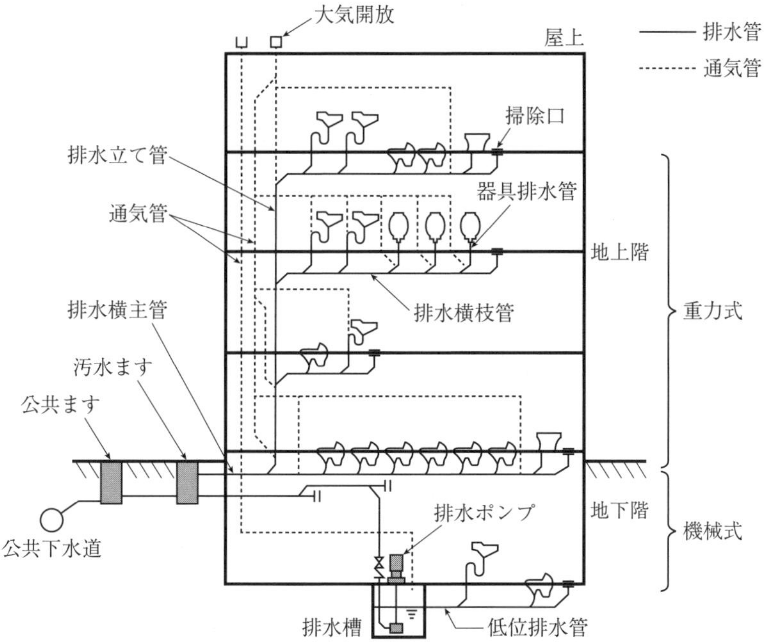

図 9.13　排水設備と通気設備

表 9.10　主な衛生器具の取付高さ

器具	高さ（mm）	摘要
和風両用便器	300	上・下床面の差
小便器	530	床面からたれ受け部まで
洗面器	720	床面からあふれ縁まで
手洗器	760	床面からあふれ縁まで
掃除用流し	680	床面から上縁まで
洗濯流し	810	床面から上縁まで
ハンドシャワー	850	床面から混合弁
ハンドシャワー	1650	床面からヘッド取付金具まで

衛生器具の材質として必要な条件は，吸水性が少ないこと，つねに清潔を保持できる表面がなめらかであること，耐食，耐摩耗性のあること，製造・取付けが容易で，飲料水に接する材質は，人体に有害な成分が溶出しないなどである．これらの条件に適合する材質で，使用されているものは，陶器，ほうろう鉄器，ステンレス，樹脂などであり，その品質は，JIS 規格に適合するもの，もしくは同等以上の性能を有しているものでなければならない．

(2) 大便器

① 大便器の種類

大便器は，**和風便器**と**洋風便器**の 2 種類に大別される．大便器の種類は，機能，構造などの違いから，**図 9.14** に示すように，洗出し式，洗落し式，サイホン式，サイホンジェット式，サイホンボルテックス式，ブローアウト式などがある．

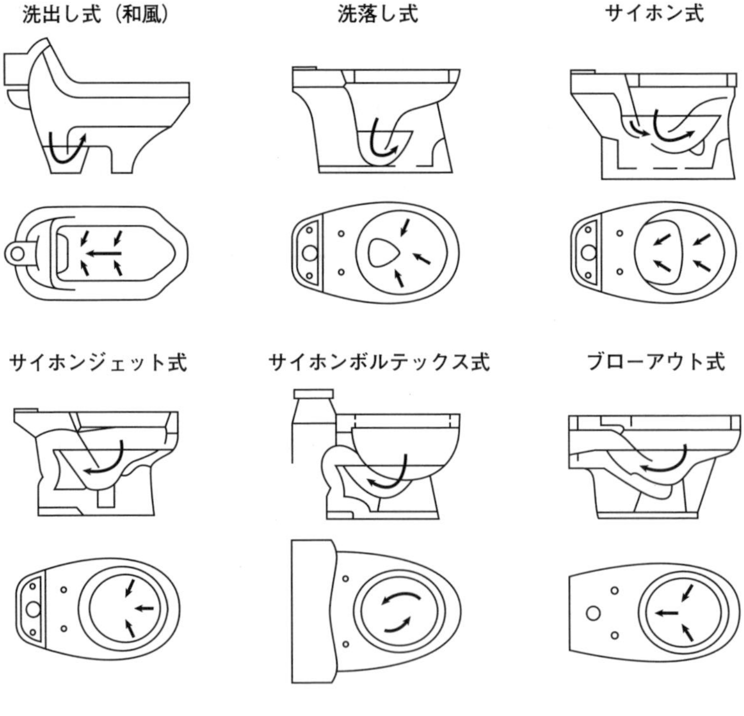

図 9.14　大便器の種類

1)　洗出し式

和風大便器に多い形式で，汚物が浅い溜水部に溜まり，洗浄水によってトラップの方向へ洗い流す方式である．便器の内面の乾燥面が広いため，洗浄が不十分になりがちなことと，汚物が溜水面上に露出するので臭気の出る場合が多い．

2)　洗落し式

汚物を，直接，トラップ溜水中に落とす方式で，臭気の発散は洗出し式よりも少ないが，乾燥面が広いため，便鉢の内壁面が汚れやすい．洗落し式はトラップに屈曲を多くして，洗浄時に満水面が上昇し，その落差によって汚物を器外に排水する．また，騒音も大きい．構造が単純で安価であり，広く洋風に使用されている．

3)　サイホン式

洗落し式の機能に，トラップの通水路をゆるく傾斜させて，サイホン作用で汚物を吸い取るように流下させるもので，サイホン作用は不確実ではあるが，騒音が小さく，洗落し式よりも洗浄機能にすぐれている．

4)　サイホンジェット式

サイホン作用を確実にするため，トラップの排水路入口に噴水（ジェット）口を設けて，溜水面が広く取れ，封水も深く太くできるので，汚れが少なく，高価ではあるが，優れた方式といえる．和風に適用する場合には，木造床に据え付けるための十分な補強を必要とする．

5)　サイホンボルテックス式

タンク密結形の便器に用いられ，水の落差が小さいので，サイホン作用に渦巻作用を加えて，吸引，排出能力を増強させたもので，洗浄時に空気の混入がない構造であるため，騒音が少ない．

6)　ブローアウト式

ブローアウト式は，サイホンジェット式に似ており，トラップ下部の小孔から水を噴出させ，サイホン作用によって，水の噴出圧力で汚物を吹き飛ばし，排出するので，吹き飛ばし式とも呼ばれる．ある程度以上の給水圧力が必要であるので，騒音が大きく，ホテルなどでは不向きといえる．

②　大便器の洗浄方式

大便器の洗浄方式には，給水方法によって，洗浄タンクと洗浄弁（フラッシュバルブ）式がある．洗浄タンク式には，床面から 1.6 m 以上の高さにタンクを設けた**ハイタンク式**と，床面から 45 ～ 55 cm の高さにタンクを設けた**ロータンク式**がある．

洗浄弁式は給水管から直接給水する方式で，ハンドルを押せば，給水圧力によって，弁が開き，15 L 程度の水量が 7 ～ 12 秒間に流出する．ある程度以上の給水圧力と給水管径が 25 mm 以上必要であるが，連続使用が可能でコンパクトであるなどのメリットがある．ただし，断水などで給水管内が負圧になると，汚水が給水管内に逆流する危険がある．これを防止するためには**バキュームブレーカー**（**真空防止器**）を取り付ける．なお，押しボタンを本体から離して操作しやすくした，リモコン式や電磁弁を利用した自動フラッシュバルブもある．

さらに，洋風便器の便座に肌の接触時の冷たさを除くため，加熱するもの，臭気を吸収する換気装置付きのもの，ビデと同様な機能を有して温風乾燥ができるもの，節水も兼ねた擬音装置を備えたものなどが実用化されている．

(3) 小便器

① 小便器の種類

水洗式小便器には，壁掛け形とストール形（自立形）の 2 種類がある．壁掛け形は安価であるが，仕切り板を必要として床面の汚れが多いので，壁掛けストールが多く用いられるようになった．小便器の洗浄は，住宅などの 1 個だけの場合は，小便器用洗浄弁や洗浄水栓が用いられ，また多数の小便器を設ける場合は，**自動洗浄装置**を用いるのが一般的である．さらに，トラップの有無によって，トラップなし，トラップ付きおよびトラップ着脱式に分類される．なお，**図 9.15** に主な小便器を示す．

・壁掛け小便器
・壁掛けストール小便器
・トラップ付きストール小便器

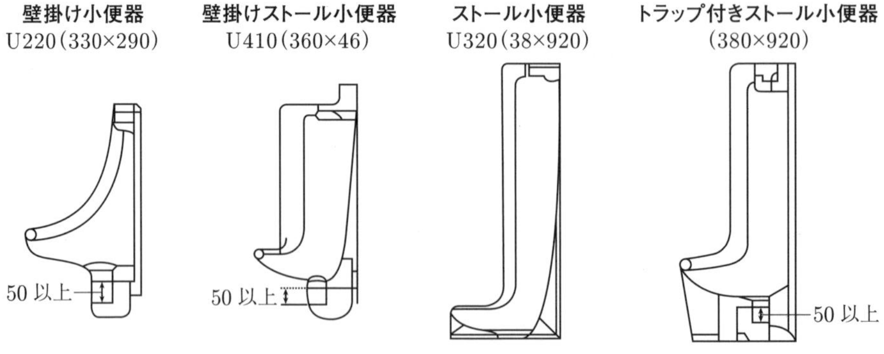

図 9.15　主な小便器の種類と寸法例

②　小便器の洗浄方式

小便器を洗浄するための給水方式は，小便水栓式，フラッシュバルブ式，自動洗浄式の 3 種類に大別される．

小便水栓式，フラッシュバルブ式は，ハンドル操作および押しボタン操作の人為的な操作による洗浄方法である．皮膚接触の嫌悪感，操作の煩わしさなどのために操作されないことが多く，不衛生になりやすい欠点がある．

自動洗浄式は，ハイタンク式と電磁弁式に分類され，作動制御の違いによって，センサー感知型とタイマー型に分類される．センサーによって使用状態を感知して洗浄するセンサー感知型は，衛生的にも，節水の観点からも望ましい方式といえる．また，学校など使用時間が集中し，規則的に繰り返すような場所には，小便器 2 ～ 3 個ごとにハイタンクを設け，ハイタンク内に設けたサイホン管で 5 ～ 10 分間ごとに洗浄水を流す自動サイホン式のタイマー型が採用されている．

(4) その他の衛生器具

①　手洗い器，洗面器

一般に，排水栓のない容量の小さいものを**手洗い器**，排水栓を設けた容量の大きめのものを**洗面器**と呼ぶが，種類が多いため，明確な区分はできない．給水栓だけを付けたものと，給湯栓を併設したものとがあり，向かって右側が水（C)，左側が湯（H）である．

②　浴室に設置される器具

浴室に設置される器具には，浴槽，給水器具，浴槽用および洗い場用床排水器具がある．

浴槽は，和風，洋風，和洋折衷などのタイプに大別され，その素材は，ステンレス，ほうろう鉄器，樹脂など多種多様である．特に FRP（ガラス繊維強化プラスチック）は多用され，安価タイプから自然石調の高級タイプまで品種も多い．

9.2.9　給湯設備，給湯方式

(1) 給湯設備の概要

①　湯の性質

水を加熱していくと，その体積は膨張していく．水の体積のいちばん小さい 4℃から，100℃まで加熱していくと，その体積は 4.3% まで膨張する．給湯設備の中で，ボイラーなどの加熱装置で加熱された水は，体積が膨張するので，この膨張した水を逃がす装置を設けなければ，加熱した水の膨張圧力によって生じた内圧の増加が，ボイラー，貯湯槽，配管等の機器類を破損するなどの危険性がある．そのため，水の膨張を逃がすための安全装置として，膨張管，膨張水槽，逃し弁などを設け，膨張した分を排出するか，密閉型膨張水槽を取り付ける．

また，水は温度が上がると密度が小さくなるので，配管や容器の中で温度の高い部分は上昇し，低い部分は降下して循環作用が起こる．

②　湯の種類

湯の種類は，その利用別に 4 種類に分けられる．

1)　飲料用：広い意味では，厨房での料理に関して洗い物以外で使用する湯も，これに含まれる．飲料用で使用されるため，一般に 90℃～ 100℃で使用され，細菌や不純物の混入には，特に注意が必要である．そのため，原水が飲料に適しているものであり，さらに加熱装置や温水配管等の湯に接する部分の材質が，食品衛生法などに適したものであることが必要である．

2)　洗浄用の温水：厨房で食器や厨房器具，食材の洗浄に使用される．この湯も直接，間接的に食物に触れるため，衛生管理には十分，気を付ける必要がある．もう一方での洗浄は衣類の洗濯用である．洗浄の種類や洗浄器具の種類によって使用温度が異なるのも特徴である．

3)　シャワーや風呂用の温水：ここで使用される温度は，40 ～ 45℃程度である．なお，トイレや洗面所で使用される温水温度は，40℃程度とされている．ここで，使用されている温度は，比較的，低温なので，レジオネラ属菌の対策として，使用直前で湯水混合する必要がある．

4)　暖房用：セントラルヒーティングなどの温水暖房に使用される温水がある．

③　設計基準給湯量，使用湯水温度

設計基準の給湯量を**表 9.11**，主な用途別使用湯水温度を**表 9.12** に示す．

表 9.11　設計基準の給湯量

建築物	基準給湯量
戸建て住宅	75 ～ 150 L/(人・日)
集合住宅	75 ～ 150 L/(人・日)
事務所建築物	7.5 ～ 11.5 L/(人・日)
ホテル（客室）	75 ～ 150 L/(人・日)
病院	150 ～ 200 L/(人・日)

表 9.12　主な使用湯水温度

用途	使用湯水温度
厨房皿洗い機すすぎ用	70 ～ 80℃
浴用（成人）	43 ～ 45℃
シャワー	43℃
飲料用	90 ～ 95℃（湯沸器）
一般用	40 ～ 45℃
遊泳プール	21 ～ 27℃

④　給湯温度

1）　給湯温度は 55 ～ 60℃程度が望ましく，一般には 60℃に設定している．なお，80℃以上にはしないこと．

2）　給湯温度を低くすると，湯が多く消費されがちで不経済となる．

3）　給湯温度が 60℃以上になると，溶存酸素の溶出，機器・配管材料の腐食が激しくなったり，やけどの危険がある．

4）　給湯温度は，高過ぎると，やけどする危険性があるので，使用するときは水と混合できるように，**湯水混合水栓**（**ミキシングバルブ**）等を設置する．

5）　高齢者施設や児童福祉施設などで，使用する場合は，**図 9.16** のような湯水混合水栓とする．

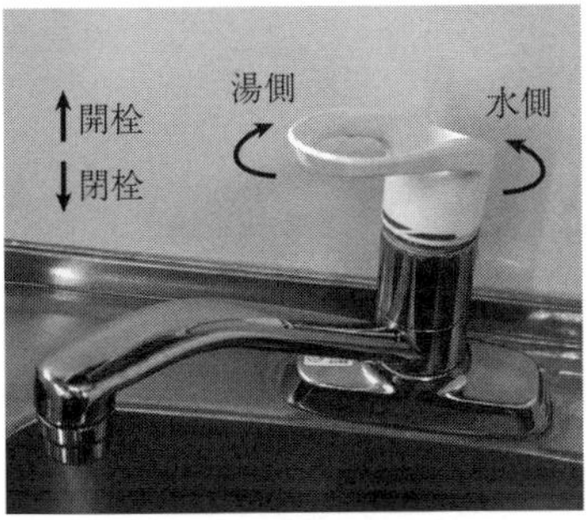

図 9.16　湯水混合水栓の例

（2）給湯方式

①　給湯方式の種類

給湯方式には，局所式と中央式とがあり，建築物の種類，使用目的，規模の大小，湯の使用方法および設備費，維持管理によって決められる．

②　局所式給湯

事務所建築物などの給湯室の飲料用給湯や住宅の瞬間湯沸器による給湯方式に適用される．大規模な建築物では，給湯機器が分散するため，保守管理等に不便であるが，必要に応じて個々に操作できるので，熱源を経済的に使用でき，ランニングコストを軽減できる．熱源として，ガスや電気が用いられる．

給湯配管があっても短いので，給湯箇所の少ない場合は設備が安く，給湯時の配管内での熱損失が少ないことから経済的である．給湯箇所が多い場合は，加熱装置の数が増すので，設備費はかえって高くなり，維持管理にも手間を要する．

1）　**瞬間式**

容量の決定は 1 分間あたりの給湯量を基準として選択する．給湯器の能力を示す 1 号とは，流量 1 L/分を 25℃上昇させる能力をいう．水圧が低いと着火しないので，一般に 50 kPa 以下では不向きである．加熱器には貯湯部分がなく，加熱コイル内を通過する水がガスの炎や電熱によって温められて湯になる方法で，住宅の台所，浴室，洗面所など小規模の給湯設備に広く用いられている．

2) **貯湯式**

建築物の湯沸室，食堂などの飲料として用いられる．熱源は電気，ガスが用いられる．開放型であるため，器具よりも高い位置には供給できない．

小規模な貯湯槽内の水をガスの炎や電熱によって，直接，温める．使用された湯量に相当する水が自動的に供給され，貯湯温度を自動的に，一定に保持されるように熱源が送られる．湯茶供給用など高温の湯が必要な湯沸し室や食堂に設置される．なお，短所としては，一時的に多量の湯を使うと，次に湯を沸かすまで時間がかかること，省エネルギーのためには，使用時以外はガス栓を閉鎖する必要がある．

③ 局所式給湯の長所と短所

〈長所〉

1) 用途に応じで必要箇所で，必要温度が比較的容易に得られる．
2) 給湯容量が小さいので，加熱器の容量など設備規模が小さくなり，設備費が安く維持管理も容易である．
3) 給湯箇所の増設が容易にできる．

〈短所〉

1) ある程度の給湯規模以上になると，加熱器が点在し，維持管理が難しくなる．
2) 給湯箇所ごとに加熱器の設置スペースを必要とする．
3) 給水側水圧の変動を生じ，湯水混合水栓やシャワーなどの使用に不便をきたすことがある．

④ 中央式給湯

中央式給湯は，ホテル・大規模建築物に適し，中小の事務所建築物には，飲料用として貯湯式湯沸器を設置する例が多い．一般に，中央式給湯においては，給湯栓を開いた場合，短時間に湯が出るように，返湯管と循環ポンプを用いて強制循環を行う．循環式の場合は，循環ポンプを用いた強制循環式と湯の比重量の差による自然循環式とがある．

1) 加熱装置は，給湯規模や貯湯容量によって，蒸気あるいは熱水を熱源とした貯湯槽か給湯用温水ボイラーと貯湯槽を直結した直接加熱式がある．
2) 一般的に，ボイラーおよび第一種圧力容器の法定検査を受けることになる場合が多い．
3) 給水は，一般に屋上の高置水槽から導き，給水系統と同様に上向き配管または下向き配管による．

⑤　中央式給湯の加熱方法

中央式給湯の加熱方法には，直接加熱式と間接加熱式の 2 つの方法がある．

1)　**直接加熱式**

水をボイラーで直接加熱して，各必要箇所に給湯する方式である．ボイラーに直接水圧がかかるため，水圧が高くなると中圧・高圧ボイラーを使うことが必要となり，設備費が高くなる．また，給湯するときに補給水が入るため，温度が急激に変動する可能性があること，また水質によって，湯垢が付着して熱効率を低下させる欠点がある．

2)　**間接加熱式**

貯湯タンク内の加熱コイルにボイラーからの蒸気または高温水を供給し，加熱する．間接加熱のために，ボイラーへ新しい水の供給がほとんど行われないことから，湯垢の付着などの欠点が少なく，蒸気加熱の場合は，給湯する建築物の高さに関係なく，低圧ボイラーが用いられる．

9.3　電気設備・自動制御

9.3.1　屋内配線設備

(1) 電圧の種類と配電方式

電圧の種類には，低圧，高圧，特別高圧があり，その分類を**表 9.13** に示す．

(2) 電気方式

電気方式には，**表 9.14** に示すように，直流と交流とがある．屋内配電には交流が採用され，直流は特殊な場合の他はあまり用いられない．

電気は**直流**（DC）と**交流**（AC）の 2 つに大別される．直流は乾電池に代表され，**図 9.17** のように，一方向にのみに電流が流れる．

ちなみに，AC アダプターとは，家庭用の交流を直流に変える装置である．

一方，交流は，コンセントから得られるもので，**図 9.18** のように，周期的に電流の大きさと流れる方向が切り換わる．住宅や一般的な建築物で，通常，利用されているのは 100 V の交流（単相正弦波交流）である．

表 9.13　電圧の種類と配電方式

区分＼種類	低圧	高圧	特別高圧
直流（DC） 交流（AC）	750 V 以下 600 V 以下	750 V を超え 7000 V 以下 600 V を超え 7000 V 以下	7000 V を超えるもの 7000 V を超えるもの

表 9.14　屋内配線方式と用途

電気方式	配線方式	用　途
100 V 単相 2 線式	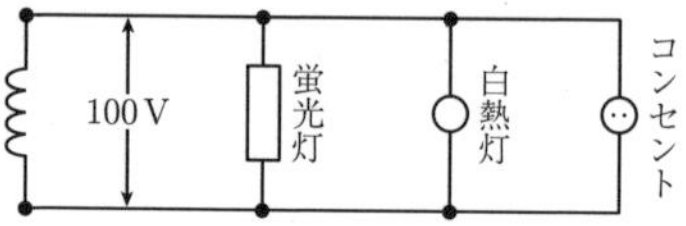 （200 V 単相 2 線式もある）	白熱灯，蛍光灯，家庭用電気器具の回路.
100/200 V 単相 3 線式	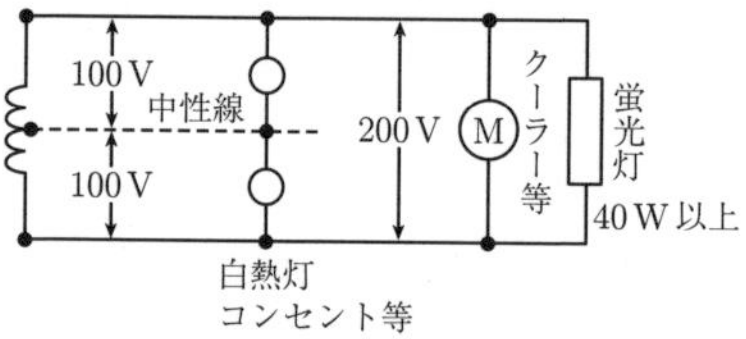	電圧降下，電力損失，設備費等を考慮して，負荷の大きい住宅，商店，中小規模建築物などの照明・コンセント系統，幹線回路．100 V と 200 V を同じ電源から取ることができる.
200 V 三相 3 線式	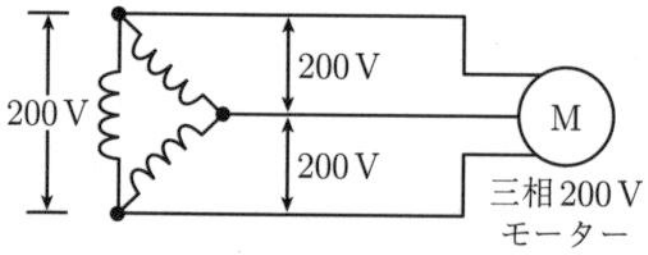	0.4 ～ 3.7 kW 程度の一般モーターなどの回路.
240/415 V 三相 4 線式 （50 Hz 地区） 265/460 V 三相 4 線式 （60 Hz 地区）	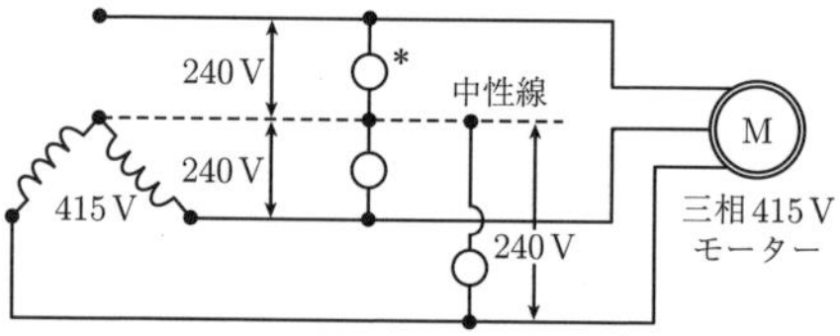	特別高圧受電などの超大型ビルの幹線回路．電灯，モーターの両方に電力を供給できる.

* 200 V 用蛍光灯など（100 V 回路が必要な場合，小型変圧器等で降圧）

なお，ここで，**実効値**とは，交流は電流の大きさが一定周期で変わり，瞬間の値も刻々と変化するとき，その交流が行う仕事を直流と同じだとして，交流の電気的効果を表す値である.

【実効値】＝交流のピーク値 / $\sqrt{2}$

ちなみに，交流が現在，家庭用の電気などに広く利用されている理由は，直流は電圧の上げ下げや変圧ができないが，交流は電圧の大きさを変圧器によって，容易に変更することができることに起因する．つまり，遠くの発電所から高電圧で送電

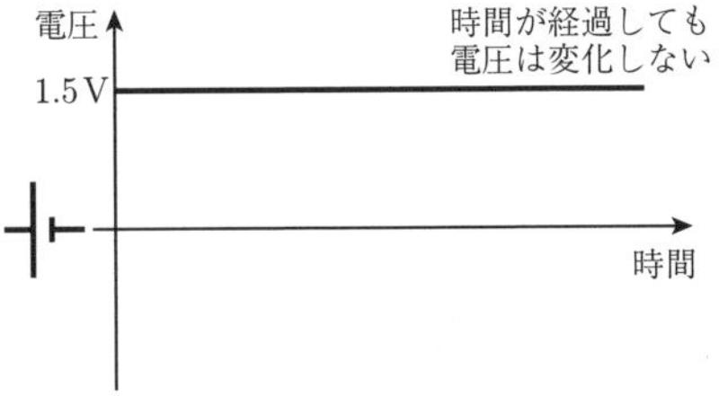

*単 1・単 2・単 3 などの乾電池の電圧は 1.5 V である．

図 9.17　直流の概念図

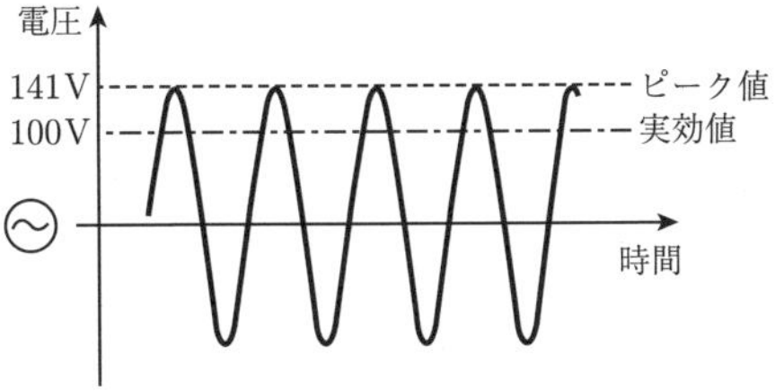

*100 V 交流とは実効値が 100 V ということで，交流のピーク値ではない．

図 9.18　交流の概念図

し，家庭や施設の近くで電圧を下げて，電気を利用できるからである．なお，工場などでは単相正弦波交流 3 つを一定の時間周期にした 200 V や 400 V の三相交流が利用されている．

9.3.2　受変電設備

建築物における電力負荷の総合所要電力が大容量となる場合には，電力会社では高圧または特別高圧で受電するように指定している．一般に，契約電力が 50 kW を超えると供給電圧が高圧または特別高圧となるので，変電設備を設けることになる．

(1)　受電方式の種類

受電方式の種類には，一回線受電方式，本線予備線方式，ループ受電方式，スポットネットワーク受電方式に大別できる．以下にそれぞれの方式の概要をまとめる．なお，図中の CB とは，遮断器のことである．CB の詳細は (3) で後述する．

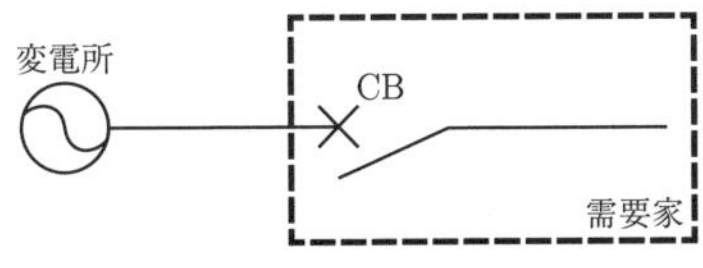

図 9.19　一回線受電方式

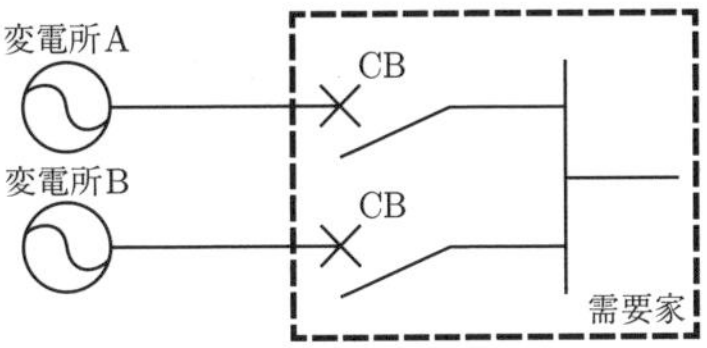

図 9.20　本線予備線方式

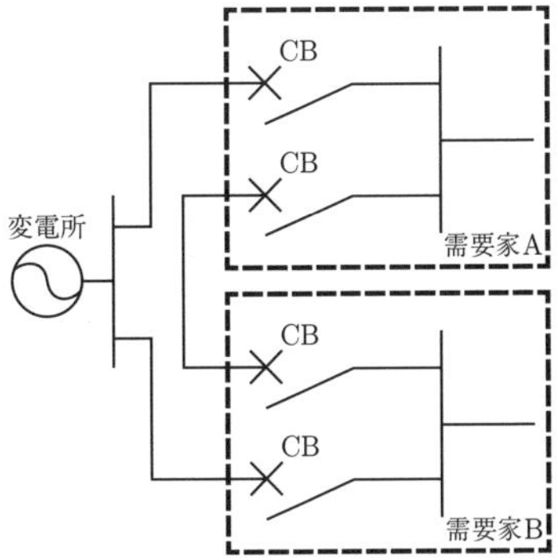

図 9.21　ループ受電方式

① 一回線受電方式：**図 9.19** は，**一回線受電方式**である．一回線の送電線の途中で分岐して，何箇所かの需要家が接続している場合もありうる．

② 本線予備線方式：**図 9.20** は，**本線予備線方式**である．本線予備線方式は，常時は 2 回線のうち，片方の 1 回線＝本線で受電し，短時間の停電で受電が再開できるという長所がある．

③ ループ受電方式：**図 9.21** は，**ループ受電方式**である．ループ受電方式は，常時 2 回線で受電するため，片側の 1 回線が故障しても，その回線を遮断することにより，もう片方の 1 回線から受電を継続できるという長所がある．

④ スポットネットワーク受電方式：**図 9.22** は，**スポットネットワーク受電方式**である．平常時は，3 回線から同時に受電するので，最も停電しにくい受電方式の一つである．最も高コストである一方，電力供給の信頼性が高い受電方式である．なお，図中，**DB**（Double Buses）とは二重母線方式，**Tr**（Transformer）は変圧器，**FT**（Feeder Transformer）は配線用変圧器のことである．

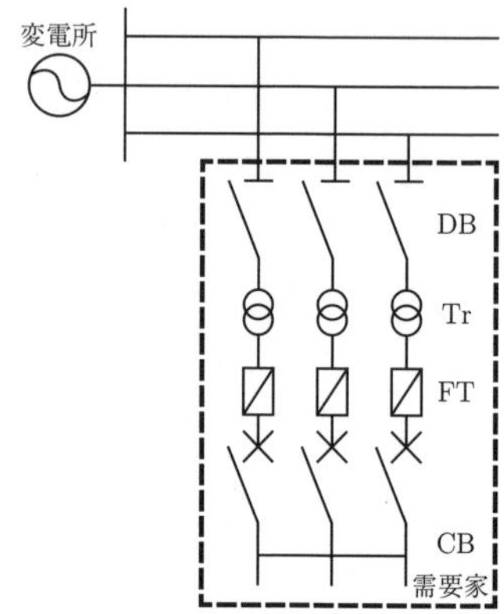

図 9.22　スポットネットワーク受電方式

(2)　変電設備の設置形式

変圧器等の設置場所に屋外と屋内の別がある他，次のような形式がある．

① 開放型

鉄骨フレームに受変電機器を現場で組立て配線する露出工事で，電線間や防護フェンスとの離間距離など設置面積は大きいが，設備費は安く，増設が容易である．

② 閉鎖型

キュービクル式受変電設備ともいい，鋼製のキャビネットに各機器を収めた工場組立てのユニットで，高価であるが設置面積は小さく，工期も短縮でき，安全性が高い．ただし，周囲 3 面以上の点検スペースを設けなければならない．

③ 併用型

変圧部を開放型，受電部と配電部をキュービクルとし，屋外設置例も多い．

(3) キュービクル式受変電設備

キュービクル式受変電設備は，**図 9.23** に示すように，受変電に必要な機器を金属箱に収めたもので，電圧計，電流計，配線用遮断器，主遮断装置，変圧器などで構成されている．

キュービクルは主遮断装置の種類によって「CB 形」と「PF-S 形」に分類される．受電設備容量 4,000 kVA 以下の場合に用いられる CB 形は主遮断装置に**遮断器**（**CB**，Circuit Breaker）を使用し，**過電流継電器**（**OC**，Over Current），**地絡継電器**（**GR**，Ground Relays）などの保護継電器と組み合わせて異常電流を遮断するしくみである．地下室や屋上，構内の一部などに簡単に設置でき，接地された外箱に設備を収納しているので安全性が高くなる．

一般社団法人日本電気協会による認定制度の基準を満たしたキュービクルは「認定キュービクル」と認められ，正面扉に認定証が貼付される．認定品は消防法における技術基準に適合したものとみなされ，設置時の消防検査項目の一部を省略することが可能になる．

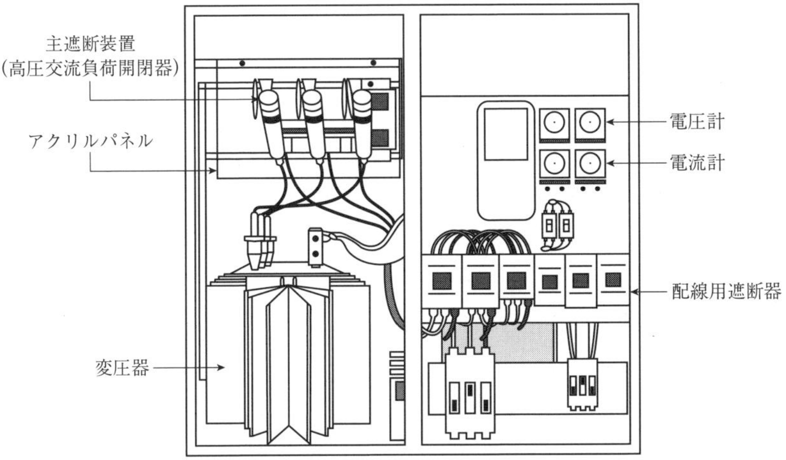

図 9.23　キュービクル式受変電設備

9.3.3 予備電源設備

(1) 蓄電池設備

蓄電池設備は，瞬時停電を避けるために設置する．大規模建築物で別に非常用発電機設備を設ける場合には，蓄電池で点灯する箇所は病院の手術室灯，その他階段廊下などの電灯，および地階の機械室関係の電灯などの必要最小限な部分のみに限定し，発電機の送電開始するまでの短時間を受け持ち，発電機からの送電とともに，自動的に発電機回路に切り換えるようにする．また，蓄電池にコンバーターなど変換装置を組み合わせ，停電時の電圧降下に対処するUPS（無停電電源装置）とすることも多い．

さらに，鉛蓄電池等の**電力貯蔵設備**が採用されることが多い．鉛蓄電池等の電力貯蔵設備の主な用途・目的は，負荷や受電電力の平準化，自然エネルギー発電の平準化，停電時の非常用電源，瞬時電圧低下や停電の補償等である．なお，電力貯蔵設備は，電力需要の少ない夜間に電力を蓄積し，電力需要が集中する昼間に放電することで，昼夜の電力需要の平準化が可能なシステムである．このシステムは，CO_2 削減効果だけではなく，夜間電力を利用できるため，電気料金も削減できることから，ユーザーサイドにもメリットを有している．

(2) 発電機設備

① ガソリン機関発電機

小容量（30 kVA 以下ぐらい）の場合に主として使用され，交流または直流の負荷に用いる．起動に40秒程度以内の時間を要するから，瞬間停電を避ける場合には蓄電池設備を併用する．

② ディーゼル機関発電機

一般に交流の大容量の負荷と，相当長時間の運転に適している．①と同様，起動には40秒程度以内を要する．機関の冷却は水冷式が多く，冷却用給水管ならびに排水管の設備を要する．また起動用のコンプレッサー，貯油槽，排気ガス管などの設備も必要である．

③ ガスタービン機関発電機

ガスタービンによる発電設備は，ディーゼル機関によるものに比べて振動が小さく，設置面積も少なくて済むが，必要な燃焼用空気量は大きい．

④ マイクロガスタービン発電機

自家用の発電装置として設置されるマイクロガスタービンは，発電効率が25～30%程度のものが多く，ディーゼル機関発電機が発電効率35%以上のものが多いのに対して，発電効率は低い．

⑤ 自家発電設備用コージェネレーション設備

自家発電設備用コージェネレーション設備は，排熱を有効利用することで総合エネルギー効率（低位発熱量基準）を 70 ～ 80% に向上させ，省エネルギー効果を図ったものである．

⑥ デュアルフュエルタイプ発電機

デュアルフュエルとは，二元燃料のことである．建築設備に使用されるデュアルフュエルタイプ発電機では，その燃料を，通常時ではガスを，災害時等にガスの供給が停止した場合には重油等を用いることができる．

(3) 無停電設備，定電圧定周波数装置

無停電設備は，コンピュータや OA 機器など，電源の信頼性が要求される機器に対して，瞬時の電圧低下やサージなどによる誤作動，データの破壊などを防止することを目的とした設備であり，UPS,CVCF などがある．**UPS**（Uninterruptible Power Supply）は**無停電電源装置**のことであり，無停電電源装置は，整流器，蓄電池，インバータ等によって構成され，瞬間的な電圧降下時や停電時においても安定した電力供給を維持するためのものである．一方，**CVCF**（Constant Voltage & Constant Frequency）は，**定電圧定周波数装置**のことである．

(4) 予備電源設備の留意事項

① 屋内に設置する発電機用の燃料槽は，消防法の規定による指定数量以上の燃料を備蓄する場合，屋内貯蔵所等として規制を受ける．

② 燃料電池設備は，消防法の規定に適合する場合，消防用設備等の非常電源として用いることができる．また，消防用設備等の非常電源として用いる自家発電設備で，蓄電池を使用しないものは，常用電源が停電してから電圧確立および投入までの所要時間を 40 秒以内とする必要がある．

③ 自家用発電設備として設置されるガスタービンの発電効率は 20 ～ 35%，ガスエンジンの発電効率は30～40% であるので，ガスエンジンに比べてガスタービンの方が発電効率は低い．

④ 非常電源専用受電設備は，商用電源が停電した場合，消防設備へ電力を供給できなくなるので，大規模な特定防火対象物における消防用設備等の非常電源とすることができない．

9.3.4 中央監視制御システム，BEMS

(1) 中央監視制御システム

建築物の多くは，電力，空調，衛生，防災，防犯などの諸設備要素が複雑に絡み

合っている．中央監視制御システムはこれらの設備を監視・制御し，居住空間としての建築物を快適な状態に維持し，建築物を経済的・合理的かつ安全に運営することが目的である．**図 9.24** に中央監視制御システムのイメージを示す．

図 9.24 中央監視制御システムのイメージ

(2) BEMS

BEMS とは Building and Energy Management System の略で，通称，省エネルギー法では，ビル・エネルギー管理システムのことである．BEMS の定義は，空気調和・衛生工学会で「室内環境とエネルギー性能の最適化を図るためのビル管理システム」とされている．なお，類義語に **BEEMS**（Building Environment and Energy Management System）がある．建築物の機器・設備等の運転管理によって，エネルギー消費量の削減を図るためのシステムのことである．BEMS は，室内環境とエネルギー性能の最適化を図るため，設備の省エネルギー制御や LCC 削減等の運用支援等を行うビル管理システムである．室内環境を人感センサーや自動調光などで自動管理する場合や，機器設備・配管等の温度・流量・圧力などのデータを収集して，運転管理者に対して評価を表示させるなど，さまざまなシステムが存在する．

9.3.5 搬送設備

(1) エレベーター

① 用途による分類

エレベーターには用途別で乗用（客用），人荷用，寝台用（病院患者用），荷物用があり，乗用の中には展望用エレベーターがあり，他に防災設備としての非常用エレベーターなども考えられる．また，建築物の用途別分類もあり，その概要を**表 9.15** に示す．なお，荷物用エレベーターは，荷物の輸送を目的とし，荷扱者または運転者以外の人の利用はできないが，人荷用エレベーターについては，一般乗客も利用することができる．

表 9.15　エレベーターの建築物用途別分類

用　途	速度（m / 分）
大規模超高層事務所	150 ～ 600
大規模ホテル	90 ～ 600
大規模病院	60 ～ 105
大規模デパート	120 ～ 150
大規模事務所，ホテル（人荷用）	45 ～ 105
中，小事務所，デパート，スーパー	45 ～ 105
中小ホテル，アパート	45 ～ 90
病院患者用	30 ～ 60
低層階乗用	45 ～ 60

②　速度による分類

速度による分類は，低速，中速，高速となっており，一般に，低速は 15 ～ 45 m/分，中速は 60 ～ 105 m/分，高速は 120 ～ 600 m/分に分類される．エレベーターの定員は，かごの床面積から積載量が定められており，乗用･寝台用エレベーターでは，1 人 65kg として定員を定める．住宅用や病院患者用は奥行きが深く，デパート用などは間口が広い．駆動方式はロープ式，中層まで設置可能な油圧式やリニアモーター式などがある．リニアモーター式は上部の機械室が不要（マシンルームレスエレベーター）という利点がある．なお，エレベーターの昇降路内において，原則として，エレベーターに必要のない給水や排水等の配管設備を設けてはならないが所定の要件を満たした光ファイバーケーブルは設置することができる．

③　構造・機能による分類

構造と機能による種別では，エレベーター自体をスケルトンにしたクリスタルエレベーターは，ホテルやショッピング施設などに採用されることが多い．また時速 60 km（分速 1,010 m）まで加速する超高速エレベーターなどがある．さらに，階間調整機能付ダブルデッキエレベーターなども導入されている．かごが 2 階建てになっている**ダブルデッキエレベーター**は，かご自体は，建築物の 2 階分に相当する単位で昇降し，1 階部分はつねに奇数階に，2 階部分はつねに偶数階に，それぞれ停止するしくみになっている．昇降路（シャフト）あたりの輸送力が，1.5 倍から 1.8 倍程度に向上するというメリットがあり，建築物のフロア面積を効率的に利用できる．一方で，奇数階・偶数階間の移動ができない，一方の階の利用者が他方の階の利用者の乗降を待つ必要があるといったデメリットもある．昇降人口が多い大規模高層ビルで導入されることが多い．導入事例では東京・虎ノ門ヒルズや東京・オークラプレステージタワーのエレベーターがこれに該当する．なお，森タワーのエレベーターは，建築物の階高の違いを吸収するため，かごの上下階の間隔が可変であるという特徴をもつ．なお，エレベーターの台数，大きさを検討するときはピーク時5分間に集中して利用する人数を基本として行うが，事務所建築物では朝の通勤時と昼食時，集合住宅，ホテルなどでは夕刻帰宅時やチェックイン時がピークとなる．エレベーターのサービス基準の指標となる**平均運転間隔**とは，エレベーターが始発階を出発する平均の時間間隔をいい，エレベーターが2台以上ある場合，一般的な貸事務所ビルにおいては，40秒以下が望ましい．なお，大規模な建築物に設置する多数台のエレベーターの管理において，省エネルギーとサービス性の向上との両立を図るため，群管理方式が採用されている．

④　主な制御方法

現在,多用されているエレベーターの制御方法に,**可変電圧可変周波数制御（VVVF, Variable Voltage Variable Frequency）**がある．この制御方式は，インバータ装置などの交流電力を出力する電力変換装置において，その出力交流電力の実効電圧と周波数を任意に制御する手法である．

つまり，電圧，周波数をうまく使って滑らかにモーターを作動（制御）させる装置といえる．わが国では，鉄道車両の交流モータ駆動方式として導入された後，エレベーター，エアコン,電気自動車などにも使用されている．なお，1970年代に開発された**交流帰還制御方式**は，連続的な速度制御により，乗り心地がきわめて良く，フライトタイム（階間走行時間）が短くて，着床制御が良好であるが，現在では，前述した可変電圧可変周波数制御（VVVF）が主流である．

エレベーターの電力消費量を削減するため，電力回生制御が導入されている．**電力回生制御**とは，エレベーターの運転状況によって発生する回生電力を建築物内で有効利用することで省エネルギー化を図る制御方式である．つまり，

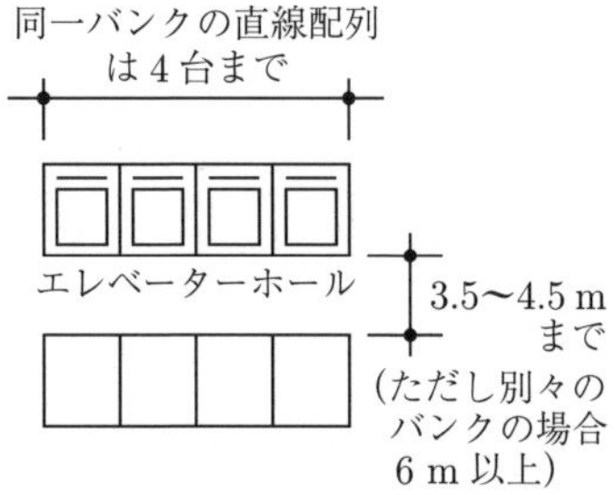

図 9.25　エレベーターの直線配列

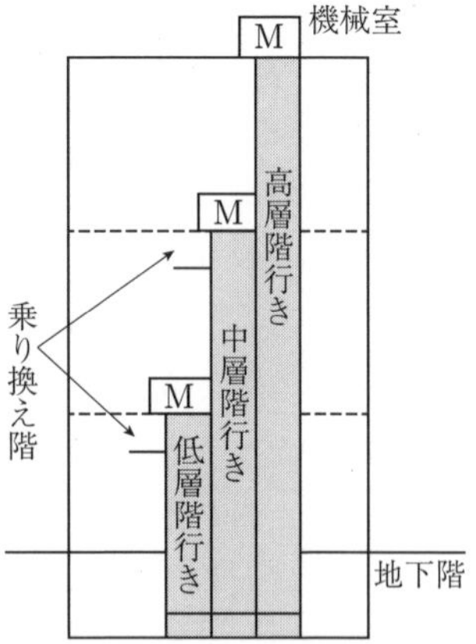

図 9.26　超高層建築物のバンク分け

乗車人数が少ない状態での上昇運転時，乗車人数が多い状態での下降運転時，巻上機は速度を一定に制限してエレベーターを昇降させ，この制動運転時に発生する回転エネルギーを回生電力として利用する仕組みである．この電力回生制御の導入によって，エレベーターの消費電力量を最大約 30% 削減できた事例もある．なお，エレベーターの電力消費は，電力回生制御の有無だけではなく，巻上機のギアの有無にも影響する．

大規模，超高層建築物におけるエレベーターの台数は多くなる傾向にあり，同一コントロール群にグループ分けすることが多いが，このグループをバンクという．同一バンクのエレベーターの直線配列は 4 台までとしそれ以上の台数の場合は，対向配列とする．なお，**図 9.25** にエレベーターの直線配列を，**図 9.26** に超高層建築物のバンク分けを示す．

⑤ 主な管制運転

エレベーターの主な管制運転には，地震時管制運転，停電時管制運転，火災時管制運転，非常用エレベーター管制運転がある．

- **地震時管制運転**は，エレベーターの防災対策において，地震時に地震計で初期微動（P 波）や本震（S 波）を感知して，自動的にエレベーターを最寄り階に着床させる機能である．なお，地震波には，**P 波**（Primary Wave）と **S 波**（Secondary Wave）の 2 種類があり，P 波を初期微動，S 波を主要動という．地震時管制運転に使用する P 波（初期微動）感知器は，S 波（主要動）よりも先に到達する P 波を感知するためのもので，原則として，エレベーターの昇降路底部または建築物の基礎に近い階に設置する．
- **停電時管制運転**は，停電の際，エレベーターが装備した蓄電池または建築物の非常電源によって，エレベーターを最寄り階に着床させたり，運行を継続させる機能である．
- **火災時管制運転**は，火災の際，エレベーターの監視盤に設けたキースイッチまたは火災報知器と連動してエレベーターを避難階まで自動的に走行，着床して乗客を避難させる機能である．
- **非常用エレベーター管制運転**は，非常用エレベーターを火災時などに公設消防隊が活用するための機能である．

(2) エスカレーター

エスカレーターは，一定方向の人間の流れに対し，大きな輸送力をもつので，デパート，大型スーパーマーケット，各種交通機関の駅，空港，大規模事務所，ホテル，低層階用に広く使われている．エスカレーターは，連続輸送が可能で，一般的な輸送能力は，幅員 800 型（1 人用）で 6,000 人/h，1200 型（2 人用）は 9,000 人/h で，エレベーターの十数倍の輸送能力がある．エスカレーターの勾配は 30度以下，速度は一般に 30 m/分となっている．エスカレーターの勾配が 30 度を超える場合には，「勾配は 35 度以下」，「踏段の定格速度は 30 m/分以下」，「揚程は 6 m 以下」などの制限を受ける．エスカレーターの落下防止のため，一般に，エスカレーターの一端を梁等の支持材に堅く固定し，他端は非固定でかかり代《しろ》を十分に確保する．なお，エスカレーターの乗降口で，ハンドレール折り返し部の先端から 2 m 以内に防火シャッターが設置されている場合には，当該シャッターの作動と連動してエスカレーターを停止させる装置を設ける必要がある．

(3) 小荷物専用昇降機

① 乗用不可とし，かごの水平投影面積 1 m^2 以下，かごの天井高 1.2 m 以下の荷物専用である．

② テーブル型と手押車ごと運搬可能なフロア型とがある．

(4) 非常用エレベーター

非常用エレベーターは，高さ 31 m 以上の建築物に必要で，災害時に一般の使用を禁止し，消防隊が消火・救助に使用するため，非常電源設備（発電機等）が必要である．一方，一般用エレベーターは，火災時にできるだけ早く安全な避難階に帰着させ，乗客がかごから出た後に，運転を中止する計画とする．一般用エレベーターは，利用者の人命確保と閉込めの回避を最優先するために，一般に，災害時における利用は想定されていない．複数台設置する必要がある場合には，避難上および消火上有効な間隔を保って，分散配置すべきである．また，消火活動のために，かごの戸を開いたままかごを昇降させることができる装置を設ける必要がある．なお，非常用エレベーターの機械室の床面積は，機械の配置および管理に支障がない場合においては，昇降路の水平投影面積の 2 倍以上にしなくてもよい．

(5) エアシューター，真空輸送設備

気送管ともいい，書類や小ビンを気送子と称する平型箱状または円筒形のケースに入れ，金属等のチューブで連絡した送受用のステーション間を空気の圧力差（主に真空）を利用して送るもので，運搬の労力を省き，迅速，確実な搬送ができる．ごみの真空輸送設備，入院患者などの汚物の吸引（セントラルバキューム）設備も，空気の圧力差を利用する点では，原理・機構は同じである．

(6) 機械式駐車場設備

駐車場には，大きく分類すると機械式と自走式とがある．建築設備の範疇に入るものは，機械式駐車場である．機械式駐車場設備は，駐車場として利用する敷地の広さ等の状況および経済性などの種々の条件を考慮しながら選択できるように種類が豊富である．

第9章の問題

9.1～9.5 の記述の正誤を答えよ．

□ **9.1** 空気調和設備は，熱の運搬方式による分類から，全空気方式，空気･水方式，水･冷媒方式に大別できる．

□ **9.2** 都市ガスとして用いられる天然ガス（13A）の比重は，空気よりも軽い．

□ **9.3** 高置タンク方式は，中・高層の集合住宅や事務所建築物などに広く用いられている．

□ **9.4** 給湯器の能力を示す1号とは，流量1 L/minを15℃上昇させる能力である．

□ **9.5** 直流における高圧の区分は，600 Vを超え7,000 V以下である．

9.6～9.8 について説明せよ．

□ **9.6** 主なガス機器の給・排気方式の種類，特徴と用途についてまとめよ．

□ **9.7** 阻集器について説明せよ．

□ **9.8** UPS, CVCFについて説明せよ．

【解答例】

9.1 ○

9.2 ○

9.3 ○

9.4 × 給湯器の能力を示す1号とは，流量1 L/minを25℃上昇させる能力である．

9.5 × 直流における高圧の区分は，750 Vを超え7,000 V以下である．なお，交流における高圧の区分は，600 Vを超え7,000 V以下である．

9.6 表9.4を参照．

9.7 阻集器とは，排水中に含まれる有害・危険物，望ましくない物質，または再利用できる物質の流下を阻止，分離，収集して，残りの水液のみを自然流下によって，排水できる形状・構造をもった器具または装置をいう．それらの種類には，厨房などに用いるグリース阻集器，駐車場やガソリンスタンドなどに使用するオイル阻集器，プールなどで使用する砂阻集器，理髪店，美容院などで使用する毛髪阻集器などがある．

9.8 UPS（Uninterruptible Power Supply）は無停電電源装置のことで，整流器，蓄電池，インバータ等により構成され，瞬時的な電圧降下時や停電時においても安定した電力供給を維持するためのものである．一方，CVCF（Constant Voltage & Constant Frequency）は，定電圧定周波数装置のことである．なお，データを主に取り扱うデータセンターなどでは UPS, CVCF の両方を設置している施設もある．

参考文献

1) 田中毅弘，合格対策 ビル管理技術者（建築物環境衛生管理技術者）試験，地人書館，2020
2) 田中毅弘，よくわかる計画&環境・設備 第 2 版，地人書館，2018
3) 田中毅弘監修，しくみ図解 ビルメンテナンスが一番わかる，技術評論社，2015

ミネラルウォーター類は，食品衛生法

食品衛生法では，ミネラルウォーター類を「水のみを原料とする清涼飲料水全般」と定義し，鉱水や二酸化炭素を注入したもの，カルシウム等を添加したものも含まれる．そして，鉱水，地下水のうち，溶け込んでいる鉱物質に特徴がある水や，アルコール分を含まない（アルコール分 1% 未満）飲用の液体物で，味や香りがついている水のことは，清涼飲料水に分類される．

カルキとは

通称，カルキとは，次亜塩素酸カルシウムのことで，次亜塩素酸カルシウムは消石灰に塩素を吸収させたもので，プールの消毒に，よく使われる．

次亜塩素酸ナトリウムは，水酸化ナトリウムと塩素で作られ，「ハイター」や「ブリーチ」といった商品名で一般的に家庭でも使用され，台所の漂白剤，お風呂のカビ取り剤，赤ちゃんのミルク瓶の消毒，医療用具の殺菌消毒や感染症対策にも採用されている．ノロウイルスや大腸菌，ブドウ球菌などの殺菌や漂白にも効果がある．

そもそも，カルキ（Kalki）は，ヒンドゥー教に伝わるヴィシュヌの 10 番目にして，最後のアヴァターラである．その名は「永遠」,「時間」あるいは「汚物を破壊するもの」を意味する．白い駿馬に跨った英雄，あるいは白い馬頭の巨人の姿で現される．

どうして，カルキが，次亜塩素酸カルシウムを指すようになったかは，不明であるが，「汚物を破壊するもの」，白い駿馬に跨った英雄から雰囲気はわかるような気がする．

第10章

消火設備，防災設備，保安警備の技術

本章では，ビルメンテナンスマネジメントにおける消火設備，防災設備，保安警備の技術として，消火設備，防災設備，保安警備に関する基礎的な内容について解説する．なお，消火設備，防災設備，保安警備の，より詳細な原理や各種機器等については，本ライブラリの別の巻を始め，数理工学社等で出版されている専門書で詳細に解説されているので，そちらを参照されたい．

10.1 消火設備

消火設備は，建築物内や危険物などから出火した場合，初期の消火または類焼を防ぐために設置するもので，建築基準法には防災設備，消防法には消火設備などの設置基準が定められている．

10.1.1 火災の種類と消火器

(1) 消火面からの火災の種類

① A火災（普通火災）：木材，紙類，繊維など一般可燃物の火災．

② B火災（油火災）：石油類，その他燃えやすい液体，および固体の油脂類などの火災

③ C火災（電気火災）：電気施設などの通電による火災．

④ 金属火災：ナトリウム，カリウムなどの活性金属の火災．

⑤ ガス火災：燃焼の性状が似ているため，B火災に区分される．

(2) 消火作用と消火器

消火作用には，冷却，窒息，抑制の3作用があり，消火設備には，このいずれかの効果をもつ数種のものがある．

① 水系消火設備（A火災用）：ポンプまたはCO2加圧によって，放射．

② 酸アルカリ系消火設備（A,B火災用）：二液の混合反応によるCO_2の発生圧で放射．

③　強化液系消火設備（A,B,C 火災用）：CO_2 加圧で強アルカリ性液放射．

④　泡系消火設備（A,B 火災用）：二液の混合反応で CO_2 を含む泡の発生放射．

⑤　二酸化炭素系消火設備（B,C 火災用）：液化 CO_2 をドライアイス状で放出．冷却，窒息作用．

10.1.2　消火設備の種類と防火対策

表 10.1 に消火設備の種類と防火対策を示し，以下に，主な消火設備の詳細を述べる．

表 10.1　消火設備の種類と防火対策

<table>
<tr><th>消火設備の種類</th><th>主な防火対策</th><th>主な消火作用</th></tr>
<tr><td>屋内消火栓設備</td><td>一般建築物の普通火災の消火．</td><td rowspan="3">棒状の水による冷却</td></tr>
<tr><td>連結送水管
（サイアミーズコネクション）</td><td>公設消防隊による高層建築物の普通火災の消火．
（消防車から送水）</td></tr>
<tr><td>屋外消火栓設備</td><td>1,2 階部分の普通火災の屋外からの消火．</td></tr>
<tr><td>スプリンクラー設備</td><td>デパート，劇場の舞台，高層階，無窓階などの普通火災の自動的消火．</td><td rowspan="3">シャワー状の水による冷却</td></tr>
<tr><td>ドレンチャー設備</td><td>木造外壁や窓の隣接建築物からの延焼防止．</td></tr>
<tr><td>連結散水設備</td><td>公設消防隊による煙などの消火困難な地下街等の普通火災の消火．（消防車から送水）</td></tr>
<tr><td>水噴霧消火設備</td><td>普通火災の他，駐車場に可．$200\ m^2$ 以上の電気室，ボイラー室には不可．</td><td>霧状の水で冷却と窒息</td></tr>
<tr><td>泡消火設備</td><td>窒息効果と冷却効果によって，液体燃料等の火災に対して有効な消火設備で，駐車場，自動車整備工場，指定可燃物の貯蔵所等に用いられる．（電気火災には不適当）</td><td>火災面を泡で覆い窒息</td></tr>
<tr><td>不活性ガス消火設備</td><td rowspan="2">汚損，感電の恐れがなく，電話交換機室，美術館の収蔵庫，電気室，ボイラー室に適．密閉室で，特に有効であるが在室者の窒息等に要注意．</td><td>酸素濃度を下げ窒息</td></tr>
<tr><td>ハロゲン化物消火設備
（ハロン）</td><td>制御と窒息</td></tr>
<tr><td>粉末消火設備</td><td>重炭酸ナトリウムなどの微細な粉末を使用している．粉末なので凍結せず，寒冷地には適．引火性液体の表面火災に速効性があることから，航空機の格納庫，回転翼，航空機の発着場，寒冷地の駐車場，屋上駐車場，マグネシウムなどの特殊火災の消火設備に有効．</td><td>負触媒効果</td></tr>
</table>

（1）屋内消火栓設備

建築物の必要箇所，4 階建以上の建築物その他に設置するもので，消火栓ボックス（不燃性材料でできている）のなかに，消火栓開閉弁・ホース・筒先（ノズル）・

ホース掛けなどを収める屋内消火栓のみの箱と，消防隊専用栓併設用とがある．

屋内消火栓には**1号消火栓**と**2号消火栓**があり，1号消火栓は一般建築物，2号消火栓は社会福祉施設，病院，宿泊施設等建築物で採用される．

これらは消火器とともに在居者による初期消火の主要な設備で，小規模建築物を除き，ほとんどの建築物に必要である．1号消火栓と2号消火栓があり，階ごとに，その階の各部分から消火栓のホース接続口までの水平距離が1号消火栓は25 m以下，2号消火栓は15 m以下が有効範囲で，建築物各部をカバーするように配置する．なお，**補助散水栓**は，屋内消火栓のうち2号消火栓（広範囲型を除く）と同等の放水量を有し，スプリンクラー設備へ配管接続する．

また，1号消火栓のうち，一人でも操作を行うことができるように操作性を向上させた**易操作性消火栓**（**易操作性1号消火栓**）が建築物によっては採用されている．

(2) 連結送水管（消防隊専用栓）

連結送水管は，消防ポンプ自動車から送水を受け，公設消防隊が3階以上の放水口にホースを接続し，消火する設備で，7階以上の建築物，5階以上の延べ面積6,000 m^2 以上の建築物には設置が義務づけられている．

送水口（**サイアミーズコネクション**）と**放水口**（**消防隊専用放水口**）を配管で連絡したものをいう．事務所建築物の連結送水管の放水口については，3階以上の階ごとに，その階の各部分から水平距離が50 m以下になるように設置する．出火の際，消防自動車のポンプに送水用ホースを双口送水口（サイアミーズコネクション）に連結し，送水する．

(3) 連結散水設備

連結散水設備は，地階の火災の際，消火活動を容易にするため，消防ポンプ自動車から送水して天井または天井裏への散水ヘッドから放出し，消火する設備である．

(4) 屋外消火栓設備

屋外消火栓設備は，防火対象物の外部に設置され，建築物の1階および2階部分で発生した火災の消火や隣接建築物への延焼防止を目的としている．

屋外消火栓は，建築物の各部分からホース接続口までの水平距離が40 m以内ごとに配置する．地下またはスタンド式のいずれかを用いる．筒先における放水圧力0.25 MPa，放水量350 L/min以上で，水源はポンプが20分間以上揚水できる容量が必要とされている．

(5) スプリンクラー設備

スプリンクラーは自動散水式の消火装置である．スプリンクラーヘッドが火災の熱を受けると自動的にヘッドが開いて，消火を行うものである．11階以上の階や不特定多数の人が出入りする建築物などに必要である．火熱によってヘッドが自動的に開き，散水，消火する．また，天井が高く種々の可燃物がある劇場の舞台用ヘッドは開放型を用い，配管途中の弁を手動で開き，散水する．なお，舞台用以外は，一般にヘッドまで水が充満している湿式とするが，寒冷地では凍結のおそれがあるので，圧縮した空気を充満させておく乾式とする．また，たとえば，スプリンクラー設備の設置が必要なホテルにおいて，床面から天井までの高さが10 mを超える吹抜けのロビーには，放水型ヘッドなどを用いたスプリンクラー設備を設置する．スプリンクラー設備の設置が必要な店舗等において，消防法施行規則により，スプリンクラーヘッドが設けられていない部分に設ける補助散水栓については，階ごとに，その階の各部分からホース接続口までの水平距離が15 m以下となるように設置する．

①　方式による分類

スプリンクラー設備の方式による分類を**図10.1**に示す．

開放型：感熱機構はなく，放水口は開放している．自動式，手動式など．

閉鎖型：感熱して開放され，水を噴出する．**湿式**と**乾式**があり，湿式はヘッドが感熱して開放とともに放水する．閉鎖型スプリンクラーヘッドの種別について，感度種別が1種で，かつ，有効散水半径が2.6 m以上であるものは「高感度型」に分類される．

予作動式の閉鎖型スプリンクラー設備は，非火災時の誤放水を避けるため，衝撃等でスプリンクラーヘッドが損傷しても散水を抑える構造となっている．

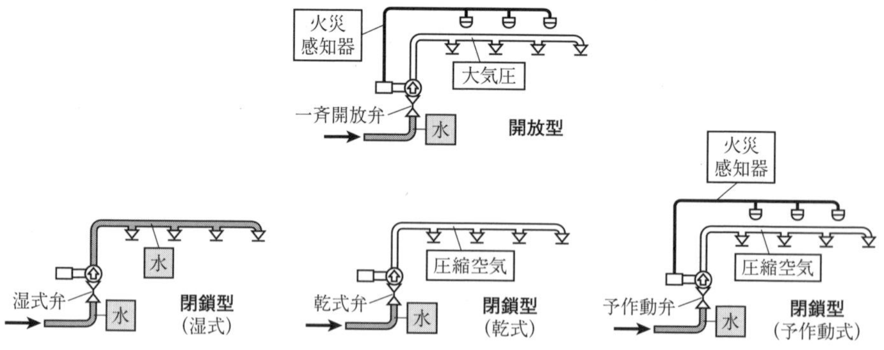

図10.1　スプリンクラー設備の方式による分類

乾式の予作動式は，常時ヘッド内に圧縮空気を封入しておいて，その圧力で水の噴出を抑え，乾式では出火と同時に，空気を噴出させる．一方，予作動式では火災検知器の作動により，後にアラーム弁が作動して湿式と同じ状態で散水するもので，寒冷地などで給水管が凍結するおそれのある場所，コンピュータ室など誤作動による被害の大きい場所には有効である．作動温度は約 67℃～180℃ まであり，その用途によって適切に選択する．一般には，67℃～75℃ の範囲のヘッドが多く使用されている．

② ドレンチャー設備

ドレンチャー設備は，外部等からの延焼を防止するため，ドレンチャーヘッドから放水し，水幕をつくる消火設備であり，重要文化財の神社や仏閣等に使用されている．延焼のおそれのある開口部の防護や外部からの延焼防止に使用するヘッドで，水幕をつくるように散水される．

③ パッケージ型自動消火設備

消火薬剤の放射で消火する**パッケージ型自動消火設備**は，スプリンクラー設備の代替設備として，たとえば，特別養護老人ホームに設置するには有効といえる．

(6) 特殊消火設備

① 水噴霧消火設備

水噴霧消火設備は，噴霧水による冷却作用と噴霧水が火炎に触れて発生する水蒸気による窒息作用等により，火災の抑制・消火をする固定式の消火設備であり，手動式と自動式がある．水噴霧ヘッドには消火目的，消火作用，適用火災，構造などによって多種の形状がある．なお，自動車車庫および駐車場に設置するときは有効な排水設備を設けること．

② 泡消火設備

泡消火設備には，固定式と移動式がある．可燃性または引火性液体の消火に用いられる．火災の際に，煙が多く充満する場所には固定式を設けるように規定されている．移動式は屋上駐車場，屋内の小規模な地下駐車場に限られる．

③ 二酸化炭素消火設備，不活性ガス消火設備

1) 二酸化炭素消火設備

二酸化炭素消火設備は，燃焼中の物質（消火対象物），またはその付近に二酸化炭素（CO_2）を放射し，窒息作用によって消火するもので，火災報知器と連動する自動作動式と手動作動式がある．また，消火対象物の実態に応じて，その放出方式が全域放出方式，局所放出方式，または移動方式のいずれかを選択することとなっ

ている．その方式の適応性としては，

全域放出方式：自動車車庫，駐車場，発・変電室，通信器室など．

局所放出方式：危険物施設，印刷機室など．

移動方式：屋上駐車場など外気に開放された状態のもの．

二酸化炭素の放出量は，消火対象物によって異なる．また二酸化炭素の窒息作用による消火であるから，設計上，留意する必要がある．なお，二酸化炭素消火設備および泡消火設備は，いずれも酸欠効果と冷却効果によって消火する設備である．

2)　不活性ガス消火設備

不活性ガス消火設備は，電気室や美術館，精密機械，電気通信機室等に設置されるもので，消火剤による汚損が少なく，復旧を早急にすることが必要な施設に設置される．在室者の退出後でないと使用できないので，病院の病室等には不適当である．

④　ハロゲン化物消火設備

ハロゲン化物消火設備は，二酸化炭素消火設備と同様，水による消火に適さない対象物の消火を目的とするもので，設備の構成・形式等も二酸化炭素消火設備と同じである．消火原理は，各ヘッドまたはノズルからハロゲン化物消火剤を消火に適する方式（全域放出方式，または局所放出方式）で放射し，窒息作用，ハロゲン化物の化学反応による抑制作用によるもので，B,C火災に適する．

なお，従来用いられていたハロゲン化合物「ハロン1301」は製造廃止となったため，オゾン破壊係数がゼロの新ガス系消火剤などが導入されている．

⑤　粉末消火設備

粉末消火設備は，引火性液体の火災を防護するのに適し，設備の構成・形式等も加圧用ガス容器が薬剤容器と別に設けられる以外は，ハロゲン化物消火設備と同じである．全域放出方式と局所放出方式とがあり，薬剤には，重炭酸ソーダ，重炭酸カリウム，リン酸アンモンを主成分とした3種類があり，窒息作用による消火である．薬剤によってA,B,C火災に適応する．粉末消火設備は，微細な粉末の薬剤を使用するものであり，凍結しないので，寒冷地に適している．

10.1.3 消火設備の留意事項

消火設備の留意事項は以下のようになる.

① **連結送水管設備**：消防ポンプ車から送水を受け，公設消防隊が3階以上の放水口にホースを接続し，消火する．放水口は消防隊の活動上支障のない階段の近く，非常用エレベーターの乗降ロビーに設ける.

② **水圧試験**：水関係の消火設備配管は配管施工後，水圧試験を行う.

③ **気密試験**：二酸化炭素消火設備，ハロゲン化物消火設備，粉末消火設備配管は配管施工後，気密試験を行う.

④ **設置場所**：消火用ポンプの設置場所は，ボイラー室など火災のおそれのある場所には設置してはならない.

⑤ **設置義務免除**：スプリンクラー設備は，浴室，便所，洗面所，階段室等は設置義務が免除される.

⑥ **連結設備の機能**：連結送水管，連結散水設備は，消防隊が本格消火のために必要な設備であり，それ自体では自動的に火災を感知，消火する機能はない.

⑦ **消火水源用タンク**：生活用の受水タンクと別に設けた消火水源用タンクは建築物の躯体を利用してもよい.

⑧ **二酸化炭素消火設備**：二酸化炭素消火設備は，病院，老人ホーム，養護施設の居室には適さない.

⑨ **配管材**：連結散水設備，連結送水管，二酸化炭素消火設備，ハロゲン化物消火設備，粉末消火設備の配管材は圧力配管用炭素鋼鋼管を使用し，他の消火設備は超高層建築物を除き，一般には配管用炭素鋼鋼管を使用する.

⑩ **消防用水**：**消防用水**とは，消火の目的で用いられる水をいい，広い敷地に存する大規模な建築物（または接近して設置された建築物）の延焼段階の火災を消火するため，消防隊が消火活動上の水利を得るためのものをいう．また，広大な敷地を有しない場合でも，高さが31 m を超える大規模な防火対象物では，火災時における消防活動の困難性がきわめて高く，これが被害拡大の要因となることが懸念される．このため，防火対象物の構造や用途にかかわらず，地階を除く延べ面積が25,000 m^2 以上ある建築物は，消防用水の設置が必要となる．消防用水には専用の防火水槽のみならず，プール，池，濠，井戸，溝等の人工水利，さらには河川，湖沼，海等の自然水利で常時規定水量以上の水量が得られるものも該当する.

10.2 防災設備

(1) 自動火災報知設備

図 10.2 に自動火災報知設備の構成を示す．

① 感知器で熱や煙を感知し，中継機等を経て，守衛所などに設置した受信機に火災発生と場所をブザーとランプで知らせる．5 階建以上の建築物などでは，非常警報の役割も兼ねる．一般に，延べ面積 300 ～ 500 m^2 以上の建築物には必要になる．

② 熱感知器にはスポット型など一定温度になると作動する**定温式**，空気管など温度が急上昇すると作動する**差動式**，温度の急上昇または定温で作動する**補償式**がある．定温式は，その周囲温度が一定の温度以上になったとき作動するので，火気を使用する厨房，ボイラ室，湯沸室などに設置される．一方，差動式は，熱感知器のうち，周囲が一定の温度上昇率以上になると作動するものであり，一般居室を始め，工場，倉庫など天井が高く，面積の広い場所に使用されることが多い．

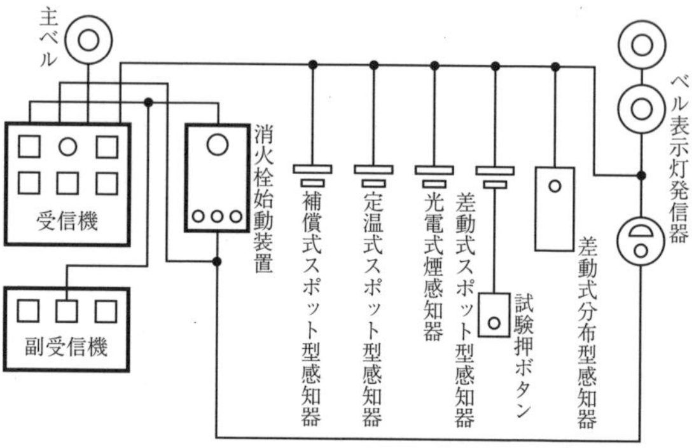

図 10.2　自動火災報知設備の構成

③ 煙感知器には，光が遮断されると作動する**光電式**，空気中のイオンの変化で作動する**イオン式**がある．熱では感知しにくいエレベーター等のシャフトや，早期発見の重要な階段や廊下など避難路，11 階以上の階，地下街，無窓階などは煙感知器とする．ただし，じん埃《あい》や水蒸気でも作動するので厨房には向いていない．

④ 夜間，無人となる防火対象物において，自動火災報知設備の感知器の作動と連動して点灯する方式の誘導灯を設置した場合，無人となる時間については，誘導灯も消灯することができる．

⑤ **消防機関へ通知する火災報知設備**

・消防署等へ常時通報できる電話（夜間不在の手動式交換は不可）があれば，

省略できる.

・一般に，エンドレステープに所在地等を録音し，自動的に 119 番に通報する非常通報機を設ける.

(2) ガス漏れ火災警報設備

① ガス漏れなど生《なま》ガスが充満し，爆発等で大きな被害を生ずるおそれのある延べ面積 1,000 m^2 以上の地下街などに必要で，守衛所や利用者および通路に音声や表示灯で警報する.

② ガス漏れ検知器は，ガス燃焼器およびガス配管の外壁貫通部付近に設ける. 空気よりも比重の軽い都市ガスは天井，比重の重い LP ガスは床面近くに，給気口を避けて設置する.

(3) 漏電警報設備

① 間柱が木造で金網にモルタル塗りなどの壁体内の電気配線の漏電による火災の発見が目的である.

② 熱や煙が内部にこもる上記構造の壁や天井のある延べ面積 150 ～ 300 m^2 以上の建築物は必要なことが多い.

(4) 非常警報設備

① 在居者に火災発生を知らせ，迅速・安全な避難を図る. デパートなどや高層建築物では全館一斉にベル等が鳴るとかえって混乱のおそれがあり，適切な誘導も重要である.

② 一般に，収容人員が 150 人（病院・ホテル等は 20 人）以上の建築物には非常ベルか自動サイレンが必要. 地下街や 11 階建以上の建築物には放送設備(通称，非常放送）の付加を要する.

(5) 中央管理室

① **防災センター**とも呼ばれ，高さ 31 m 以上の建築物や延べ面積 1,000 m^2 以上の地下街に必要である.

② 警報設備，消火設備，非常用エレベーター，排煙設備等の防災関係の設備および空調・換気の運転状況を監視，遠隔操作による制御を行い，避難誘導・消火の総合的な指揮を行う.

③ 中央管理室（防災センター）の位置は避難階（一般に 1 階）か，その直上階または直下で避難の容易な場所とする.

(6) 非常コンセント

① 消防隊が有効に消火活動を行えるように電力供給をする設備である．

② 11 階以上の階および延べ面積 1,000 m^2 以上の地下街に必要である．

③ その階の建築物各部から 50 m 以内で，階段室，非常用エレベーター，ロビー等に設置する．

④ 単相交流 100 V で 15 A 以上の電気を供給し，配線は別系統とする．

⑤ 消防隊が装備している投光器や破壊器具等の電源として使用する．

(7) 無線通信補助設備

円滑な消防活動を行うために，消防・救急無線の活用が必要不可欠である．特に電波が届きにくい地下街において，無線連絡に支障がないように，消防隊相互間の無線連絡を可能にするための設備である．消防法施行令に規定され，延べ面積 1,000 m^2 以上の地下街に設置が義務づけられている．

(8) 防災用照明

① 建築基準法関係

1) 非常用の照明装置

特殊建築物，採光無窓の居室，延べ面積 500 m^2 以上の建築物では検討が必要である．常温下で床面において水平面照度で 1 lx（蛍光灯または LED ランプを用いる場合には 2 lx）以上を確保する．非常用の照明装置の予備電源は，停電時に，充電を行うことなく，30 分間継続して点灯できるものとする．なお，**図 10.3** に避難誘導灯，誘導標識の例を示す．

2) 避難階段の照明（採光に有効な開口がない場合）

3) 非常用エレベーターの照明

4) 非常用進入口の表示

② 消防法関係

1) 避難口誘導灯

不特定多数の人の出入りする建築物，高層階，無窓階に必要である．避難口を示す緑色の灯火で，A 級，B 級，C 級の 3 種類がある．無人の場所に設置されている**避難口誘導灯**は，自動火災報知設備の感知器の作動と連動して点灯し，かつ，当該場所の利用形態に応じて点灯するように措置されているときは，消灯することができる．

図 10.3　避難誘導灯，誘導標識の例

2) 通路誘導灯

1) で述べた建築物や階の廊下，階段等避難通路の照明である．廊下や通路部において，避難の方向を明示する誘導灯は，通路誘導灯に区分される．

10.3 防火，防災避難計画

(1) 避難経路計画

① 避難経路計画の原則

避難経路の計画においては，「日常使用する動線を使って逃げようとする」，「明るい方向や開けた方向へ向かう」などの避難行動特性を利用した計画とすることが望ましい．以下に，避難経路計画の留意点をまとめる．

1) **単純，明快である**（避難路の位置はわかりやすく，誘導標識を効果的に使って指示する.）

2) **日常よく利用する動線を利用する**（非常時には普段慣れている路を通るものである．迷うことなく避難できるようにしなければならない.）

3) **動線の端部が行き止まりにならないようにする**（避難路の出口は安全な場所でなくてはならない.）

4) **2方向以上の避難路を考える**（火災時には誰でも炎から遠ざかろうという習性がある．避難路は2方向以上がよい.）

5) **外気に面した場所を安全域と考える**（屋外階段やバルコニーは避難経路として重要な役目をもたせることができる.）

6) **機械力を用いるものは避難路には使えない**（原則，エレベーター，エスカレーターは避難用として考えてはいけない.）

非常用エレベーターは，本来，消防活動に使用するためのものである（負傷者や避難困難者の救助という形での避難は消防活動のひとつとして考えられる)．

② フラッシュオーバー

内装材が加熱されると可燃性ガスが発生し，室に溜まってくる．この可燃性ガスが一瞬のうちに燃焼することを**フラッシュオーバー**という．フラッシュオーバー現象に至るまでの時間の長短は，内装材の種類や開口部の条件に左右される．この点で内装材の不燃化は有効である．つまり，天井，壁等の内装材料を不燃化することは，火災時にフラッシュオーバーに至るまでの時間を長くするための対策として有効である．なお，木材を加熱した場合，約260℃に達すると引火し，約450℃に達すると自然に発火する．

③　バックドラフト

火災による燃焼で室内の酸素が稀薄になると，燃焼速度が一時的に低下する．しかし，鎮火したわけではなく，不用意に扉や窓を開放すると，空気が室内に流入，それによって一気に爆発的燃焼を起こし，延焼を拡大させるという現象を**バックドラフト**という．爆発的燃焼という点ではフラッシュオーバー現象と似ているが，その発生過程，原因は，まったく違うものである．しかし，その爆発的燃焼がどちらであったかと分類するのは難かしい．

④　避難速度と煙の速度

火災室から廊下や隣室へ流出する煙の水平方向の流動速度は，0.5 ～ 1.0 m/s，煙の垂直方向に上昇する流動速度は，3.0 ～ 5.0 m/s で，1 秒間に建築物の 1 階分に相当する．一方，群集の歩行速度は 0.8 ～ 1.2 m/s 程度（全館避難安全検証法では 1.0 m/s）であり，パニック時には大きく変動する．廊下を多数の人が避難するときの群集の歩行速度は，煙の水平方向の流動速度の上限と等しいので，その危険性がわかる．この点からも，防煙区画の重要性や廊下の障害物が大変危険であることがわかる．天井が高く気積が大きいアトリウムでは，火災時の対策として，上部に蓄煙空間を設ける煙制御が有効である．

⑤　ボイド空間を設けた超高層集合住宅における避難経路

中央部を光庭とするボイド型の超高層集合住宅では，**ボイド空間**が深くなるので，火災階の上方部分のボイド空間全体に煙が充満する．そこで，都道府県等で定める高層建築物等の防災計画の作成に関する指針では，ボイド空間を取り囲む開放廊下を避難経路とする場合，上部の煙の濃度が高くなり，避難に支障をきたすおそれがあるので，ボイド空間の下層部分または側面に給気口を設け，煙突効果を利用して，ボイド空間内の空気の流通を促し，ボイド空間の煙の希釈を図る必要がある．なお，ここで，ボイド空間とは，都道府県等で定める高層建築物等の防災計画の作成に関する指針で，ボイド空間を建築物からの煙の排出経路となる煙突状の空間と定義されている．

⑥　避難階段

1）　避難階段（屋内）

避難階段は，耐火構造の壁で囲んだ階段室とし，内装は下地，仕上げともに不燃材料とする．階段は耐火構造，地上または避難階まで直通とする．なお，階段室には採光上有効な窓もしくは予備電源をもつ照明設備を設ける．このときの開口部は階段室以外の部分から建築基準法施行令によって 90 cm 以上離す必要がある．

2)　避難階段（屋外）

耐火構造の階段で地上まで直通させ，開口部から 2 m 以上離す．扉は自動閉鎖の特定防火設備または網入りガラス戸，屋内から鍵を用いずに開けられる構造とする．

3)　特別避難階段

避難階段（屋内，屋外）の条件を満たすほか，屋内と階段室の間に階段前室（附室）またはバルコニーを設ける．建築基準法施行令によって，附室には直接外気に向かって開く窓か排煙設備を設けなければならない．

表 10.2 に各避難階段の，より適切な例と不適切な例との比較を示す．

建築物の関連では，地上 5 階以上，地下 2 階以下に通ずる直通階段は避難階段または特別避難階段とし，地上 15 階以上，地下 3 階以下に通ずる直通階段は特別避難階段とする．また，床面積の合計が 1,500 m^2 以上の店舗に関しては，建築基準法施行令によって，さらに設置条件が厳しくなる．

表 10.2　避難階段

	屋内避難階段	屋外避難階段	特別避難階段
より適切な例	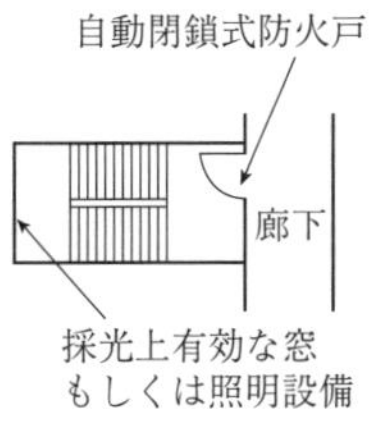	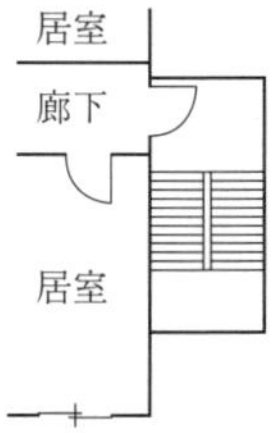	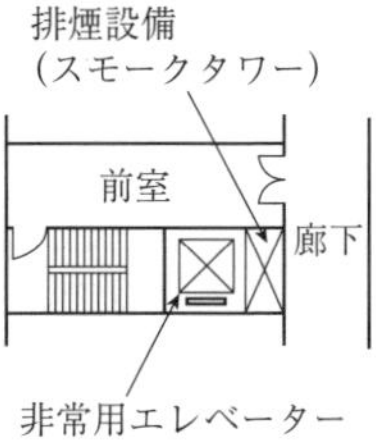
不適切な例	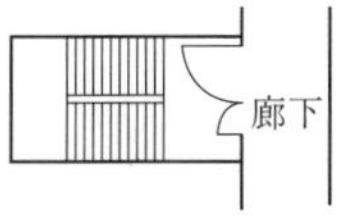	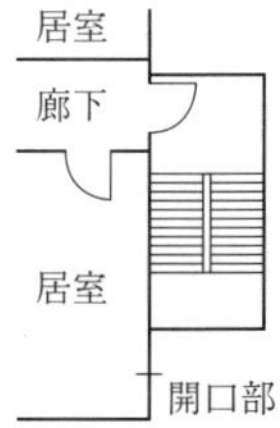	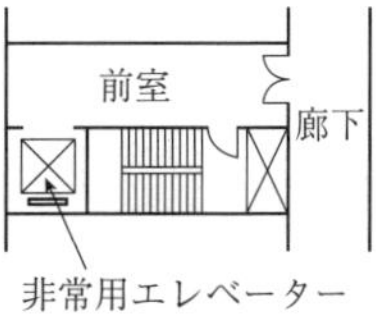
	入口の幅員が階段幅員よりも広いと階段室内が混雑して危険である．	屋外避難階段は開口部から 2 m 以上離さなければならない．なぜなら，火災時に，屋内で発生した炎が階段へ吹き出すことで，避難ができなくなるおそれがあるという理由による．	階段前室において廊下に近い危険側に渋留が生ずる． ※非常用エレベーターは避難用のものではないことに注意．

(2) 防火，防災，避難計画とその関連事項

防火，防災，避難計画とその関連事項を以下に示す.

① **水平避難方式**は，1つの階を複数のゾーン（防火区画や防煙区画）に区画し，火災の発生していないゾーンに水平に移動することによって安全を確保する方法であり，高齢者や幼児が利用する施設において有効である.

② 室内の可燃物量が同じ場合，一般に，消火に有効である外気が流入する開口面積が大きいほど，火盛り期の火災継続時間は短くなる．なお，ここで，火盛り期の**火災継続時間**とは，火災時に最も激しく燃え続ける時間をいう.

③ **等価可燃物量**は，可燃物発熱量が等価な木材の重量に換算した量のことである.

④ 病院の手術室，重度･集中治療室（ICU），新生児集中治療室（NICU）等は，**籠《ろう》城区画**として防火計画をすることが望ましい.

⑤ 超高層建築物においては，設備シャフトや吹抜け等の屋内の**延焼経路**や，開口部を介した屋外の延焼経路を遮断する計画を行うことが重要である.

10.4 地震対策

(1) 地震の大きさ

地震の大きさは，震度，ガル（gal），カイン（kine），マグニチュード（M）の4つの単位が用いられる．震度，カイン，ガルは，地震時に計測している各地点の揺れの強さを，また，マグニチュードは地震そのものの規模を表す数値である.

震度は気象台や測候所の担当官が体感および周囲の状況から推定していたが，1996年4月からは，多くの地点で客観的な震度を迅速に定めるため，計測地震計によって計測し，自動的に速報している.

震度を表す震度階級も従来は0（無感），1（微震），2（軽震），3（弱震），4（中震），5（強震），6（烈震），7（激震）の8階級であったが，1996年10月から震度5を震度5弱，震度5強に，震度6を震度6弱，震度6強に分け，震度階級は10階級になった.

(2) 地震時の防災対策

建築物は，その目的に応じた機能を維持するための電気，水道，ガス等のライフラインと各種の付帯設備が組み込まれ，各種の活動が行われている.

この建築物が大きな地震を受けると，構造体や設備が被害を受け機能停止すると

ともに，人命に危害を及ぼすことになる．そのため，地震に備え，設備の耐震診断の他，利用者による避難訓練等ハード・ソフトの両面から対策を立てておく必要がある．

(3) 設備機器の耐震対策，防振対策

建築設備は，建築物の機能を維持するために設けられており，強い地震にも耐えられるように構築しておかなければならない．機器の基礎の据付け，配管・ダクト等の支持の耐震強度が十分に保たれているか，配管・ダクトにおける建築物の貫通部等に緩衝部材（フレキシブル型継手等）を採用した耐震設計・施工がなされているか，また，それらが経年劣化で弱体化していないか等の診断が必要である．さらに，弱点と思われるところは耐震補強を施さなくてはならない．また，運転中の機器においても，地震の大きさによって作動する感震器による自動停止，または手動停止によって，機器および設備を保護し，二次災害の発生を防ぐ必要がある．

機器に作用する設計用地震力は，機器を変形しない剛体とみなして，設置階の床応答加速度に重量を掛け，機器などの重心位置に作用する慣性力として求める．設計用地震力を求める基準となる設計用標準震度は，**局部震度法**では，0.4 ～ 2.0 の値として定められている．一般的な事務所建築物において，水槽類を除く，建築設備機器を同一階に設置する場合，局部震度法による設計用標準震度は，防振支持された設備機器のほうが大きい値となる．

10.5　防犯設備

(1) 建築物の防犯

① 建築物の防犯対策

近年，犯罪は減少傾向にあるが，その内容には組織化，凶悪化が見られる．

防犯対策の基本は，防犯体制，高い防犯意識，効果的な防犯設備であり，これらが有機的に機能して，初めて効果が現れる．

② 防犯体制の整備

建築物の防犯を積極的に推進するために防犯責任者を指定し，その責任者を中心に，防犯体制の計画と実施，従業員に対する防犯指導，防犯環境や防犯設備の整備点検等を行い，事業者や従業員が一体となった体制を整備する．

③ 防犯のための環境整備

建築物内の犯罪を防止するためには，犯罪を行いにくい環境づくりが重要である．

その方法には

1)　建築物内の整理整頓
2)　死角の解消
3)　侵入されやすい箇所への補強工作
4)　出入口の限定
5)　入退室管理の徹底

などが挙げられる．これらとあわせて，各種のセンサ，防犯機器の設置が有効である．

(2)　防犯システムとセキュリティ

セキュリティ対策の5原則のうち，「監視手段の設置」，「出入管理の実施」，「緊急対応の準備」をセキュリティシステムでいかに実現するかを検討する必要がある．そこで，まず，その対策目的に応じた最適なシステムの選定，計画ができるように，セキュリティシステムの種類や特性，機能などの理解を深めることから始めることが肝要である．

建築物向けのセキュリティ実現の方法としては，一般的には，建築物内に警備員を常駐させて行う「常駐警備」，扉制御のための電気錠などを設置して行う「出入管理システム」，「監視カメラシステム」，「機械警備システム」の4つに大別することができる．

(3)　防犯環境設計（CPTED：Crime Prevention Through Environmental Design）

オープンスペースにセキュリティを確保した場所を作ろうとした場合，「城壁」，「城門」，「抑止・対応力（警察力）」の3つが必要といえる．

しかし，建築物を管理するという観点に立つと，物理的な障壁をまったく設定できない空間，出入り管理をまったくできない空間においても，ある程度のセキュリティを確保しなければならない必要が生じることがある．果たしてこのようなことができるのであろうか？

この課題に対して解答を与えたのが「防犯環境設計」の考え方である．防犯環境設計は，環境の設計によって犯罪を防止しようという都市工学の手法で

①　自然監視性の確保（見通しを良くする）
②　領域性の強化（まわりの空間と区別できるようにする）
③　接近の制御（近づきにくくする）
④　被害対象の強化（対象を物理的に強化する）

の4つの要素からなる．なお，**図10.4**に防犯環境設計の概念を示す．

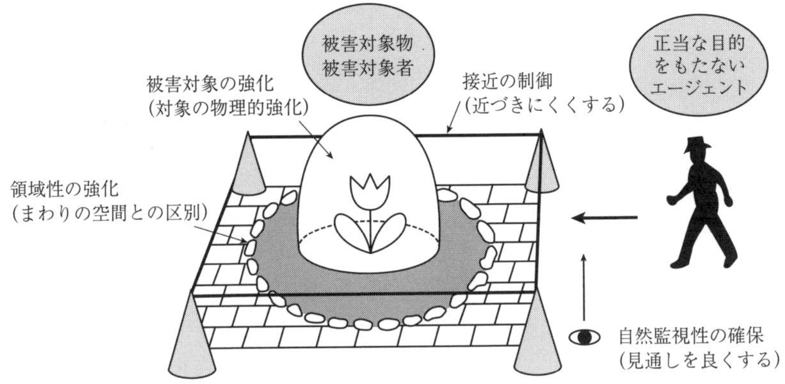

図 10.4 防犯環境設計の概念

(4) 防犯設備のハイテクノロジー

① 出入管理システムにおける**生体認証技術**

指紋や静脈，網膜，虹彩《こうさい》，掌形《しょうけい》，音声，顔など人間の身体的な特徴を使い本人か否かを認証するしくみである生体認証は，出入管理システムの認証装置として実用化されている．カードによる認証方式は，カードデータをカードリーダーで読み取ることで，資格を判断するものである．これは，紛失カードが使われたり，借りたカードによる操作などの不正操作に対しては，本人自体を確認するものでないことから，カードさえ資格が合えば通過させてしまうという問題がある．そこで，本人を確実に特定するものとして生体認証が注目されている．

出入管理システムでは，以前から指紋による認証は重要管理区画への出入口などでカードと組み合わせることで使用されてきたが，擬似指紋によるなりすましの問題などがあった．そこで，より確実に本人確認する方法として血管の形を読み取る静脈認識，目の虹彩（アイリス）による認証など多彩な認証方式が生まれてきた．これらの方法は本人確認精度が高く，偽造が難しいという利点がある．**表 10.3** に主な生体認証システムを示す．

② 監視カメラシステムにおける**行動認識技術**

建築物においては，監視カメラが人間の目の代わりとして普及している．そして，犯罪捜査の手がかりとして監視カメラ映像が利用されるなど，監視カメラへの期待・効果は大きい．犯罪予防の目的からは，つねに人間による映像監視をしていることが必要である．しかし，多数のカメラからの映像をモニターで常時見ることは，監視員の人数的問題や継続監視に対する精神的負担も大きいことからも現実的には難しい．つねに監視したくてもそれらの理由から必要時のみ，または異常発生時のみ確

表10.3　主な生体認証システム

名称	アイリス	指紋	顔面	静脈
概要	・眼球の虹彩（アイリス）パターンが生涯固有で，しかも生涯変化しないという特徴を利用する．	・指紋をID番号とともに登録．ID番号をキーとして，入力された指紋と照合する．	・顔面像を登録．登録した顔面像と入力された顔面像を照合する．	・手の甲の静脈パターンをID番号とともに登録． ・番号キーとして，入力された静脈と照合する．
名称	掌形	声紋	筆跡	網膜
概要	・掌形をID番号とともに登録．ID番号をキーとして，入力された掌形と照合する．	・いくつかの単語を発音してID番号とともに登録． ・番号キーとして，入力された静脈と照合する．	・ID番号をキーとして，登録された筆跡と入力された筆跡と照合する．	・網膜をID番号とともに登録し，入力された網膜と照合する．

認する運用としているケースが多い．その代わり録画だけは確実に行い，万一，事件・事故があった場合には，その録画を利用し，解析を行うといった使い方である．

③　機械警備システムにおける画像認識技術

最近の犯罪動向としては，その手口がますます凶悪，巧妙化しているとともに，犯行が短時間化していることが特徴である．オンラインによる機械警備システムの場合，最大の注目点は警備会社が駆けつけるのに要する緊急対処時間である．機械警備システム導入の目的，つまり，「犯罪者からその時間を奪い被害の最小化を図る」ためには，いかに確実に侵入を検出し，いかに早く現地対処できるかである．その面から犯行の短時間化の問題は，機械警備システムにおける現実的な解決課題として表面化してきている．そこで最大の機械警備システムにおいては，侵入者に対し，高度な画像認識技術を応用した画像センサーが利用されている．

④　監視カメラシステムにおけるネットワーク技術

監視カメラシステムは，従来から実績のあるCCTV（Closed-Circuit Television）カメラとネットワークカメラの2種類に大きく分けることができる．ネットワークカメラとは，建築物内のインターネットなどのネットワーク経由で映像を送信することができるカメラのことである．

第 10 章の問題

10.1 ～ 10.5 の記述の正誤を答えよ．

□ **10.1** 易操作性 1 号消火栓とは，1 号消火栓のうち，一人でも操作を行うことができるように操作性を向上させた消火栓である．

□ **10.2** ドレンチャー設備とは，可燃性または引火性液体の消火に用いる設備である．

□ **10.3** 夜間，無人となる防火対象物において，自動火災報知設備の感知器の作動と連動して点灯する方式の誘導灯を設置した場合，無人となる時間については，誘導灯も消灯することができる．

□ **10.4** 病院の手術室，重度・集中治療室（ICU），新生児集中治療室（NICU）等の防火計画では，籠城区画とするのが望ましい．

□ **10.5** CPTED とは，被害者の立場から犯罪を防止する都市工学の手法である．

10.6 ～ 10.8 について説明せよ．

□ **10.6** 連結送水管と連結散水設備について説明せよ．

□ **10.7** 煙感知器について方式も含めて説明せよ．

□ **10.8** バックドラフトについて説明せよ．

【解答例】

10.1 ○

10.2 × ドレンチャー設備とは，外部等からの延焼を防止するため，ドレンチャーヘッドから放水し，水幕をつくる消火設備であり，重要文化財の神社や仏閣等に使用される．

10.3 ○

10.4 ○

10.5 × CPTED (Crime Prevention Through Environmental Design) は，防犯環境設計のことである．環境の設計によって犯罪を防止しようという都市工学の手法で，①自然監視性の確保（見通しを良くする），②領域性の強化（まわりの空間と区別できるようにする），③接近の制御（近づきにくくする），④被害対象の強化（対象を物理的に強化する）の 4 つの要素からなる．

10.6 連結送水管とは，消防隊専用栓ともいい，消防ポンプ自動車から送水を受け，公設消防隊が 3 階以上の放水口にホースを接続し，消火する設備である．7 階以上の建築物，5 階以上の延べ面積 6,000 m^2 以上の建築物には設置が義務づけられている．一方，連結散水設備は，地階の火災の際，消火活動を容易にするため，消防ポンプ自動車から送水して天井または天井裏への散水ヘッドから放出し，消火する設備である．

10.7 煙感知器には，光が遮断されると作動する光電式，空気中のイオンの変化で作動するイオン式がある．熱では感知しにくいエレベーター等のシャフトや，早期発見の重要な階段や廊下など避難路，11階以上の階，地下街，無窓階などは煙感知器とする．ただし，じん埃や水蒸気でも作動するので厨房には向いていない．

10.8 火災による燃焼で室内の酸素が希薄になると，燃焼速度が一時的に低下する．しかし，鎮火したわけではなく，不用意に扉や窓を開放すると，空気が室内に流入し，それによって一気に爆発的燃焼を起こし，延焼を拡大させる現象をバックドラフトという．

参考文献

1) 田中毅弘，合格対策 ビル管理技術者（建築物環境衛生管理技術者）試験，地人書館，2020

2) 田中毅弘，よくわかる計画＆環境・設備 第2版，地人書館，2018

3) 田中毅弘監修，しくみ図解 ビルメンテナンスが一番わかる，技術評論社，2015

いろいろな地震の波

地震波には，実体波であるP波やS波と，表面波であるレイリー波やラブ波がある．

まず，実体波であるP波やS波であるが，地中内部を伝わる波のことである．地殻内部ではP波は約5km/s，S波は約3km/sの速度で伝わる．これらの速度は地震波が伝わる物質の性質によって，地表付近では，さらに遅くなり，マントルではさらに速くなる．

震源から離れた位置で地震波を観測すると最初に観測されるのがP波（Primary Wave，最初の波の意味，初期微動，以下，P波という）で，P波が継続しつつある中で続いて観測されるのがS波（Secondary Wave，第二の波の意味，主要動，以下，S波という）である．P波とS波はPrimary WaveとSecondary Waveの頭文字をとって名づけられており，P波とS波という名称は地震波の伝播速度の違いに由来する．

P波を検知して直ちに警報を出して破壊的なS波の到達に備えようとするシステムにJRの早期警報システム「ユレダス」や気象庁の緊急地震速報がある．

一方，レイリー波，ラブ波はいずれも表面波と呼ばれ，主に地表を伝わる波である．伝播速度はS波よりもやや遅く，周波数によって波の伝わる速度が変わる．表面波の周期は長く，長周期地震動は，この表面波と関係が深い．長周期地震動が問題となるのは，超高層建築物やエレベーターなどである．建築基準法で，超高層建築物は高さ60m以上とされているが，高さ60mの建築物の固有周期は約1.2秒となる．また，エレベーターは屋上からワイヤーで吊り下げられているので，固有周期が長くなる．

第Ⅲ部

これからの
ビルマネジメントシステム

第 11 章

地球・都市・建築環境を見据えたビルマネジメント

本章では，地球・都市・建築環境を見据えたビルマネジメントとして，「成長の限界」，「限界を超えて」にみる地球・都市・建築のあり方，持続可能性（サステナビリティ），SDGs，ISO が，それぞれビルマネジメントと，どのように関連しているかについて国内外の潮流も交えて解説する．

11.1 「成長の限界」，「限界を超えて」にみる地球・都市・建築のあり方

「成長の限界」，「限界を超えて」という地球・都市環境を考える上での名著をご存じであろうか．

最初の著書である「成長の限界」とは，ローマ・クラブが資源と地球の有限性に着目し，マサチューセッツ工科大学（MIT）のデニス メドウズ博士を主査とする国際チームに委託して，複雑系システムのひとつであるワールドシステムダイナミクスの手法を使用してとりまとめた研究で，1972 年に発表された．そして，「人口増加や環境汚染などの現在の傾向が続けば，100 年以内に地球上の成長は限界に達する」と警鐘を鳴らした．

上述したワールドシステムダイナミクスの手法とは，地球上の人口や資源，環境が将来どのように変化するかを知るために，世界規模のモデルを構築し，シミュレーションを行ったものである．ワールドシステムダイナミクスは，世界的規模の社会現象を，人口，資本投資，天然資源，汚染および農業資本の 5 つの状態変数（レベル変数）で記述している．これらのレベル変数によって構成される正のフィードバックループおよび負のフィードバックループは複雑に相互作用しており，まさしく複雑系のシステムのひとつといえる．なお，世界モデルのフローダイヤグラムの一例を**図 11.1** に示す．

たとえば，人口について見ると，出生ループは正のフィードバックであり，人口の増加をもたらす．人口の増加は，人口をさらに増加させる出生レートを増大させている．このため，コントロール要因がなければ人口は指数関数的に増大する．

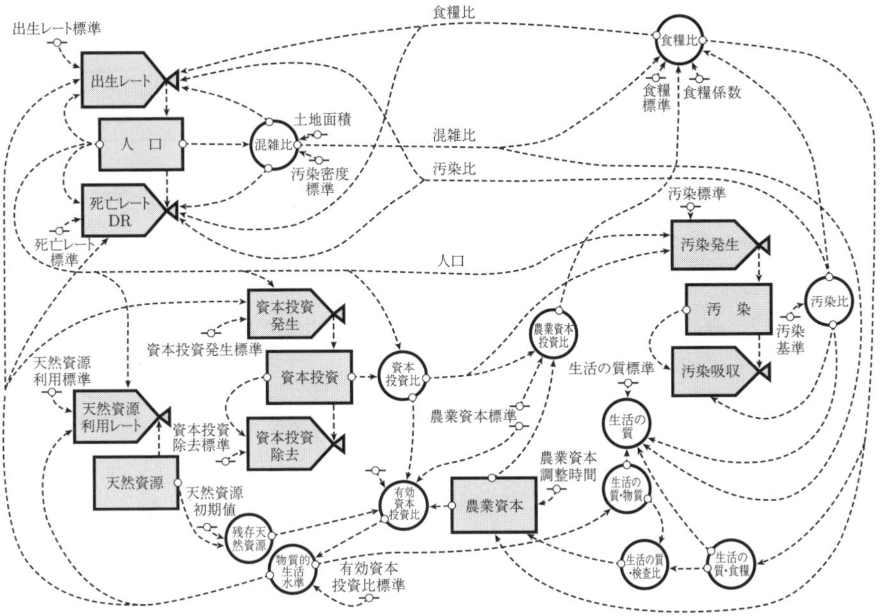

図 11.1　世界モデルのフローダイヤグラムの一例（参考文献[1]を一部改変）

しかし，死亡ループは負であるので，人口増は死亡レートを増し，人口を減らす．人口の増加，天然資源の枯渇，汚染の発生などが相互に影響しながら，どのような結果を生むかは，シミュレーションによって予測することができ，その当時のシミュレーションを行った結果を**図 11.2** に示す．

しかしながら，現代のコロナ禍のような想定外の世界的な疫病等が発生した場合，当然，人口の死亡レート，出生レートは大きく変動する．もしかしたら，ワールドシステムダイナミクスの手法を用いて，近未来のシミュレーションを行うことも可能といえる．

世界システムは，適切な政策をとるならば，平衡状態に導き安定させることができることをワールドダイナミクスは示唆している．たとえば，1970 年以降，①天然資源利用レートを 75%，②汚染の発生を 50%，③資本投資活動を 40%，④食糧生産活動を 20%，⑤出生レートを 30%，それぞれ減少させると，**図 11.2** のような平衡状態を得ることができる[1]．ワールドシステムダイナミクスはマクロではあるが，地球上の将来的な挙動をシミュレーションし，これに対して警告を与えるとともに，今後とるべき政策について示唆を与える点に大きな意義がある．

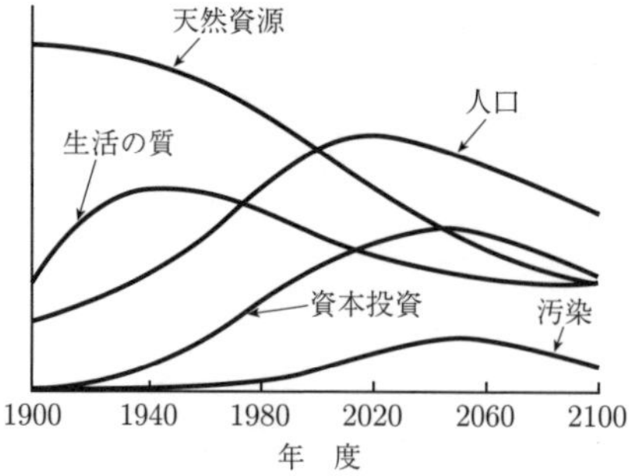

図 11.2　世界モデルの基本挙動

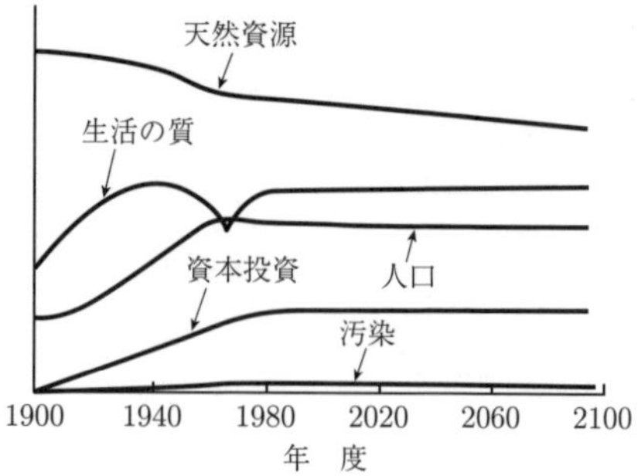

図 11.3　平衡条件をとった場合の世界モデルの基本挙動

「成長の限界」の本文中，有名な下りに「人は幾何学級数的に増加するが，食料は算術級数的にしか増加しない」とある．これは『人は子供が生まれて，その子供がまた子供を生むので「掛け算」で増えていくのに対して，食料はある土地では年に 1 回それも同じ量しか生産できない，つまり「足し算」になる』という概念に基づいているといわれている．

マサチューセッツ工科大学プロジェクトチームが行ったことは，**図 11.3** に示す「人口」，「農業」，「工業」，「汚染」，「天然資源」の 5 要素を状態変数とする世界モデルを構築し，人類の未来をコンピュータシミュレーションすることであった[1]．

チームがシミュレーションを行った第一のシナリオは，人類が有効な手を打たず，従来通り，人口，生産，汚染が増えていくケースである．このケースの場合，21 世紀の早い段階で資源の枯渇が起こり，工業基盤が崩壊，農業もダメージを受けるという人類の悲観的終末が描かれていた．それでも人口は，なおも増加し続けるが，食糧，医療サービス不足が致命的レベルに達し，21 世紀半ばには，人口曲線も急降下を始める．「資源は無限」，「新たな汚染防止措置」といった仮説を加えてシミュレーションを繰り返しても破局は回避できないという結果を導いた．そこで，破局回避の決め手として提起されたのは「出生率，死亡率を等しくする」，「資本の投下率と消耗率を対等にする」などを条件としたゼロ成長の「均衡状態の世界」であった．

「成長の限界」は，出版当時，約 30 言語，900 万部の世界的ベストセラーとなった．

「成長の限界」の結論を要約すると，世界人口，工業化，汚染，食糧生産，資源の消耗などの点で，成長が不変のまま続いたと仮定した場合，以下の 3 つの結論を提示している．

①　今後 100 年の間に，地球上での成長は限界に達するであろう．その結果，最も起こる見込みの強い結末は，人口と工業力の突然の制御不可能な減退であろう．

② こうした成長傾向を改め，遠い将来にまで，持続可能な生態的・経済的に安定状態を確立することも不可能ではない．地球上のあらゆる人々の基本的な物的ニーズが満たされ，すべての個人の潜在的な可能性を実現できる機会が平等に与えられるような世界的に均衡のとれた状態も設計可能である．

③ もし，世界の人々が，第一の結末ではなく，第二の結末に至るために努力することを決意するならば，活動を開始する時期が早ければ早いほど成功率も高くなるだろう．

「成長の限界」のその後，「成長の限界」の中心メンバーだったデニス メドウズ博士ら3人が1992年にまとめたのが「限界を超えて」である．「限界を超えて」は，新しいデータに基づき，再び人類の未来をシミュレーションしてみせたものである．

30年前の危機認識と提言は，依然として有効だと主張すると同時に，その間に開発された技術や導入された制度によって，破局を避ける「新たな選択肢」も生じたという希望の光を投じた．

「限界を超えて」は，以下の3つの結論を提示している．

① 人間が必要不可欠な資源を消費し，汚染物質を産出する速度は，多くの場合，すでに物理的に持続可能な速度を超えてしまった．物質およびエネルギーのフローを大幅に削減しない限り，一人当たりの食糧生産量およびエネルギー消費量，工業生産量は，何十年か後には，もはや制御できないような形で減少するであろう．

② しかしながら，前述した①の減少も避けられないわけではない．ただし，そのためには2つの変化が要求される．まず，物質の消費や人口を増大させるような政策や慣行を広範にわたって改めること．次に，原料やエネルギーの利用効率を速やかに，かつ大幅に改善することである．

③ 持続可能な社会は，技術的にも経済的にも，まだ実現可能である．持続可能な社会は，絶えず拡大することによって種々の問題を解決しようとする社会よりも，はるかに望ましい社会かもしれない．また，産出量の多少よりも，十分さや公平さ，生活の質などを重視しなければならない．それには，生産性や技術力以上のもの，つまり，成熟，憐れみの心，知恵といった要素が要求されるだろう．

今後，ウィズ・ポストコロナ時代となり，地球・都市・建築のあり方について，ビルマネジメントの見地からも，医療・福祉分野も包含して，総合的かつ中長期的に，スーパーコンピュータ技術等を用いてワールドシステムダイナミクスの手法によるシミュレーション予測結果，評価が算出されることを切に期待したい．

11.2　持続可能性（サステナビリティ）のあるビルマネジメント

持続可能性（サステナビリティ，sustainability）とは，広く環境・社会・経済の3つの観点からこの世の中を持続可能にしていくという考え方をいう．

その中でも特に，企業等が事業活動を通じて環境・社会・経済に与える影響を考慮し，中長期的な企業戦略を立てていく取組みは，第2章で解説した**コーポレートサステナビリティ**（CS）と呼ぶ．また，コーポレート・サステナビリティに関連した用語に**企業の社会的責任**（**CSR**，Corporate Social Responsibility）がある．

CSRとは，企業等が利益を追求するだけでなく，組織活動が社会へ与える影響に責任をもち，あらゆるステークホルダー（利害関係者：消費者，投資家等，および社会全体）からの要求に対して適切な意思決定をすることを指す．

わが国では，企業経営者の立場からのCSRの意味は，「より良い商品・サービスを提供すること」，「法令を遵守し，倫理的行動を取ること」，「事業活動の過程で生じる環境負荷を軽減すること」が主流と考えられている．

一方，海外では，CSRを社会･環境への価値追求と事業活動そのものを統合させ，さらにリスクマネジメントを徹底していくことと位置づけられている．さらに，高次元のCSRによって，企業等が与える社会・環境・経済面における中長期的な影響や付加価値そのものを高めていくこととされている．現在，英語圏では，以前使われていたCSRやCorporate Citizenshipという言葉以上に，コーポレート・サステナビリティという言葉におきかえられつつある．具体的にコーポレート・サステナビリティとは，どのような取組みを指すのだろうか．コーポレート・サステナビリティを重視する企業等では，環境・社会面の考慮と経済的リターンを相反するものではなく，両立させるものと認識している点が特徴といえる．

持続可能性（サステナビリティ）の国際化への対応については，持続可能性（サステナビリティ）のグローバルスタンダードとなっている**GRI**（Global Reporting Initiative，以下，GRIという）がある．GRIは，サステナビリティに関する国際基準の策定を使命とする非営利団体で，1997年に米国のボストンで設立され，設立には国連環境計画（UNEP）も関与しており，設立当初の目的は，責任ある環境行動原則への企業等の遵守を確保できる説明責任メカニズムを作成することであった．その後，経済，社会，ガバナンスの課題にも範囲を拡大して，現在はアムステルダム（オランダ）に本社があり，日本を含めて世界7か国に拠点をもっている．

GRIは，サステナビリティに関する国際的なガイドライドでは，それらの要素を，

ESGとし，ここでESGとは，環境（Environment），社会（Social），ガバナンス（Governance）の3つの観点から33テーマをとりあげているので，参考にしていただきたい[5]．

11.3　SDGsとビルマネジメント

世界の枠組みとして，持続可能な開発目標SDGsがある．

SDGs《エスディージーズ》とは，**持続可能な開発目標**（Sustainable Development Goals）の略称であり，2015年9月に国連で開かれたサミットの中で世界のリーダーによって決められた国際社会共通の目標である．

このサミットでは，2015年から2030年までの長期的な開発の指針として，「持続可能な開発のための2030アジェンダ」が採択され，この文書の中核をなす「持続可能な開発目標」をSDGsと呼んでいる．SDGsでは，2030年までに持続可能で，より良い世界を目指す国際目標として，17のゴール，169のターゲットから構成され，地球上の「誰一人取り残さない（leave no one behind）」という宣誓のもと，発展途上国のみならず，先進国自身が取り組むユニバーサル（普遍的）なものとして，当然，わが国も積極的に取り組む必要がある．**図11.4**に国連が提唱するSDGsの17のゴールの概念を示す[6]．

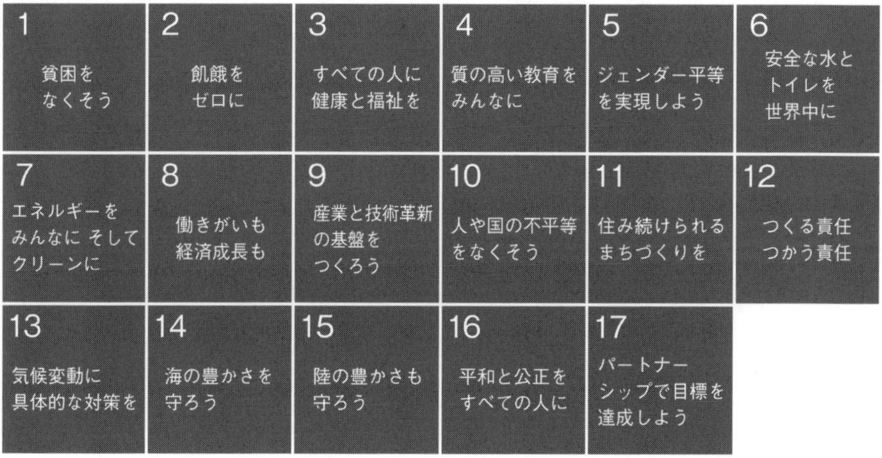

図11.4　国連が提唱するSDGsの17のゴールの概念

SDGsの17のゴールをそれぞれクローズアップしてみていくと，世界の枠組みSDGsの中のビルマネジメントの重要性が理解できる．特に，ビルマネジメントと関わりがあるのは，「3. すべての人に健康と福祉を」，「6. 安全な水とトイレを世界中に」，「7. エネルギーをみんなに そしてクリーンに」，「9. 産業と技術革新の基盤をつくろう」，「11. 住み続けられるまちづくりを」，「12. つくる責任 つかう責任」，「13. 気候変動に具体的な対策を」，「15. 陸の豊かさも守ろう」，「17. パートナーシップで目標を達成しよう」といえる．

11.4　ISOとビルマネジメント

11.4.1　グローバルスタンダードな規格であるISO

ISO（International Organization for Standardization：**国際標準化機構**，以下，ISOという）は，国際的に適用させる規格や標準類を制定するための国際機関である．ISO/IECガイド2（標準化及び関連活動に関する用語とその定義）によれば，標準化とは「実在または潜在の問題に関して，所与の状況下で最大限の秩序を実現するために，共通にかつ繰り返し使用する取決めを確立する活動」と規定している．

こうした規格や標準は，関係する組織体のレベルによって種々制定されている．それらは，企業レベルで利用される社内規格，業界レベルで利用される団体・工業会規格，国レベルでの利用を前提に制定される国家規格，EUなど一定の地域レベルで制定される地域規格，国際的な利用を期待して制定される国際規格などに分類されている．このなかで最高レベルに位置づけられる国際規格を制定する代表的な国際機関のひとつが，ISOである．

ISOは「物資及びサービスの国際交換を容易にし，知的，科学的，技術的及び経済的活動分野の協力を助長させるために世界的な標準化及びその関連活動の発展開発を図ること」を目的に，1947年2月23日に発足した．ISOは，電気分野を除くあらゆる分野の標準化を推進する非政府間国際機関であり，その参加は各国の代表的な機関のひとつに限られており，日本からはJISC（日本工業標準調査会）が加盟している．

一般的に略号は，機関などのフルネームの頭文字を取った短縮形が用いられるのが普通である．そうするとISOの場合の機関名のフルネームは，International Organization for Standardizationであるから，単純に頭文字を取れば，「IOS」でなければならない．実は，ISOは機関名にもとづく頭文字ではなく「相等しい」という意味を表すギリシア語である「isos」から取られたものである．またこの「isos」

は，英語の isonomy（法の下での平等），あるいは isometric（同じくらいの大きさ）などの接頭語である「iso－」の語源でもある．

その昔，国際標準化を推進した先人たちが，新しく発足する機関名の略号として「ISO」を選択した理由には，「相等しい」，「平等」，「同等の大きさ」などの概念を通して「規格」あるいは「標準化」の推進を考えていきたいという思いが込められていたのであり，また，ISO における 3 つの公用語である，英語，フランス語，ロシア語のそれぞれの機関名の頭文字を取った場合の混乱を避けることも念頭にあって，ISO という略号に決められた．

こうした略号選定の経過をみれば，ISO の発音も「イソ」あるいは「アイソ」でもよいのかもしれないが，現在，国際的には「アイ・エス・オー」が一般的な呼び方となっている．

11.4.2　ISO 9000 シリーズとその関連規格

(1) 品質システムについての規格

ISO 9000 という言葉が，産業界のみでなく，一般の人々の目にも触れる機会が増えてきた．ISO 9000 シリーズは，国際標準化機構の品質システムについての規格であり，9000-1, 9001 ～ 9003, 9004-1 などの規格の総称である．

ISO 9000 シリーズにおいて，品質システムは「品質管理を実施するために必要となる組織構造，手順，プロセス及び経営資源」と説明されている．この意味は責任と権限が明確にされ，業務手順はマニュアル化，文書化されて，その通り実行されているかどうかということである．ここで留意すべき点は，ISO 9000 シリーズとは，あくまでも顧客の立場に立っての，企業に対する要求であるということである．これまでわが国では，良い製品さえできれば顧客を納得させられると考えられてきたのに対して，ISO 9000 シリーズでは，品質システム自体をオープンにし，顧客にも確認できる形にするという発想といえるのである．

(2) ISO 9000 シリーズ

産業史のなかで，ISO 規格が国際的に大きく貢献した例は多々ある．たとえば，写真フィルムなどの感光度，ねじ，非常口のシンボルマークなどがある．それらのなかで，特に，世界の産業界にひとつのインパクトを与えたのが何といっても ISO 9000 シリーズである．

もともとは，英国の規格である BS（British Standard，以下，BS という）のうち，BS 5750 を国際規格に採用し，ISO 規格としたのであるが，現在では世界の大多数の国以上が自国の規格に採用しており，日本でも JIS Z 9900 シリーズ

(9900 ～ 9904) として 1991 年 10 月に制定された．

さらに，1994 年 7 月には ISO 9000 シリーズの第一次改訂以降，5 年に一度の改訂を経て，現在に至っている．

この規格の特色は，ある製品，材料または工程について技術的仕様を規定しているのではなく，供給者と消費者との間で品質保証と品質管理を評価するための基準で，どの分野の製造業またはサービス業にも適用できる一般的な指針である．つまり，ISO では同じ基準で審査を受けた企業の製品またはサービスに，国際市場でのパスポートを与えているのである．

11.4.3　ISO 14000 シリーズとその関連規格

ISO 14000 シリーズの求めているものは，法的な環境基準を制定することではなく，環境を管理するシステムをつくることであるといえる．企業が自主的に環境への負荷を低減するようなシステムを築いていくことが求められているのである．そして，そのシステムが顧客にも見えるような形にしておくことである．

環境問題がクローズアップされるにつれ，フロン・ハロン，廃棄物リサイクル，ダイオキシン，外因性内分泌かく乱ホルモン（いわゆる環境ホルモン）など日常で身近な環境に関して顧みるようになった．

ISO 14000 シリーズは，新しい概念ではあるが，達成困難な規格ではない．わが国固有の環境に関する技術力は，他の国々と比較して，きわめて優れている．しかしながら，それらをシステマティックにまとめあげる技術は，今一歩といえる．ISO 14000 シリーズは，それらを文書化し，体系化してまとめる技術といえる．

「物の全《まった》きを保つ」，つまり，建築物あるいは設備をいつまでも最高で快適な状態に維持することが，ビルマネジメント，ビルメンテナンスの任務である．ビルマネジメント，ビルメンテナンスは，第 10 章まで述べてきたように，環境衛生管理業務，設備管理業務，建築物・設備保全業務，保安警備業務に大別できるが，それらの業務は，わが国の場合，歴史的な経緯もあり，縦割り行政であり，厚生労働省，国土交通省，警察庁，消防庁を掌握する総務省などが関連しあって，ひとつの建築物が運用されている．また，建築物の用途，目的によって，たとえば，各国の大使館であれば外務省など，上述した省庁以外も関連してくる．さらには，建築物がある都道府県の条例などローカルルールもあり，ビルマネジメントは，本書で述べた基本的な知識以外にも，前述した以外の調整能力も，大きな役割のひとつといえる．

特に，ビルマネジメントに関連した ISO を以下に列挙する．なお，ISO 31000 シリーズ（リスクマネジメントシステム）の詳細については 11.4.4 項で，ISO

20000シリーズ（ITサービスマネジメントシステム）の詳細については11.4.5項で述べる．

① ISO 9000シリーズ（品質システム）
② ISO 14000シリーズ（環境管理・監査システム）
③ ISO 45001（労働安全衛生マネジメントシステム）
④ ISO 31000シリーズ（リスクマネジメントシステム）
⑤ ISO 20000シリーズ（ITサービスマネジメントシステム）
⑥ ISO 19650シリーズ（BIMシステム）

11.4.4 ISO 31000シリーズ

これからのビルマネジメントのあり方を考えるとき，リスク回避とトラブルをはじめとしたデータ収集・蓄積とそれらのIT化が不可欠である．そこで，以下に，ビルマネジメントの国際化も見据えた上で，リスク回避とデータ収集・蓄積とそれらのIT化に関連したISOのしくみを解説する．

ISO 31000シリーズは，組織がリスクマネジメントを行うときの組織運営に関する指針，リスクを管理する際の基本的なプロセスの構成要素とその適用に関する指針等を提供している．組織の規模・業種を問わずに利用できる指針で，既に具体的なリスクマネジメントを実施している組織にとっても，組織運営のあり方やリスクを管理するプロセスを見直す上で，有用な指針である．

企業はじめどのような組織でも，リスクを回避することは不可欠である．ここでは，熱中症とウィズ・ポストコロナの両方のリスクが高リスクである建築施工管理におけるリスク回避のための方策の一例を示す．

建築施工管理の場合，上述した熱中症とウィズ・ポストコロナの両方のリスク以外にも，環境・安全を始めとして，多くのリスクを抱えている．**図11.5**は，著者らが検討したリスクへの対応について示したものである．**図11.5**に示すように，リスクへの対応方法には，大きく分けて「リスクの低減」，「リスクの保有」，「リスクの回避」，「リスクの移転」の4つがある．

① **リスク回避**:リスクを生じさせる要因そのものを取り除くという意味である．**リスク破棄**ともいう．

② **リスク低減**：リスクの発生可能性を下げる，もしくはリスクが顕在した際の影響の大きさを小さくする，またはそれら両方の対策をとることである．たとえば，「地震で事業所が倒壊し，事業が数ヶ月間停止するリスク」において発生可能性を下げる対策には，耐震補強などが当てはまる．また，同リスクの影響を小さくする

対策には，別の事業所の稼働レベルを上げ，代替方法によって，被害を最小限に抑える対策などがこれに該当する．

③　**リスク移転**：文字通り，リスクを自組織以外へ「移転」する行為である．**リスク共有**ともいい，最も典型的な対策は，保険への加入である．また，業務を専門家にアウトソースする行為などもこれに該当する．

④　**リスク保有**：特に，対策をとらず，その状態を受け入れることである．リスクが，受け入れ可能な大きさであると判断された場合，もしくは現実的な対策がないため，やむを得ず受け入れると判断された場合に選ぶ選択肢である．

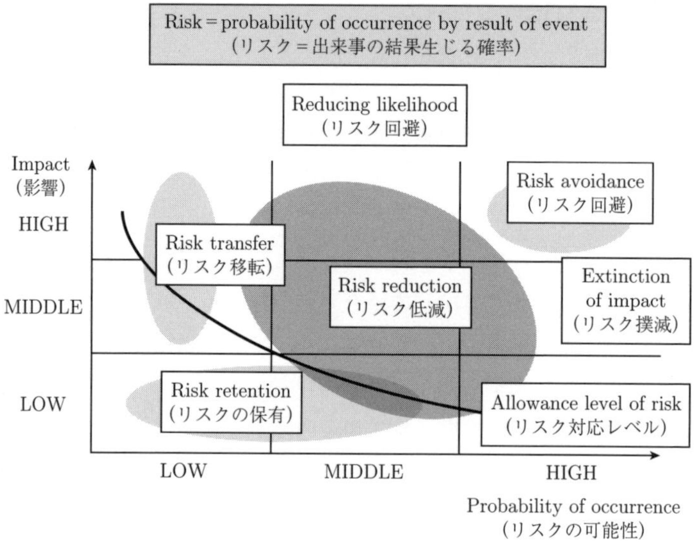

図 11.5　リスクへの対応[7)]

11.4.5　ISO 20000 シリーズ

ISO 20000 シリーズは，IT サービスマネジメントシステム（ITSMS）に関する国際規格で，IT サービスを一貫した品質で提供し，顧客満足を向上させるためのマネジメントシステム規格といえる．組織が提供する IT サービスの内容やリスクを明確にし，サービスの継続的な管理，高い効率性，継続的改善を実現するための枠組みを示したものであり，IT 化が進む中でビルマネジメント分野においても不可欠な規格といえる．

ISO 20000 シリーズの対象組織は，IT を活用してサービスを提供する組織であり，当然，ビルマネジメントもその範疇に入る．

ISO 20000 シリーズを認証取得すると，①サービス内容・リスクの明確化による品質向上や可用性改善，②業務効率の改善や組織体制の強化，③仕事の見える化による業務継承の円滑化，④ KPI（キーパフォーマンス指標）の管理，⑤継続的な改善による企業価値の向上，⑥海外企業を含む取引要件の達成，⑦企業競争力の強化などの効果が期待できるといわれている．

以上，ビルマネジメントに関連する主な ISO については，11.4.1 項でも紹介したが，ISO は，マネジメントに関する国際標準規格であり，共通した内容や項目，用語の定義もあり，組織全体に適用することも，特定の部門，プロジェクト，および活動にも適用できる．また，マネジメントの基本である Plan-Do-Check-Action による継続的改善の考え方が採用されており，ISO の互換性をもった管理，運用は不可欠といえる．一方で，すべての ISO 規格どうしが，まだ完全に互換性がなされていないことから，特に ISO 規格どうしをリンクさせることが望まれる．

11.4.6 ISO 19650 シリーズ

ISO 19650 シリーズは，**BIM**（Building Information Modelling，**ビルディングインフォメーションモデリング**，以下，BIM という）を使用して構築された資産のライフサイクル全体にわたって情報管理を行うための国際規格である．ISO 19650 シリーズは，まだ規格化されていないものも含めて，6 部構成となる予定である．それらの内訳は，① ISO 19650-1（概念と原則），② ISO 19650-2（資産のデリバリーフェーズ），③ ISO 19650-3（資産の運用フェーズ），④ ISO 19650-4（情報交換），⑤ ISO 19650-5（セキュリティを考慮した情報管理のアプローチ），⑥ ISO 19650-6（安全かつ衛生的な BIM の使用）である．

ビルマネジメントの観点からみると，ISO 19650 シリーズは，建築物または土木構造物の建設，改修，増築の際に，発注者が実際に使用されたひとつひとつの材料を情報要求事項として受注者に提出を求め，関係者がいつでも安定的にアプローチできる共通データ環境に保管することによって，建築物または土木構造物の維持，補修，改修，増築，廃棄を計画的，効率的および安全に実施できるメリットがある規格化といえる．

第 11 章の問題

11.1 ～ 11.5 の記述の正誤を答えよ．

□ **11.1**　「成長の限界」のシミュレーションシステムは，できるだけ単純化したワールドシステムダイナミクスの手法を使用してとりまとめた研究成果である．

□ **11.2**　持続可能性（サステナビリティ）とは，広く環境・社会・経済の 3 つの観点からこの世の中を持続可能にしていくという考え方である．

□ **11.3**　CSR とは，クリーンな社会をめざす責任のことである．

□ **11.4**　SDGs とは，持続可能な開発目標のことである．

□ **11.5**　ISO 45001 は，IT サービスマネジメントシステムに関する国際規格である．

11.6 ～ 11.8 について説明せよ．

□ **11.6**　コロナ禍のような想定外の世界的な疫病等が発生した場合，ワールドシステムダイナミクスの手法で用いられている「人口」,「農業」,「工業」,「汚染」,「天然資源」の 5 要素を状態変数のいずれが影響するか論ぜよ．

□ **11.7**　SDGs の持続可能な開発目標とビルマネジメントとの関連についてまとめよ．

□ **11.8**　ISO どうしの規格の互換性について説明せよ．

【解答例】

11.1　×　「成長の限界」とは，ローマクラブが資源と地球の有限性に着目し，マサチューセッツ工科大学（MIT）のデニス メドウズ博士を主査とする国際チームに委託して，複雑系システムのひとつであるワールドシステムダイナミクスの手法を使用してとりまとめた研究成果である．

11.2　○

11.3　×　CSR（Corporate Social Responsibility）とは，社会的責任のことで，コーポレート・サステナビリティに関連した用語である．企業等が利益を追求するだけでなく，組織活動が社会へ与える影響に責任をもち，あらゆるステークホルダー（利害関係者：消費者，投資家等，および社会全体）からの要求に対して適切な意思決定をすることを指す．

11.4　○

11.5　×　ISO 45001 は，労働安全衛生マネジメントシステムに関する国際規格である．

11.6　コロナ禍のような想定外の世界的な疫病等が発生した場合，ワールドシステムダイナミクスの手法で用いられている「人口」,「農業」,「工業」,「汚染」,「天然資源」の 5 要素を状態変数のすべてに影響を及ぼすであろう．正解ではなく，予測にすぎないが，論ずる場合，まとめ方のヒントとして，それぞれ 5 要素にわけてまとめることが求められる．たとえば，「人口」の死亡レート，出生レートは大きく変動するなど，いくつかのシナリオを想定してまとめる必要がある．

11.7 SDGsの持続可能な開発目標には17のゴールがある．17のゴールとビルマネジメントとの関連についてまとめると，特に，ビルマネジメントと関わりがあるのは，「3. すべての人に健康と福祉を」，「6. 安全な水とトイレを世界中に」，「7. エネルギーをみんなに そしてクリーンに」，「9. 産業と技術革新の基盤をつくろう」，「11. 住み続けられるまちづくりを」，「12. つくる責任 つかう責任」，「13. 気候変動に具体的な対策を」，「15. 陸の豊かさも守ろう」，「17. パートナーシップで目標を達成しよう」といえる．

11.8 ISOは，マネジメントに関する国際標準規格であり，共通した内容や項目，用語の定義もあり，組織全体に適用することも，特定の部門，プロジェクト，および活動にも適用できる．また，マネジメントの基本であるPlan-Do-Check-Actionによる継続的改善の考え方が採用されており，ISOの互換性をもった管理，運用は不可欠といえるが，一方で，すべてのISO規格どうしが，まだ完全に互換性がなされていないことから，特にISO規格どうしをリンクさせることが望まれる．

参 考 文 献

1) D.H. メドウズ，D.L. メドウズ，J. ランダーズ，W.W. ベアランズ三世著，大来佐武郎監訳，「ローマ・クラブ『人類の危機』レポート 成長の限界」，ダイヤモンド社，1972

2) D.H. メドウズ，D.L. メドウズ，J. ランダーズ，茅陽一監訳，「限界を超えて」，ダイヤモンド社，1992

3) D.H. メドウズ，D.L. メドウズ，J. ランダーズ，枝廣淳子訳，「限界を超えて 人類の選択：Limits to Growth The 30-Year Update」，ダイヤモンド社，2005

4) 井手慎司，成長の限界を考える　再生可能資源の危機（ソースリミットからシンクリミット，そして・・・）ホームページ

5) NPOサステナビリティ日本フォーラムホームページ

6) 国際連合広報センターホームページ

7) 割石浩幸，田中毅弘，「Practical Study on Japanese Building Construction Management by Avoiding Risk to Environment and Safety」，『EDP Sciences Journal/E3S Web of Conferences』，Vol.53, No.03074, 2018

8) 一般財団法人日本品質保証機構ホームページ

9) 田中毅弘，よくわかる計画＆環境・設備 第2版，地人書館，2018

地球温暖化に伴う気象現象いろいろ

昨今，地球温暖化に伴ういろいろな気象現象が頻発している．ここでは，代表的なエルニーニョ現象，ラニーニャ現象，ダイポールモード現象のあらましを紹介する．まず，**エルニーニョ現象**とは，太平洋赤道域の日付変更線付近から南米沿岸にかけて海面水温が平年よりも高くなり，その状態が 1 年程度続く現象をいう．逆に，同じ海域で海面水温が平年よりも低い状態が続く現象は**ラニーニャ現象**と呼ばれ，それぞれ数年おきに発生する現象である．エルニーニョ現象時では，太平洋赤道域の中部から東部では，海面水温が平常時よりも高くなり，積乱雲が盛んに発生する海域が平常時よりも東へ移り，ラニーニャ現象時では，太平洋赤道域の中部から東部では，海面水温が平常時よりも低くなり，インドネシア近海の海上では積乱雲がいっそう盛んに発生する．

次に，**ダイポールモード現象**とは，インド洋熱帯域西部において領域平均した海面水温の基準値との差から，南東部において領域平均した海面水温の基準値との差を引いた値をダイポールモード指数（DMI）とし，その基準値を，各海域の月別の海面水温の前年までの 30 年間の海面水温の長期変化トレンドを直線で近似する．そして，その直線を 1 年延長して得られた値から，DMI の 3 か月移動平均値が 6 ～ 11 月の間で 3 か月以上続けて +0.4℃ 以上（−0.4℃ 以下）となった場合を正（負）のダイポールモード現象と定義されている．

第 12 章

ウィズ・ポストコロナ時代とビルマネジメント

本章では，ウィズ・ポストコロナ時代とビルマネジメントについて，事業継続計画（BCP），業務継続管理（BCM），防災基本計画，防災業務計画，地域防災計画，複合災害について解説する．

12.1 BCP, BCM

ウィズ・ポストコロナ時代とビルマネジメントを解説するにあたり，本書では，事業継続計画（BCP），業務継続管理（BCM）の考え方の導入が不可欠といえる．

わが国は，近年，地震だけでなく，台風や洪水からも深刻な災害を受けており，さらにウィズ・ポストコロナ時代となり，建築物のリスク回避について，日頃，検討しておくことが必要である．

BCP は，Business Continuity Plan のことで，日本語では**事業継続計画**のことである．BCP は，災害や事故によって損害を受けた場合，中断しても重要な事業は，短期間で再開できるようにするための計画のことである．一方，**BCM** は，Business Continuity Management のことで，日本語では**業務継続管理**のことで，

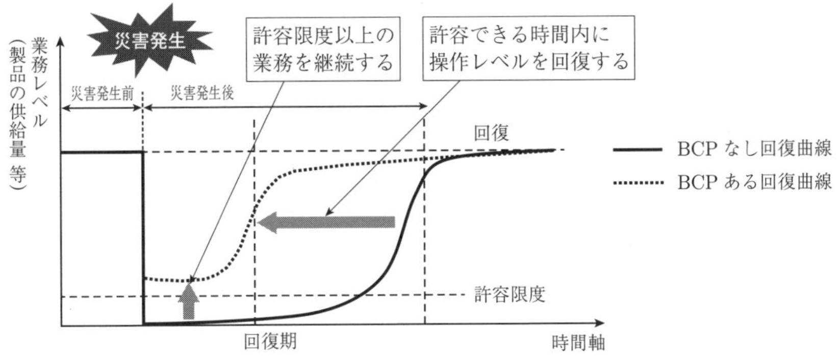

図 12.1　BCP の概念 [1]

予期せぬ状況による事業中断のリスクについて，事業戦略や事業への影響に基づいて業務に必要な継続性を決定し，必要な対応を行う管理のことである．なお，**図12.1** に BCP の概念を示す．

12.2 防災基本計画，防災業務計画，地域防災計画

(1) 防災基本計画

わが国の防災基本計画は，1961 年，災害対策基本法（昭和 36 年法律第 223 号）の規定に基づき，中央防災会議が作成するわが国の災害対策の根幹をなす防災分野の最上位計画として，防災体制の確立，防災事業の促進，災害復興の迅速適切化，防災に関する科学技術および研究の振興，防災業務計画および地域防災計画においての基本的な方針を示している．そして，この計画に基づき，指定行政機関および指定公共機関は防災業務計画を，地方公共団体は地域防災計画を作成する．

防災基本計画は，その数年間の災害状況により，逐次，一部修正がなされているので，最新の情報を入手すべきである．ここでは，**表 12.1** に防災情報の提供の一例を示す．

表 12.1　防災情報の提供[2)]

<table>
<tr><th colspan="2">レベル 3：高齢者等避難</th><th colspan="2">レベル 4：全員避難</th></tr>
<tr><th>警戒レベル
（洪水，土砂災害）</th><th>住民がとるべき
行動</th><th colspan="2">行動を促す情報</th></tr>
<tr><td>警戒レベル 5</td><td>命を守る
最善の行動</td><td>災害の発生情報</td><td rowspan="3">・防災気象情報
・指定河川
・洪水予報
・土砂災害
警戒情報
・危険度分布 等</td></tr>
<tr><td>警戒レベル 4</td><td>避難</td><td>・避難勧告
・避難指示（緊急）</td></tr>
<tr><td>警戒レベル 3</td><td>高齢者等は避難
他の住民は準備</td><td>避難準備・高齢者等避難開始</td></tr>
</table>

(2) 防災業務計画

防災業務計画は，災害対策基本法に規定されている計画で，指定行政機関の長はその所掌事務に関し，指定公共機関はその業務に関し，防災基本計画に基づき，その所掌事務または業務について作成する防災に関する計画をいう．ここで，指定行政機関とは，内閣府設置法に規定する内閣府，宮内庁その他内閣府に設置される庁，委員会等を，指定公共機関とは，独立行政法人，日本銀行，日本赤十字社，日本放送協会その他の公共的機関および電気，ガス，輸送，通信その他の公益的事業を営む法人で，内閣総理大臣が指定するものである．具体的には，電気，ガス供給会社，JR，私鉄などの輸送機関をはじめ，主要コンビニエンスストアなども内閣総理大臣が指定するものとして列挙されている．

(3) 建築物に着目した災害時におけるビルマネジメントの防災への取り組みと分析事例

① 災害発生とビル管理会社の関わり

ビルオーナーは，自然災害・火災・集団感染などの緊急事態に遭遇した場合に損害を最小限にとどめつつ，早急な復旧を実現し，円滑な経営活動を進めること，いわゆるリスクマネジメントを非常に重要視している．したがって，ビル管理会社に対して，設備管理を中心とした日常業務はもちろんのこと，いつ発生するのかわからない緊急事態についても，確実に対処することが必要である．

災害発生時には，特に初期対応が重要である．設備管理責任者による適切な初期対応により，災害による損失は大幅に，くい止めることができる．

緊急事態に際して，初期対応，応急処置・連絡・報告など迅速・的確な対応ができる能力（緊急対応能力）をもつことは，ビルマネジメントとして不可欠である．

② 災害時の緊急対応の事例

ここでは，災害時の緊急対応として，日常取り組むべき作業や予報時または事態が発生してから対応する事例のうち，代表的な事例として，火災時と水害・風害時の対応を示す．

1) 火災時の検討事例

火災は，地震のような天災とは異なり，予防対策が可能である．しかしながら，万一，火災が発生した場合には，早急に初期消火を行うことが必要である．建築物には多くの企業が入居している場合も多く，火災が発生した場合の的確な対応が不可欠である．

そのためには，統括防火管理者（または防火管理者）のもとで，つねに訓練を行い，整然と役割分担を果たすことが必要である．火災についての基本対応例として，火災対応フローを**図 12.2** で示す[3]．

2)　水害・風害時の検討事例

水害・風害などをもたらす異常気象は，突発的な自然現象でなく，あらかじめ勢力や強さを天気予報などで，ある程度知ることができる．したがって，水害・風害対策は，これらの気象情報を把握し，注意報段階から準備を始めることで被害を最小限に抑えることができる．水害・風害対応フローを**図 12.3**[3] で示す．

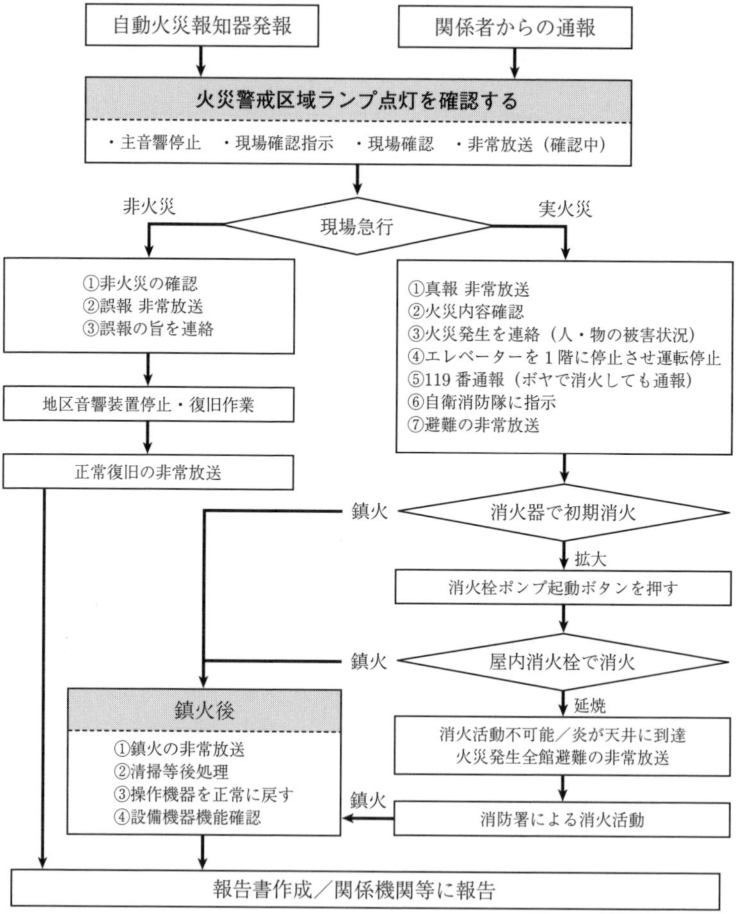

図 12.2　火災対応フロー[3]

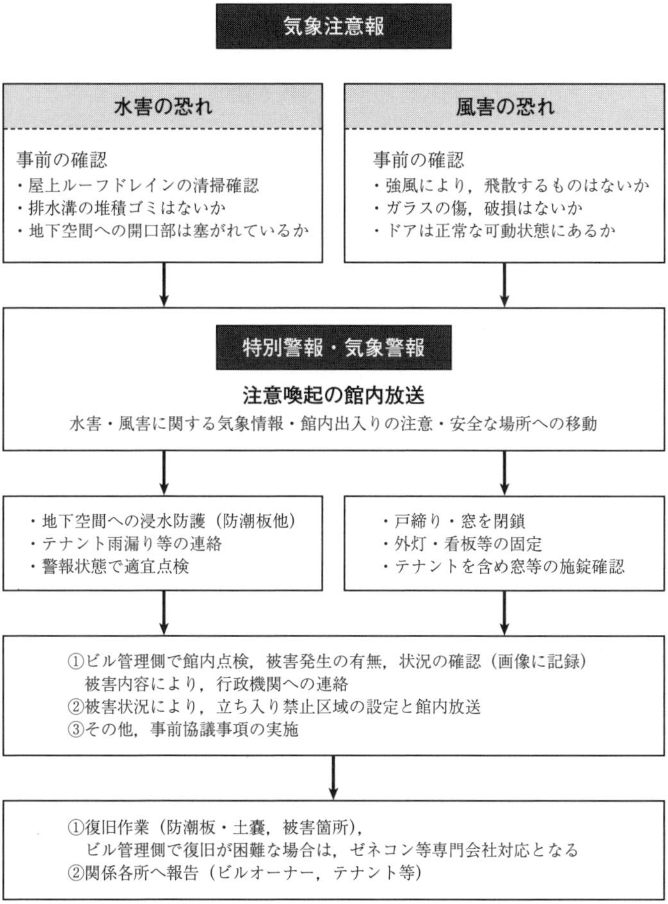

図 12.3　水害・風害対応フロー [3)]

12.3 複合災害

(1) 複合災害の定義

気象庁は，**複合災害**を「同時または連続して2以上の災害が発生し，それらの影響が複合化することにより，被害が深刻化し，災害応急対応が困難になる事象」と定義している[4)].

また，都道府県，政令指定都市のホームページでは，複合災害の定義はなく，さらに詳細に調査したところ，埼玉県日高市ホームページ[5)]のうち，地域防災計画

第4編 複合災害対策編において記述があり，複合災害を「同種あるいは異種の災害が同時または時間差をもって発生する」としている．さらに，中林・小田切[6]は，複合災害を「同時あるいは連続して複数の現象が被災して被害が拡大し，災害対応の困難性が増す災害現象」と定義している．

そこで，本書では，複合災害を「同時または連続して2以上の同種あるいは異種の現象によって被災することで，被害が深刻化し，災害応急対応の困難性が増す現象」と定義する．

複合災害は，被害が，より深刻化するリスクがあり，地域防災計画などでの対策を提示することが不可欠といえる．

(2) 複合災害の類型

前述したように，近年，自然災害の頻発発生によって，複合災害の発生する可能性が高まっている．そして，自然災害どうしだけではなく，自然災害と感染症とが組み合わされた複合災害も発生している．さらに，複合災害と類似した意味をもつ二次災害（事件，事故，災害発生の際，派生して発生する災害）もありうる．

そこで，本書では，二次災害も複合災害に含むと想定すると，複合災害は以下の3つの種類に分類できる．

①　同時被災型複合災害

同時被災型複合災害[6]とは，「空間的複合化で，同一被災地が一定の期間内に複数の災害によって被災することで被害が激甚化し，新たな様相を呈して，その対応・復旧・復興が困難となる災害現象」と定義し，**図12.4**に同時被災型複合災害の概念を示す．

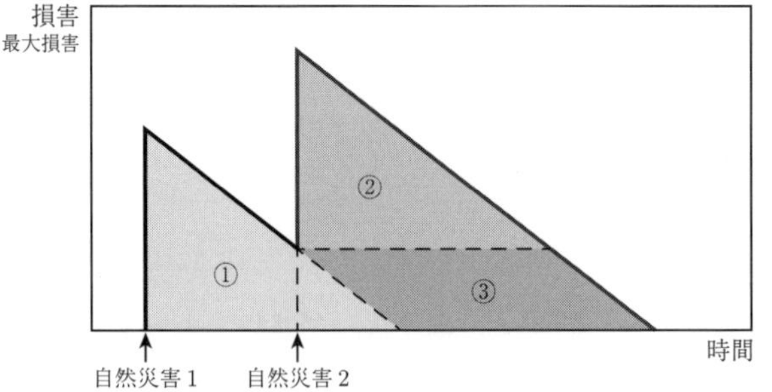

①最初の自然災害1によって生じた被害
②自然災害2が単独で発生したと想定した場合の被害
③自然災害1と自然災害2の複合化によって増大した被害

図12.4　同時被災型複合災害の概念[9]

② 同時対応型複合災害

同時対応型複合災害[6] とは，「時間的複合化で，同一行政区域内で異なる地域が一定の期間内に別々に被災し，人材や物質を分散せざるを得ず，それぞれの対応・復旧・復興が困難となる災害現象」と定義し，**図 12.5** に同時対応型複合災害の概念を示す．

③ 同時被災型複合災害・同時対応型複合災害

①，②で述べた同時被災型複合災害と同時対応型複合災害が同時に発生するケースである．なお，**図 12.6** に同時被災型複合災害・同時対応型複合災害を示す．

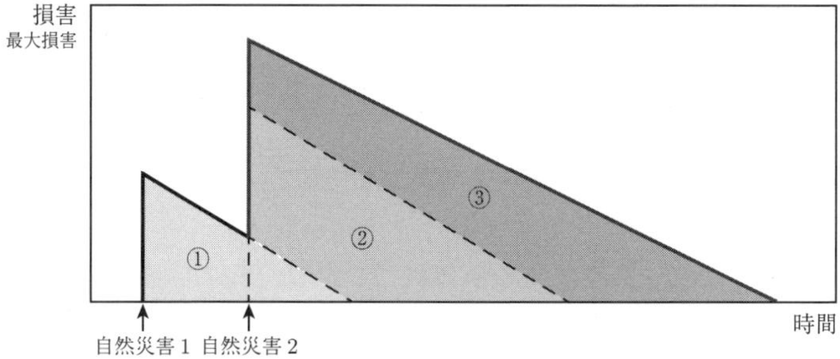

①自然災害 1 による被害
②自然災害 2 が単独で発生したと想定した場合の被害
③自然災害 1 と自然災害 2 による物資・人員不足に伴う被害の増大と復旧の長期化

図 12.5 同時対応型複合災害の概念[9]

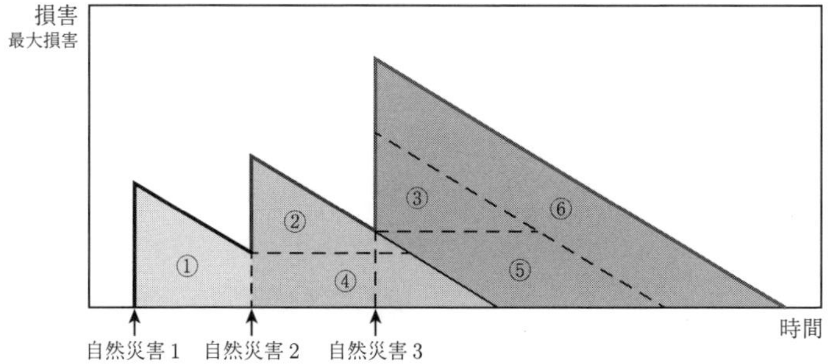

①自然災害 1 によって生じた被害
②自然災害 2 が単独で発生したと想定した場合の被害
③自然災害 3 が単独で発生したと想定した場合の被害
④⑤⑥自然災害の複合化によって増大した被害

図 12.6 同時被災型複合災害・同時対応型複合災害の概念[9]

(3) 複合災害によって発生するリスクの分析

①　地震と複合化した場合に発生するリスクの分析

図 12.7 に地震と複合化した場合に発生するリスクの分析結果を示す．同図で示すように，特に避難の困難化，土砂災害発生リスクの上昇，建築物の倒壊の発生リスクを重点的に検討すべきである．

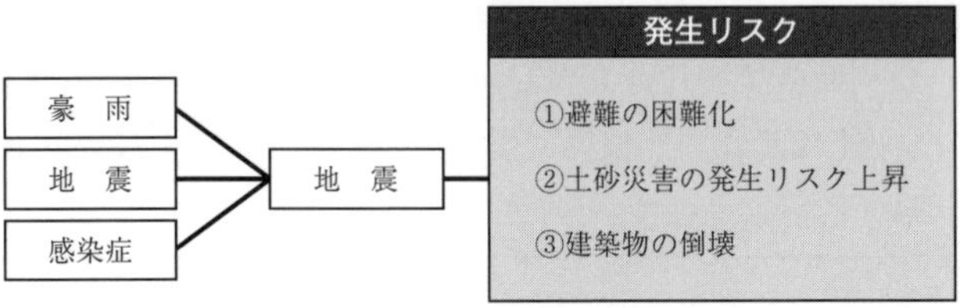

図 12.7　地震と複合化した場合に発生するリスクの分析[9)]

②　土砂災害と複合化した場合に発生するリスクの分析

図 12.8 に土砂災害と複合化した場合に発生するリスクの分析結果を示す．同図で示すように，特に土砂災害による直接被害，避難経路の封鎖，電力施設の流出，浸水リスクの上昇の発生リスクを重点的に検討すべきである．

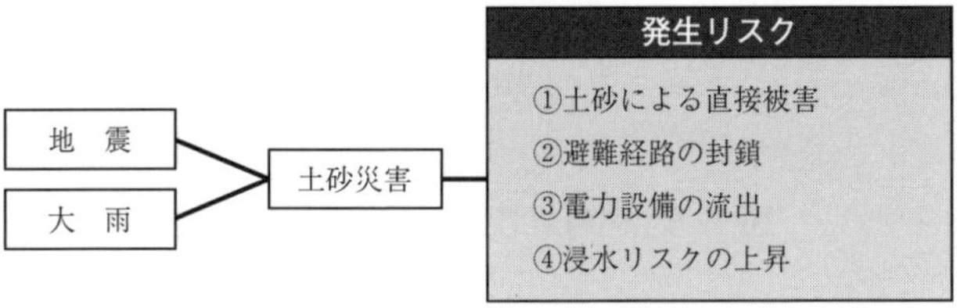

図 12.8　土砂災害と複合化した場合に発生するリスクの分析[9)]

③　停電と複合化した場合に発生するリスクの分析

図 12.9 に停電と複合化した場合に発生するリスクの分析結果を示す．同図で示すように，特に建築設備の使用不可（空気調和設備，給排水設備，照明設備など），通電後の二次災害，復興の困難化の発生リスクを重点的に検討すべきである．

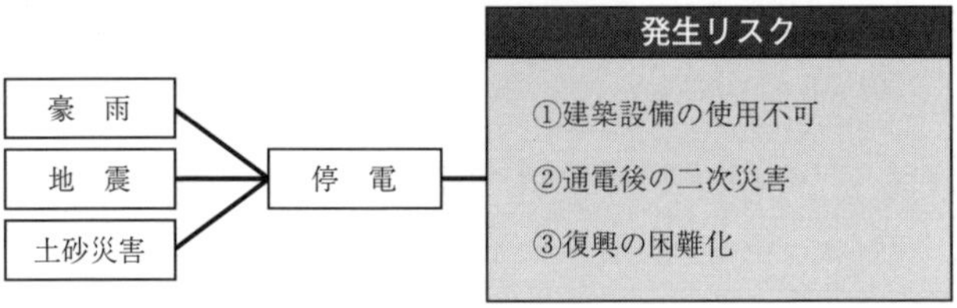

図 12.9　停電と複合化した場合に発生するリスクの分析[9)]

④ 大雨と複合化した場合に発生するリスクの分析

図 12.10 に停電と複合化した場合に発生するリスクの分析結果を示す．同図で示すように，特に河川の氾濫，浸水リスクの上昇，内水氾濫，土砂災害リスクの上昇，崖崩れ，橋梁の流出の発生リスクを重点的に検討すべきである．

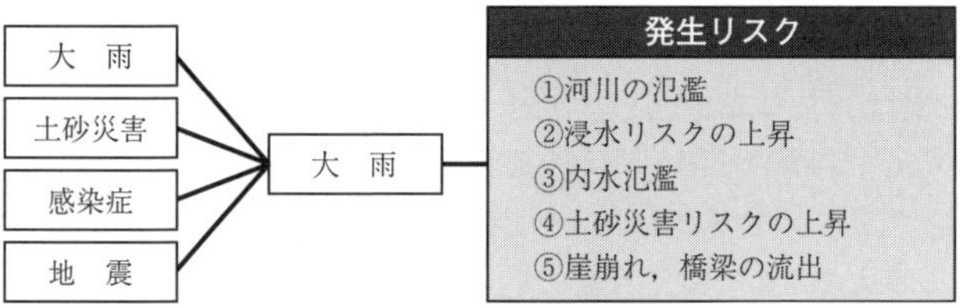

図 12.10 大雨と複合化した場合に発生するリスクの分析[9]

⑤ 感染症と複合化した場合に発生するリスクの分析

図 12.11 に感染症と複合化した場合に発生するリスクの分析結果を示す．同図で示すように，特に感染拡大，医療従事者，ボランティアの人員不足，新しい避難の弊害，避難所の不足の発生リスクを重点的に検討すべきである．同図で示した発生するリスクをまとめる．

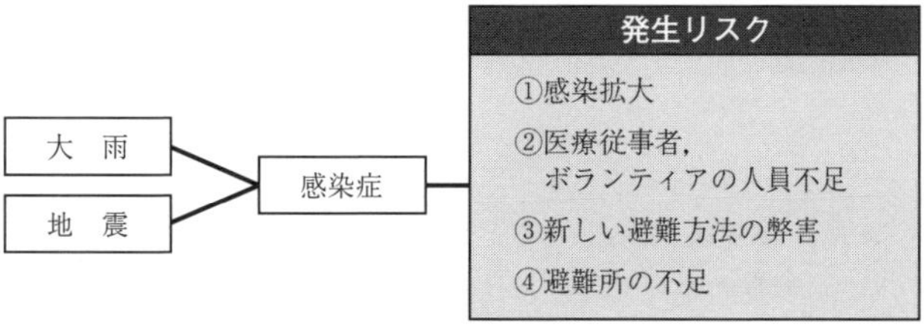

図 12.11 感染症と複合化した場合に発生するリスクの分析[9]

以上，複合災害について解説したが，新型コロナウイルス感染症に限らず，新たなリスクの複合化は，これからも発生する可能性がある．したがって，複合化する災害のリスク分析は継続して検討する必要があるといえる．さらに，12.1 節で述べた BCP, BCM の概念を拡張した複合災害に備えたリスク回避を検討すべき時代といえる．

なお，ウィズ・ポストコロナ時代に向けての避難所マニュアルについては，日本医師会「新型コロナウイルス感染症時代の避難所マニュアル」[10] を参照されたい．

第12章の問題

12.1 ～ 12.5 の記述の正誤を答えよ.

□ **12.1**　BCPとは，事業継続計画のことで，災害や事故によって損害を受けた場合，中断しても重要な事業は，短期間で再開できるようにするための計画のことである.

□ **12.2**　BCMとは，業務継続のメカニズムのことで，予期せぬ状況による事業中断のリスクについてのしくみのことである.

□ **12.3**　ウィズ・ポストコロナ時代とビルマネジメントにおいて，BCP, BCMの考え方を導入することは不可欠である.

□ **12.4**　国の防災業務計画とは，災害対策基本法に規定されている計画のことをいう.

□ **12.5**　複合災害とは，災害が複合化したことで，災害対応が容易となった災害のことである.

12.6 ～ 12.8 について説明せよ.

□ **12.6**　建築・設備におけるBCP, BCMについて具体的事例を挙げて説明せよ.

□ **12.7**　防災業務計画について説明せよ.

□ **12.8**　ウィズ・ポストコロナ時代に向けた避難所の運用方法をビルマネジメントの見地から論ぜよ.

【解答例】

12.1　○

12.2　×　BCMは，業務継続管理のことで，予期せぬ状況による事業中断のリスクについて，事業戦略や事業への影響に基づいて業務に必要な継続性を決定し，必要な対応を行う管理のことである.

12.3　○

12.4　○

12.5　×　複合災害とは，「同時あるいは連続して複数の現象が被災して被害が拡大し，災害対応の困難性が増す災害現象」と定義できる.

12.6　インターネット等を用いてまとめよ.

12.7　12.2節の本文を参照.

12.8　日本医師会の「新型コロナウイルス感染症時代の避難所マニュアル」をはじめ，都道府県，地方自治体，関連業界の避難所マニュアルを参考にしてまとめよ.

参考文献

1) 国土交通省関東地方整備局ホームページ

2) 内閣府ホームページ

3) 加藤宏直，「建築設備におけるリスク回避・緊急対応に関する定量的解析」，東洋大学理工学部建築学科田中毅弘研究室，2014年度卒業論文，2014

4) 気象庁ホームページ

5) 埼玉県日高市ホームページ

6) 中林一樹，小田切利栄，「日本における複合災害および広域巨大災害への自治体対応の現状と課題」，『地域安全学会論文集』Vol.11，pp.33 ～ 42，2009

7) 胡　吉晨，田中毅弘，「事業継続マネジメント（BCM）を目的としたホスピタリティマネジメントの要素を入れた都市・建築におけるリスク回避に関する検討」，日本ホスピタリティ・マネジメント学会誌，Vol.30，p.p.157 ～ 165，2020

8) 胡　吉晨，齋藤和希，田中毅弘，「コロナ禍を想定した事業継続マネジメント（BCM）を目的としたホスピタリティマネジメントの要素を入れた都市・建築におけるリスク回避に関する検討」，日本ホスピタリティ・マネジメント学会誌，Vol.31，p.p.65 ～ 76，2021

9) 齋藤和希，田中毅弘，「複合災害に備えたホスピタリティマネジメントの要素を入れた都市・建築におけるリスク回避に関する検討―近年の自然災害を事例として―」，日本ホスピタリティ・マネジメント学会誌，Vol.31，p.p.37 ～ 46，2021

10) 公益社団法人・日本医師会ホームページ，「新型コロナウイルス感染症時代の避難所マニュアル」

11) 辰巳安良，田中毅弘，藤井修二，「近未来都市のSBCM（スマートな事業継続マネジメント）に関する建築・設備面からの考察 第1報 東京都を事例としたSBCMで考慮すべきリスクの検討」，空気調和・衛生工学会論文集，Vol.260，p.p.11 ～ 22，2018

12) 辰巳安良，田中毅弘，藤井修二，「近未来都市のSBCM（スマートな事業継続マネジメント）に関する建築・設備面からの考察 第2報 実態調査にもとづいた地域ごとのDCM／BCMに係わるリスクの検討」，空気調和・衛生工学会論文集，Vol.264，p.p.1 ～ 11，2019

殺菌，滅菌，除菌，抗菌，消毒

殺菌とは，文字通り「細菌やウイルスを殺す」効果のことである．ただし，死滅させる菌の種類や死なせる量に明確な定義はない．たとえば，90% の菌が残ってしまっていても 10% の菌が殺せていれば，殺菌と商品等にも表現できる．殺菌という言葉は，薬事法の対象となる消毒薬などの医薬品と，薬用せっけんなどの医薬部外品のみに使用できる表現なので，たとえば，食器用洗剤に殺菌効果があったとしても「殺菌」と表現できない．つまり，殺菌とは，菌をある程度殺すことで，その程度は決まっていない．

次に，滅菌とは，有害・無害を問わず，微生物やウイルス含むすべての菌を死滅・除去することである．滅菌は，定義がはっきりとしていて，菌や微生物ウイルスなどの残量が 100 万分の 1 になることをもって滅菌とされている．電磁波や放射線の使用，高圧や高熱をかけることで，滅菌処理でき，菌の除去率はきわめて高い．つまり，滅菌とは，菌を完全に殺すことである．

3 つ目の除菌とは，菌を減らす効果のことである．菌を殺さなくても，たとえば，塗布した面から菌を減らせられればよく，どの程度菌を減らすかについても定義されていない．極端にいえば，水洗いで手を洗っても除菌といえる．除菌という表現は，アルコールスプレーや洗剤，漂白剤などの雑貨品表示で見かけるが，これは薬事法上，医薬品や医薬部外品ではない製品では，たとえ殺菌や消毒効果があっても殺菌や消毒と表示できないからである．つまり，除菌とは，菌の数を減らすことである．

4 つ目の抗菌は，キッチン用品，おもちゃ，お手洗い，バスルームなどの用品で表示されているが，これは菌の繁殖を抑える効果のことを指す．細菌を除去したり，殺したりする効果はなく，あらかじめ菌が住みにくい環境を作るための役割であり，対象となる菌や，菌の量，範囲などの詳細な定義はない．つまり，抗菌とは，菌の繁殖を防ぐことである．

最後に，消毒とは，病原性のある微生物を死滅・除去させて，害のない程度にすることである．前述した殺菌とも似ているが，消毒の目的は，あくまで無毒化であり，必ずしも細菌を死滅させていなくても，病原体の感染力を不活性化させたり，病原体を危険ではない程度まで遠ざけることも無害化にあたるので，消毒に分類される．消毒という言葉も殺菌と同様，薬事法上の言葉で，医薬品，医薬部外品のみに使用できる．また，市販の消毒薬のように，薬物で消毒するだけでなく，煮沸消毒や日光消毒，紫外線消毒，焼却消毒などの方法もある．

索　　引

さ　行

た　行

な　行

は　行

ま　行

や　行

ら　行

著者略歴

田《た》 中《なか》 毅《たけ》 弘《ひろ》

東京都渋谷区に生まれる．
横浜国立大学大学院工学研究科計画建設学専攻博士後期課程修了後，
日本学術振興会特別研究員（東京工業大学大学院配属），
足利工業大学工学部 専任講師，関東学院大学工学部 助教授，
東京工業大学大学院 特別研究員，LEC 東京リーガルマインド大学大学院高度専門職研究科・総合キャリア学部 教授・学部長補佐，
東洋大学理工学部 教授を経て，
2022 年 4 月現在，内閣府所管 一般社団法人 全日本建築士会 理事，裁判所技術鑑定人の他，官公庁の専門委員，審議委員，技術監査委員，国家試験出題委員，大学・大学院の特別講義・依頼講義，官公庁，企業等の幹部研修・各種講習会講師で活躍し，専門誌の連載等を手掛けるなか，主に建築・土木等の技術を，わかりやすく紹介，解説する技術ジャーナリストという新しい分野を開拓中．
工学博士，Ph.D.（人間行動学博士）

主な受賞歴は，日本機械学会畠山賞（単独），国際冷凍会議ジェームズ·ジュール賞（単独）[国際冷凍会議は，フランス・パリに本部を置き，国際協定を締結している世界の約 2/3 以上の国々が加盟し，会議は，オリンピック・パラリンピック同様，4 年に 1 度だけ開催される．冷凍・空気調和分野での研究業績に対して贈られるこの賞に，小職は，国内外で発表した 8 編の査読付き研究論文による一連の研究業績に対して受賞し，1908 年第 1 回会議開催以来，1995 年当時，日本人では 2 名目の受賞であった]，空気調和・衛生工学会第 1 回空気調和·衛生技術ニューフロンティア開拓アイデアコンペ優秀事業企画賞（単独），空気調和・衛生工学会（SHASE）技術フェロー（建築設備全般・システム評価技術）（単独），空気調和・衛生工学会功績賞（共同）など．

著書は，2022 年 8 月現在，単著，共著含めて国内外で 160 冊以上，査読付き学術論文は単著，共著含めて国内外で 150 編以上．特許は申請中を含めて 10 数件．
主な専門分野は，都市・建築環境・設備工学，ビルマネジメント・メンテナンス，BCP・BCM，システム工学，信頼性・保全性工学．
なお，著者の著書等の詳細は，リサーチマップ（https://researchmap.jp）で検索されたい．

建築工学＝EKA-14

新しい建築・都市環境・設備学としての
ビルマネジメントシステム入門
——近未来を見据えて——

2022年8月25日© 初　版　発　行

著　者　田　中　毅　弘
発行者　矢　沢　和　俊
印刷者　篠倉奈緒美
製本者　小　西　惠　介

【発行】　株式会社　数理工学社
〒151-0051　東京都渋谷区千駄ヶ谷1丁目3番25号
編集 ☎(03)5474-8661(代)　サイエンスビル

【発売】　株式会社　サイエンス社
〒151-0051　東京都渋谷区千駄ヶ谷1丁目3番25号
営 業 ☎(03)5474-8500(代)　振替 00170-7-2387
FAX ☎(03)5474-8900

印刷　（株）ディグ　　製本　（株）ブックアート

ISBN978-4-86481-090-6

PRINTED IN JAPAN

サイエンス社・数理工学社の
ホームページのご案内
https://www.saiensu.co.jp
ご意見・ご要望は
suuri@saiensu.co.jp　まで．